Seadove

Seadove

有閒階級論

Thorstein Bunde Veblen
托斯丹・邦德・范伯倫——著
沈海霞——譯

上層階級的有閒特權與消費特徵

有錢人的朋友也都是有錢人！

揭密人們爲什麼瘋狂地有對金錢財富的熱衷、身份地位的追求、時尚精品的沉迷和對享樂主義的崇尚。

爲什麼越貴的東西，買的人越多？爲什麼越沒用的東西，越值得炫耀？什麼是炫耀性消費，背後的原因是什麼？

富人們總是錯誤地以爲，達到某種可炫耀或賣弄的財富與地位，就是眞實的成就。——托斯丹・范伯倫

原序

本書旨在討論作為現代生活中，一個經濟因素的有閒階級的地位和價值，但要把討論精準地限定在這一範圍內是不現實的。所以關於制度的起源和演進以及一般情況下不列入經濟學研究範圍的社會生活特徵，這裡也給予了必要的關注。

部分討論以經濟學理論或人種學通則為基礎，這也許在某種程度上會使讀者有陌生感。為避免理解上的障礙，這類理論前提的性質將在緒言中進行闡釋。相關的理論觀點曾在《美國社會學雜誌》（*The American Journal of Sociology*）第四卷發表的〈工作本能與勞動厭惡〉（The Instinct of Workmanship and the Irksomeness of Labour）、〈所有權的起源〉（The Beginnings of Ownership）和〈婦女的未開化身份〉（The Barbarian Status of Women）等一系列論文中出現。即使對讀者來說這些推論缺乏依據，但本書認為它們作為經濟理論的分支是具有一定價值的。

為了閱讀方便，也為了使讀者不產生誤解，本書使用的論據大多淺顯易懂且取材於日常生活，很少採用艱深晦澀的理論。這裡所列舉的大多是平淡無奇、家喻戶曉的事例，有時會討論一些在日常生活中習以為常而不將其作為經濟研究對象的現象，希望這樣做不會觸犯任何讀者對文藝或科學的喜愛之情。

有些理論前提或例證來源久遠，有些是從人種學借用來的，即便如此，也盡可能選擇讀者比較熟悉且容易考查的內容。學識淵博的人們對此是不難尋根究底的，所以沒有按照慣例列出所引資料的來源和出處。同樣，這裡偶爾使用的一些引文主要是為了舉例說明，無須添加注釋便可一目了然。

導言

在未開化文化的較高階段，有閒階級制度得到了充分的發展，封建時期的歐洲大陸或日本就是最好的例證。在那樣的社會中，人們嚴格遵守階級劃分，不同階級所從事的業務彼此間大相徑庭，這也是階級差別中最具有經濟意義的特徵。按照慣例，上層階級是不從事生產性工作的，他們被排除在生產活動之外，從事具有一定榮譽性的工作。

在任何封建社會中，戰爭都是各種業務中最主要的榮譽性工作，教士在光榮程度上通常次於戰爭。如果某個未開化的社會並不好戰，那麼教士職務的榮耀程度也許會躍居首位，軍人居於其次。軍人也好，教士也好，上層階級始終置身於生產性工作之外，這是他們的優勢地位在經濟上的體現——除了少數例外，這個規則不會發生變化。關於上層階級免於生產性工作的情況，印度的婆羅門教是一個典型的例證。在那些處於未開化文化較高階段的社會中，在有閒階級的範圍內又可以劃分出許多不同的分支階級，所屬的分支階級不同，所從事的業務也有明顯的差別。有閒階級包括貴族階級和教士階級，以及這兩個階級的眾多從屬階級。各有閒階級從事的業務雖然不同，但具有一個共同的經濟特點，即在性質上都是非生產的。這些上層階級從事的非生產性業務，歸納起來大致包括以下幾項：政治、戰爭、宗教信仰和運動比賽。

在較早但不是最早的未開化時期，有閒階級在形式上還沒有如此多種多樣，不論是有閒階級內部還是各有閒階級之間，差別都沒有那麼精細和複雜。波里尼西亞（Polynesia）島民的生活就清楚地體現了這個發展階段；只有一點例外，由於那裡缺少凶猛的野獸，因此狩獵在他們的生活方式中並沒有佔據應有的榮譽地位。中世紀時的冰島部落也是一個不錯的例子。

在那樣的部落中，各階級及其所從事的業務之間的區分十分嚴格。不管是體力勞動還是生產工作，只要是與謀生直接相關的日常事務，都是下層階級所獨有的工作。這裡的下層階級包括奴隸和其他從屬者，通常還包括所有婦女。如果貴族中存在若干高低不同的等級，那麼較高等級的貴族婦女通常免於從事生產工作，至少不用從事粗重的體力勞動。至於上層階級的男性，他們不但不參加一切生產工作，而且按照傳統慣例是不容許參與這類業務的。

他們所從事的業務範圍有著嚴格的規定。正如上文已經提到的，不外乎是政治、戰爭、宗教信仰和運動比賽。這四個方面的活動成為了上層階級的主要生活方式，對於這個階級中的最高等級——國王或酋長來說，這些活動是僅有的被社會習俗和常識允許的活動。事實上，在生活方式充分發展的情況下，對最高等級的成員來說，即使是運動比賽，是否算作適當活動也是有疑問的。

對於有閒階級中幾個等級較低的階級來說，某些業務是開放的，但這些只是附屬於上述階級或有閒階級的典型業務的。例如武器、戰船以及其他軍用裝備的製造和管理，馬匹、鷹犬的調理和馴養，祭祀用品的準備等。下層階級是不能染指這類次一等的光榮業務的，除非它們明顯屬於生產性工作，並且和典型的有閒階級業務沒有太大關係。

這一階段屬於典型的未開化文化階段，如果我們後退一步，回到未開化文化的較低階段，將無法看到充分發展的有閒階級。然而，未開化文化的較低階段表明了有閒階級早期成長的跡象，顯示了有閒階級制度得以產生的風俗、習慣、動機和環境。現在遍佈世界各地的游牧、狩獵部落，都可以用來證明這種比較原始的分化形態——北美洲的任何一個狩獵部落都是很好的例證。很難說在這類部落中存在明顯的有閒階級，他們只存在職能上的分化，以及基於職能分化所產生的階級區別。但是，就上層階級免於從事生產工作而言，還沒有發展到使「有閒階級」這個詞得以明確成立的地步。處於這一經濟發展水準的部落，其經濟上的分化已經達到這樣程度：男女之間的業務有了明顯差異，但這種劃分是帶有歧視性的。幾乎所有部落裡，依據傳統習俗，婦女所從事的業務，就是在下一個發展階段中形成的純生產性工作的根源。男人不需要從事這些粗俗的業務，他們主要從事戰爭、狩獵、運動比賽和宗教供奉等業務。在這方面，通常存在著非常嚴格的區別。

在未開化時代的較高階段，勞動階級與有閒階級出現了明顯的區別，這一區別與上述勞動方面的劃分相一致。隨著工作的日益多樣化和專門化，由此形成的分界線逐漸把生產性業務與非生產業務區分開來。男子在未開化時代初期所從事的業務，並不是任何後期生產工作的主要來源。男子的初期業務殘存到了後期發展中，但這些初期業務只包括非生產性的活動——戰爭、政治活動、運動比賽、學術研究和宗教事務等。只有部分漁業和無法確定是否為生產工作的精細業務屬於例外，如武器、玩具和運動用品的製造。事實上，所有的生產業務都是從原始蒙昧社會的婦女從事的那類業務演化而來的。

在較低階段的未開化時代，男子的工作對於維持團體生活來說是必不可少的，其重要程度不亞於女子所擔任的工作。甚至對團體中食物以及其他必需消費品的供應，男子的工作具有同樣程度的貢獻。男子工作的「生產」性特徵，實際上非常顯著，因此在一般的經濟著作裡，往往把獵人的工作看成是原始生產工作的典型。但未開化群體自己看來卻並非如此。在一個獵人看來，他既不屬於勞動者，又不允許別人把他與婦女視歸一類。的確，他的勞動與婦女們的苦工不同，是不能作為一種生產工作，與婦女們的勞作混為一談的。在所有未開化的社會中，男子工作都是與女子工作涇渭分明的。男子的工作可能有助於群體生活的維持，但男人會將這一成就的原因歸於他們的才智優越，若是把他們的工作與婦女們的平凡勞動相提並論，未免貶低了他們的身價。

如果在文化的標準上再後退一步，就會看到野蠻群體中的情況。他們在業務上的分化更加模糊，各階級、各業務之間的歧視不一致，也不嚴格。很難在原始的野蠻文化中找到這方面的例子。那些被稱為「野蠻人」的部族或群體，幾乎都帶有從較為進步的文化階段退化而來的跡象。但有些群體在一定程度上十分真實地表現出原始野蠻時代的特徵，其中一部分特徵顯然不是退化的結果。與未開化社會的文化不同，這些群體不存在有閒階級，在很大程度上也不存在有閒階級制度所依存的意志或精神狀態。這種沒有經濟等級體系的原始野蠻部落，在整個人類中只占一個很小的、不顯眼的部分。關於這一文化形態，安達曼（Andaman）群島的各個部族，以及尼爾吉里（Nilgiri）丘陵的托達斯（Todas）部族都提供了盡可能適當的例子。在最初與歐洲人接觸時，這些群體並不存在有閒階級，就這一點來說，它們的生活方式是獨特的。蝦夷島的阿伊努族人或許可以作為另一個例證，此外布西曼人（Bushman）和愛斯基摩人（Eskimo）的某些部族也可以作為例證，儘管以此作為例證是否恰當，還存有疑問。至於某些普韋布洛（Pueblo）部族，是否能歸入這類例證，就更加難以確定了。這裡所列舉的一些部族，即使不是全部、大部分都可能是從較高的文化階段退化而來的，它們現有的文化水準也許並不是它們歷史上的最高水準。如果確實如此的話，在這裡把它們作為例證便有些勉強；儘管如此，只要把它們看作真正的「原始」部族，還是達到例證的效果。

這些部落在社會結構和生活方式的某些其他特徵方面，彼此也有類似的地方。它們都是些小型群體，組織結構比較簡單、古老，它們通常是和平的，且定居於某一地點；它們都很窮；個人所有權並不是他們經濟制度的主要特徵。但這不足以說明它們就是現存部落中最小的，也不能說明他們的社會結構在各個方面的分化程度是最低的。它們不能代表沒有明確的個人所有制的所有原始社會。不過應當指出的是，這種部落似乎是人類原始部落中最為平和的，至少是最偏向於平和的。在遭到暴力或凌辱時，這類部落成員會表現出既溫厚又軟弱無能的秉性，這種秉性是其共有的最為顯著的特徵。

從處於較低發展階段部落的風俗習慣和文化特徵可以得知，有閒階級制度是從原始的野蠻狀態到未開化階段的變遷過程中逐漸出現的；更確切地說，是從喜好和平的生活習慣到侵略好戰的生活習慣的轉變過程中逐漸形成的。有閒階級制度要具有明確、穩定的形態，顯然有其必要的條件：第一，這個部落必須具備以掠奪為目的的生活習慣，必須發動戰爭或進行大規模的狩獵活動，或者同時從事這兩種活動。也就是說，在這種情況下，構成初期有閒階級的男人，必須習慣運用武力或使用策略來進行傷害行為。第二，獲得生活資料的過程必須相當容易，從而使大部分的部落成員免於經常性的辛苦勞作。有閒階級制度是各種性質的業務在初期分化的自然結果，根據這種分化，一些業務是受到尊敬的，另一些業務則不然。根據這種古老的區別，凡是受到尊敬的業務，都可以被歸到侵佔行為那一類；而那些必要的日常工作則不受尊敬，因為在這類工作中，並不包含明顯的侵佔成分。這種區別在現代工業社會中幾乎沒有明顯的重要意義，因此經濟學家很少關注這一點。按照現代經濟常識，這種區別似乎只是形式上的，而沒有觸及實質性的東西，現代經濟研究就是在這樣的指導觀念下進行的。然而這種對工作的區別，事實上依舊作為一種先入為主的偏見，極其頑強地存在於現代生活當中，例如我們對於僕役工作習慣性的輕視和厭惡。因為這是一種個人性質的區別，是個人身份尊卑貴賤的區別。在文化的早期階段，人們認為個人力量可以直接影響事態的發展，因此侵佔活動在日常生活中佔有重要地位。利害關係在很大程度上集中於這一點。因而，在這樣的基礎上形成的區別，在那個時代似乎比現代更有必要，也更為明確。所以，作為演化過程中的一個事實，這一區別毋庸置疑是實質上的，是具有令人信服的依據的。

人們對某些事態的習慣性看法往往是由利害關係決定的，當利害關係發生變化時，構成這些習慣性看法的依據也會發生變化。如果當時的利害關係，有助於說明某些事態，那麼這些事態的特徵會顯得生動而真實。假如有人慣於用不同的觀點來理解這類事態，並且為了其他目的給予評價，那麼他用於區別這類事態的任何依據，看起來都是不真實的。對各種活動的目的、方向進行區別、分類，這一習慣無論在哪裡都不可避免。要得出一種行動理論或實現一種生活方式，這一習慣是必不可少的。在對各種事態進行分類時，究竟該採取哪種觀點，該選擇哪些既定的特徵作為明確的標準，這取決於判斷事態時所依據的利害關係。因此，區別事態的依據以及對事態進行分類時的標準，是隨著文化的發展逐漸轉變的。理解生活事態的目的一旦改變，觀點也會隨之變化。由此可見，以後，在任何文化階段對事態進行分類時，無論是人們在某一文化階段所公認的活動，還是某一社會階級具有的顯著特徵，都未必還具有同等程度的重要意義。但是，各種標準和觀點上的變化只是漸進的；一旦某一觀點被人們認可，就很少會立刻消失或完全顛覆。現在，人們依舊習慣性地對生產性業務和非生產性業務進行區分，這種現代的區分方式，是未開化時代區別侵佔與勞役的變形。根據一般人的理解，從事戰爭、政治、宗教供奉、公共娛樂等活動，和為供應生活所需的物質資料而從事的相關勞動，在本質上是不同的。在今天，雖然這方面的分界線與早期未開化時代有所差異，但就以廣義上的區分而言，早期的痕跡依然殘留至今。

當今被默認的、常識性的區別是這樣的：只有最終目的在於利用「非人類的」事物，這種努力才稱得上是生產性的。人對人的強制利用不能算作生產性活動，但利用非人類的周圍環境來提升人類生活的所有努力，都可以視為生產性活動。按照一貫秉承古典派傳統的那些經濟學家的觀點，人類「征服自然的力量」是工業生產力的主要特徵。一般認為，這種征服自然的生產力，包括人類征服野獸及一切自然力的力量。這就在人類與自然界的動物之間劃出了一條清晰的界線。

但是，在其他時代，在持有不同觀念的人們看來，這條界線與我們今天所劃定的界限並不完全一樣。在野蠻的、未開化的人類生活方式中，這條界線在不同場合、以另一種方式存在著。未開化的人類自身，以及他們的食物，對於這兩大類現象之間的廣泛對立，所有未開化文化階段的社會都存在一種普遍的清醒意識。他們感覺，經濟現象與非經濟現象之間也是對立的。但這種看法與現代的思考方式不同，他們認為，對立並不存在於人類與自然界的動物之間，而存在於「有生氣的」（animate）事物與「無生氣的」（inert）事物之間。

需要說明的是，這裡用「有生氣的」這個詞表達的未開化人類的概念，和「有生命的」（living）這個詞不同。「有生氣的」不包括一切生物，但包括了許多其他的事物。例如風暴、疾病、瀑布等驚人的自然現象，都可以看作是「有生氣的」。而樹上的果實，地上的草木，甚至鼠、羊、蠅、蛆等不起眼的動物，除非作為一個整體來看，否則它們都不被視為是「有生氣的」。在這裡使用這個詞時，並不一定含有靈魂或精靈的存在的意義。野蠻或未開化的人類是萬物有靈論的忠實信徒。他們認為，某些事物具有一種真實的或假想的先發行動的特性，因此心中產生恐懼；上述概念所包含的就是這類事物。這一範疇含義很廣，包含了數量眾多的自然現象和事物。直到現在，有生氣者與無生氣者之間的區別，在一些不作深刻思考的人們的思想習慣中依然存在。對於有關人類生活與自然進程的流行理論，這種區別依舊有著深遠的影響。不過，這種區別在現代日常生活中的滲透程度和實際影響，遠不如在早期文化與早期信仰階段那樣深遠。

在未開化民族的眼裡，加工並利用無生氣的、自然界提供的事物，和應付有生氣的事物和力量的活動，完全不是同一層次的活動。二者之間的分界線也許含糊不清且變化不定，但總體來說，這種區別是充分有力的，它足以影響未開化群體的生活方式。在未開化群體的想像中，凡是有生氣的事物，都可以進行某種具有目的性的活動。正是目的性活動力的發揮，使得某些物體或現象成為「有生氣的」。天真質樸的野蠻人或未開化群體，在面對強制性活動時，會用他們唯一的、僅有的說法來進行解讀，這種說法是從他們對自己行動的感知中直接產生的。在此基礎上，這種活動力與人類的活動同化了，有生氣的事物也在這個意義上與人類行為者同化了。對於這類性質的現象，尤其是一些令人畏懼或費解的現象，不能採取與應付無生氣事物時相同的態度，要在另一種精神下採取不同的態度來處理。成功地處理這類現象，是一種侵佔性的而不是生產性的工作。這裡強調的是威武神勇，而不是吃苦耐勞。在這種把事物劃分為有生氣和無生氣兩類的天真觀念的指導下，原始社會群體中的活動逐漸分化為兩大類，用現代詞語可以稱之為侵佔活動和生產活動。生產活動指製作者將自己的素質和技藝，施於被動的（「死物」）材料，從而創造出新事物並使之具有新用途的一種努力；而侵佔活動，就其結果有益於行為者來說，是把原來由另一活動者導向另一目的的能力轉變成適合其自己的目的的努力。這裡使用「死物」（brute matter）這個詞，仍然是從未開化者的觀點出發的，含有未開化者理解中的深遠意義。

所謂侵佔活動與辛苦勞役之間的差異，恰好與男女兩性之間的差別相一致。兩性之間的差異不僅表現在身材和體力上，更明顯的或許是氣質上的不同；這些差異肯定是很早就形成相應分工的原因。男性比較果敢鎮定、強壯魁梧，更有能力應對突然而劇烈的變故；更加自主、自決，傾向於競爭和攻擊，因此一般由男性來進行侵佔一類的活動。在原始社會的群體中，兩性在體格、生理特徵和氣質上的差異可能並不顯著，就前面已提到的古老部族之一——安達曼部族——來說，上述兩性各方面的差別實際上是很細微的，無關緊要的。但是，當按照體格與意志上的差別進行演進，形成職能上的分化時，兩性間固有的差別將會擴大。特別是當群體成員所處的環境，所接觸的生物種類，需要他們大量運用剛毅、果敢這類品格時，一個針對新業務分配的累積性淘汰適應過程就開始了。如果一個群體需要經常追逐、獵取凶猛的野獸，這就意味著更加需要堅定、敏捷、奮勇等偏男性的品格，其結果勢必會加快男女兩性間的職能分化。一旦這個群體與其他部落發生敵對性的接觸，這種職能上的分化將更加顯著，侵佔性工作與生產性工作的區分將更加明顯。

在這種以掠奪為目的的狩獵群體中，戰爭和打獵逐漸成為專屬於健壯男子的職能。婦女則從事其他必要的工作，那些不適宜於掠奪工作的男性成員則與婦女歸為一類。狩獵與作戰的特性相同，它們都是掠奪性的。作戰者和狩獵者實際上是不勞而獲的，因為他們強佔了別人的東西。他們以武力和機敏從事的侵略活動，與婦女們辛苦而平淡的勞作，在性質上顯然不同；實質上，他們透過強力掠奪來獲取財物，不能算作生產性活動。這就是未開化社會中男子的工作，經過充分的發展後，與女子的工作完全分離開來。對男子來說，這個時候不涉及武力的任何活動都是不值得去做的。這樣的傳統習慣逐漸鞏固，透過社會常識而形成了行為準則。於是，在這一文化階段，對於一個有自尊心的男子來說，除了基於武力——暴力或狡詐——的活動之外，任何業務從道義上來說都是不許染指的。這種掠奪的生活習慣在群體中確立下來，進行殺戮是一個健碩的男子在社會經濟結構中責無旁貸的任務——消滅在生存競爭中企圖抗拒或逃避的競爭者，戰勝那些頑強堅持的異己並使他們屈服。許多狩獵部落都嚴格而認真地遵守著侵佔與勞役這兩種活動之間的區別，雖然這種區別只是理論上的。因此，當男子捕獲了獵物後，他的妻子會把獵物搬回家，他是不該做這樣低賤的工作。

上文已經指出，侵佔活動與辛勤勞役之間的區別，是業務上的一種歧視性區別。可以列入侵佔性質的業務是可敬的、光榮的、高貴的；而那些不含侵佔成分的活動，特別是那些帶有奴性或屈服意味的工作，是不值得受到尊敬的，是低賤的、不體面的。關於尊嚴、價值或榮譽的概念，不論應用於個人還是行為，對階級和階級劃分的發展，都具有頭等重要的意義。因此，關於這些概念的起源和意義必須加以解釋，其心理依據可以大致說明如下。

作為淘汰的必然後果，男子是行為的主動者。在他自己看來，他是展開衝動活動（「目的論的」活動）的中心。由於他是一個行為的主動者，因此他在每一次行動中總是希望能實現某種具體的、客觀的、非個人性質的目的。既然他是一個行為的主動者，就有了一種愛好，愛好有效的工作而厭惡徒勞無益的努力。他崇尚事物的適用性和有效性，鄙視徒勞無功、揮霍浪費和軟弱無能。這種秉性或習性可以稱為工作本能（the instinct of workmanship）。不管在什麼地方，當生活環境或生活傳統引發了人與人之間在效能上的對比，工作本能就會將這種對比變為個人之間的競爭性或歧視性對比。對比結果發揮影響的程度，大部分取決於民族的性格。在任何社會中，一旦習慣於進行這種歧視性對比，顯著的成功就成為人們追尋的目標，這個成就自身的效用，就是獲得尊敬的根據。要想贏得尊敬，避免受人指責，就必須擺出個人的效能作為證據。結果，工作本能最終表現為力量的競相炫耀。在社會發展的原始階段，當群體還是慣於過著和平的、或許是定居的生活，還沒有發達的個體所有制時，若要顯示個人的成就，從事某種有利於促進群體生活的業務，或許是最適合的方式。在群體各成員之間，如果存在經濟性競爭，那麼這種競爭的重點主要在於生產工作的適用性。但這個時候競賽的刺激不夠強，範圍也不夠大。

當社會群體的生活方式，由和平的野蠻生活變為掠奪性的生活時，競爭條件就發生了改變。競爭的機會和誘因，在範圍和迫切程度等方面，都大大地增加了。男人的活動越來越呈現出「侵佔」的色彩，狩獵者和作戰者之間的區別越來越不明顯。戰利品是表現自己的威力最形象、具體的證明，它在人們的思想習慣中佔據著重要的位置，逐漸成為日常生活不可或缺的一部分。在戰場和獵場上收穫頗豐，就會受到認可和稱讚，這是功績卓越的表現。侵略成為公認的行為方式，而戰利品就是戰爭勝利的確鑿證明。在這個文化階段，人們公認戰鬥是獲得自主最可敬的方式，而劫奪的物品或強迫的勞務，正是戰鬥勝利的常規證據。因此，以掠奪以外的方式獲取的任何戰利品，與此相反，一個有身份的男子對此是不屑一顧的。基於同樣的理由，生產工作或個人服務方面的勞務，也受到了同樣的嫌惡。於是，一方是侵佔或掠奪方式下的戰利品，另一方是辛勞的生產工作，兩者之間也出現了歧視性區別。勞動因其所受到的蔑視，有了令人厭惡的性質。

對於原始的未開化群體，所謂的「光榮」——當這個詞語本身的簡單概念，還沒有被它自己的衍生物以及隨後形成的同類概念所混淆時——的含義，似乎只是對優勢力量的肯定。所謂「光榮的」，其意義就是「可怕的」；所謂「有價值的」，其意義就是「佔優勢的」。而光榮的行為，歸根結底，不過是一種人們普遍認同的成功侵略行為；當侵略指的是人與人或人與野獸之間的鬥爭時，被普遍認為榮耀的事業就成為對強大力量的肯定。此外，人們往往從「個人品性」或「意志力」（will power）方面對各種力量的表現進行渲染，這在古老而樸素的習俗下格外加強了對強大力量的重視。與文化上較為進步的民族一樣，在未開化部落中，表示尊敬意義的一些詞語，大都帶有這種「光榮」所體現的樸素意義的特徵。當人們在稱呼首領，或有求於國王、上帝時，所使用的尊稱足以表明他們對祈求者具有強大的威力，和不可抗的摧毀性力量。就算在當今比較文明的社會裡，在某種程度上也依然如此。一些紋章的圖案設計，往往體現出對凶禽猛獸的偏愛，這一點也可以支援上述的觀點。

根據未開化者對於價值或榮譽的一貫理解，奪取生命，即殺害頑強的競爭者（不管是人還是獸）是具有無上光榮的事情。殺戮這一高貴行為是屠殺者佔有優勢力量的直接體現，因此一切屠殺，甚至在這類行動中所使用的一切工具及其附屬物，都蒙上了一層迷人的榮譽色彩。武力是高尚的，就算是在田野間奪取最下等動物的生命，武力的使用也是一種可敬的活動。相對來說，生產工作則被認為是可鄙的、醜惡的；人們普遍認為，運用生產工具和器械有損於健壯男人的尊嚴，於是勞動變成了受人蔑視、厭惡的活動。假定在文化演進的過程中，在原始人類從和平的時代進化到下一階段後，戰鬥成為了群體中公認的、特有的業務。但是，這並不意味著其間曾發生過一個突然的轉變，從持續的和平、友善的生活階段一下子轉變到一個較高的階段，並在那個階段發生了初次的戰鬥。這也不意味著，在向掠奪的文化階段過渡的過程中，一切和平的生產工作都消失了。可以肯定的是，在任何社會發展的初期階段，都免不了要進行一些戰鬥。如為了爭奪女性，就會或多或少地發生戰鬥。已知的原始部落的一些生活習慣，以及類人猿的生活習慣，都可以表明這一點。人性中存在的廣為人知的激勵因素，也使這一點格外可信。

也許有人會提出的異議：上述和平生活的初期文化階段事實上並不存在，在文化的演進過程中，並不存在前一階段不曾發生戰鬥而後一階段突然發生戰鬥這種轉捩點。問題的焦點不在於是否發生過戰鬥，也不在於戰鬥的發生是偶然的、間斷的，還是經常性、習慣性的，而在於是否形成了一種習慣性的好戰心態，即慣於從戰爭的觀點來評判事物的普遍習性。當掠奪的態度成為群體成員習慣性的、公認的精神狀態，當戰爭成為當時生活理論上的基調，當群體成員的所有判斷都慣於從戰鬥的立場來著眼，只有這時才意味著進入了掠奪的文化階段。

由此可見，在文化發展的過程中，和平階段與掠奪階段之間的區別是本質性的，是精神上的而非物質上的。精神狀態的改變是群體生活中物質狀況發生變化的自然結果，掠奪的文化階段是在有利於掠奪態度形成的物質條件出現後逐漸產生的。掠奪文化的最低限度是生產上的限度。除非生產方式在效率上超過了維持生活的最低限度，並且還留有值得爭奪的財富，否則掠奪無法成為任何群體或階級的慣常手段。因此，由和平到掠奪的變化，是由技術知識的發展和工具的運用來決定的。此外，在武器沒有發展到使人類成為可怕的動物以前，掠奪文化在早期同樣是不可能實現的。當然，武器和工具的初期發展，只是從兩個不同的側面來看待的同一個事實。

某個部落已經對訴諸武力的情況習以為常，但只要戰鬥還未在人們的日常思想中占到主導地位，還沒有成為人類生活的主要特徵，就可以認為這個部落的生活狀態是和平的。一個部落在掠奪上的態度，可能只在某個程度上表現得比較明顯，那麼其生活方式和行為準則，也就在這個程度上為掠奪意志所支配。由此可以推斷，掠奪的文化階段是經過掠奪的傾向、掠奪的習慣和掠奪傳統的積累而逐漸形成的。之所以會有這種發展趨勢，是因為部落生活的環境發生了改變，在這一變化過程中，助長和保留的是那些有利於掠奪生活而非和平生活的人類特性和行為傳統、準則。

原始文化時代曾有過一個和平的階段，這一假設的證據大部分源於心理學而非人種學，這裡不對其推斷過程進行詳細的闡述。

目錄

CONTENTS

有閒階級論

The Theory of the Leisure Class

一第一章一

金錢競賽

在文化演進的過程中，有閒階級的出現與所有制的形成是同時發生的，這是毋庸置疑的。因為這兩種制度是同一套經濟力量的產物。在發展的最初階段，它們只不過是社會結構中一個事實的兩個不同方面。

這裡把有閒階級和所有權兩種制度作為社會結構的因素，即慣常的事實來進行討論。不重視生產工作這一事實並不會形成有閒階級；同樣，使用和消費也不構成所有權。因此，此項研究與人類懶惰習性的起源無關，也與佔有個人消費品的起源無關。這裡要研究的關鍵問題，一方面是傳統有閒階級的起源和本質，另一方面是作為傳統權利或公平要求的個人所有權的發端。

有閒階級與勞動階級間的區別產生於發展初期的分化，產生於未開化時代的較低階段男女之間的分工。同樣，所有權的最初形態是群體中健壯的男人對女人的所有權，說得更簡單一些，就是女人為男人所佔有。這樣說也許更切合未開化者的生活理論。

毋庸置疑，在佔有女人的習俗還沒有出現之前，群體中就存在著由個人佔有某些用品的情況。現存的某些古老部落並沒有佔有女人的習俗，這就是一個很好的例子。這類部落中的成員，不論男女，都有許多供個人使用的物品，但佔有並使用這些物品的人，並不認為這些物品歸他們所有。他們習慣性地對某些物品進行佔有和消費，並沒有引起所有權的問題。也就是說，外在物品並沒有引起傳統的公平權利問題。

在較低的未開化階段，對女性的所有權顯然始於對女性俘虜的掠奪。之所以對婦女進行掠奪和佔有，似乎是因為以婦女作為戰利品具有實用性。這種從敵對方掠奪婦女作為戰利品的做法，逐漸形成「佔有制婚姻」（ownership-marriage）的形式，以男性為首的家庭制度由此產生。隨著奴役的範圍逐步擴大，掠奪的對象除婦女外還包括俘虜和其他處於劣勢地位的人，佔有制婚姻的對象也從敵方婦女逐漸擴展到其他婦女。因此，在掠奪的生活環境下進行競賽，一方面形成了一種以強制為基礎的婚姻形式，另一方面形成了所有權這一習俗。這兩種制度在發展的最初階段是很難進行區分的，它們都源於成功男性的一種欲望，即儘量久地展示他們侵佔行為的成果，以此來證明他們的威力。這兩種制度也助長了一切掠奪性部落中普遍存在的征服欲和統治欲。所有權的概念逐漸擴大，從對婦女的佔有擴展到對勞動成果的佔有，對人和一切事物的所有權由此產生。

一種明確的財產所有權制度在這種情況下建立起來。在文化發展的最近階段，適用性已經成為消費品價值的關鍵因素，但財富仍然是所有者優越處境的最有力證明，這種功用到現在也沒有喪失。一個地方只要建立了私有財產制度，即使是在欠發達的形態下，也會在經濟體系中具有人與人之間爭奪物品所有權的特性。在經濟理論中，總有人認為對財富的競爭是一種為生存而進行的競爭，那些毫不動搖地堅持古典經濟學說的經濟學家尤其這樣認為。當生產還處於初期發展或效率較低的階段時，毋庸置疑，其性質在很大程度上確實如此。

當「物力匱乏」（niggardliness of nature），社會的生活資源緊缺，人們為了生存進行頑強不懈的努力而仍然不甚富裕時，其性質也是如此。但是在一切進步的社會中，技術的發展早已超越了初期階段，生產效率也達到了一定的高度，人們參與生產過程所得到的遠遠超出了維持生活的限度。在經濟理論上，通常把新的生產基礎上對財富的進一步競爭，認為是提高生活享受的競爭，也就是為了提高由商品消費所帶來的物質享受而進行的競爭。

一般認為，獲得並積累物品的目的在於消費。不管消費者是商品所有者自己，還是他的家人，就研究目的來說，前者與後者可以視為是一體的。消費物品，人們至少認為這是取得物品在經濟上的合理目的；理論上需要考慮的也只有這一點。可以認為這種消費是消費者為了滿足物質上的需要——物質上的享受——或者可以認為是為了滿足所謂的更高層次的需要，即精神、審美、文化等方面的需要；後一類需要經由消費商品來間接獲得滿足，其方式是任何經濟學研究者都熟悉的。

然而，只有撇開上述簡單的意義，從相差甚遠的另一種意義上來分析，才能說明為什麼對商品的消費必然會引起對商品的累積。為什麼要佔有物品，為什麼會產生所有權制度，其中真正的動機是競賽。而且在所有權制度引起的社會制度的進一步發展中，在與所有權制度相關的社會結構的所有特徵的演變中，這一競賽動機依然存在且十分活躍。佔有財富意味著贏得榮譽，這是一個帶有歧視性意義的特徵。對物品的消費與獲取來說，特別是對財富的累積來說，沒有比這個更具有說服力的動機。當然也不應忽視這種情形：在一個幾乎所有物品都是私有財產的社會裡，對於比較貧窮的社會成員來說，謀求生計始終是一個強有力的動機。有些社會成員經常從事體力勞動，處於朝不保夕的境地，很少擁有財物和積蓄。對於這些人來說，維持最低生活和增進物質享受的需求，也許是取得物質財富的主要動機。但從以下的分析看來，即使是貧困階級，物質需要也不是其獲得財富的主要動機，這一點與我們所設想的不同。從另一方面來看，有些社會成員和階級主要關注財富的累積。維持生計或增進物質享受，從未成為這些人取得財富的主要動機。所有權之所以能興起並發展成為人類的一種制度，是與最低生活的維持不相關的。主要動機從一開始就是那些與財富結合在一起的帶有歧視意義的區別，在後來的發展過程中，除特殊情況外，這一動機始終處於首要地位，沒有被其他動機所動搖。

財產一開始只是一些成功掠奪來的戰利品。一個部落，只要它與敵對部落有聯繫，就會憑藉擁有的人力、物力，在佔有者與受到劫掠的敵人之間，形成歧視性的對比關係。至於將個人與個人所屬團體之間的利益區別開來的習俗，顯然是後來才形成的。勝利者在獲得戰利品的同時，與同一部落中成績較差的人之間形成對比，這種歧視性的對比無疑是戰利品的價值之一且早已存在——儘管這不是戰利品最初的主要價值。起初，一個男人的威力就是一個部落的威力，戰利品的佔有者認為他代表的是所屬部落的光榮，而不僅僅是他個人的光榮。這種從團體的角度來評價侵佔行為的態度，在之後的社會發展階段仍然可以見到，涉及戰爭中的榮譽時尤為明顯。

但是，一旦個體所有權的習俗逐漸趨於鞏固，在進行以私有財產為基礎的歧視性對比時，人們所持的觀點就會發生變化。實際上，前者的變化不過是後者變化的反映。這時所有制的最初階段，即透過直接的掠奪與強佔來獲取物品的那個階段，將開始轉變到以私有財產（奴隸）為基礎的生產初期組織階段，游牧部落逐漸發展為自給自足的產業社會。財產之所以具有價值，不再因為它可以作為戰鬥勝利的證明，而是因為可以藉此證明財產所有者，相對於同一社會裡的其他成員的優勢地位。此時，歧視性對比已經變成了財產所有者與社會中其他成員之間的對比。這個時候財產依然帶有戰利品的性質，但是隨著文化的發展，在游牧生活的準和平（quasi-peaceable）方式下進行的有關所有權的競賽中，財產越來越成為部落成員獲得勝利時的戰利品。

在社會的日常生活和人們的思想習慣中，掠奪活動逐漸成為過去，生產活動進一步代替了掠奪活動，於是累積起來的財產逐漸代替了因侵佔活動而得到的戰利品，日益成為優勢與成功的象徵。因此，隨著生產事業的不斷發展，將佔有財富作為贏得聲譽和尊敬的基礎，這一行為越來越有用，也越來越有效。然而這並不意味著顯示威力的其他的、更直接的證明不再能贏得尊敬，也不是說成功的攻擊或輝煌的戰績不再能獲得民眾的讚揚和欽佩，不再能激起較差競爭者的羨慕和嫉妒；而是說，透過直接表現優勢力量的方式來博取榮譽，這一機會範圍越來越窄，次數越來越少。而在生產上發起進攻的機會，以及在游牧經濟下透過準和平的方式累積財產的機會，不論是在範圍還是在有效程度方面，都在不斷地擴大和提高。更重要的是，財產不同於英勇的戰績或卓越的功業，它此時已經成為衡量可敬程度時最容易識別的證明，因此它成了贏得尊敬的習慣性依據。如果要在社會上獲得地位，就必須擁有一定的財產。如果要在社會上獲得聲望，就必須獲取並累積財產。一旦累積的財物在這種情況下成為擁有能力的公認標誌，擁有財富就必然成為贏得尊敬的基礎。擁有的財產，不論是經過自己的努力而主動取得的，還是由於別人的遺贈而被動獲取的，都已經成為贏得榮譽的習慣性基礎。擁有財富，起初只被看作是能力的證明，如今則認為其本身就是一件值得讚揚的事情。財富本身已經具有內在的榮譽性，而且能賦予其擁有者以榮譽。經過進一步的發展，人們認為先輩或前人遺留的財富，比經由自己的努力獲得的財富，甚至具有更大的榮譽性；不過這一區別來自金錢文化演變的後期階段，下面將會談到這一點。

雖然擁有財富已經成為獲得一般聲望和高尚社會地位的重要依據，但威力和侵佔或許仍是獲得一般民眾最高敬意的有力方式。有些民族長期受到掠奪文化的薰陶，其掠奪本能以及對掠奪能力的讚賞，已經在他們的思想習慣中根深蒂固。按照一般的判斷，那些透過在戰爭中發揮卓越的掠奪能力而獲得的榮譽，或是在治理國家中發揮掠奪能力而獲得的榮譽，迄今為止仍是人們力所能及的最高榮譽。但是，要在社會上擁有體面的地位，上述贏得聲譽的途徑已被財富的取得與累積的手段所取代。在社會上要博得好評，就必須在財富上達到某個並不明確的、傳統的標準。這種情況和早期的掠奪階段相同。那時，一個未開化者必須在體力、智力和使用武器的技能方面，達到部落中的某一標準，達不到這一標準是要受到蔑視的。得到榮譽和地位的必要條件，在上述前一種情況下是財富，後一情況下是威力，如果能在這兩個方面超過一般標準，就能夠出類拔萃，贏得人們的讚譽。

如果某位社會成員在威力或財產方面不能達到一定的標準，那麼他就會受到同胞們的蔑視，其自尊心也會受到傷害，因為自尊心產生的基礎就是同胞們對他的尊重。只有性格反常的人，才能長期受人蔑視且持續保持自尊。這一例外自然是存在的，尤其在那些具有強烈宗教信仰的人們中間。但這類明顯的例外很難說是真正的例外，因為這類人往往有別的精神寄託。他們信從的是某種超自然的力量對他們的功德做出的想像中的讚許。

因此，佔有財產一旦成為獲取榮譽的依據，也就成為滿足人們自尊心的必要手段。在任何社會，只要財產是由人們分別掌握的，那麼一個人為了尋求心理上的慰藉，他所擁有的財物，就不得少於他習慣於把自己歸為同類的那些人所擁有的財物。如果他擁有的財物比其他人多，他就會感到非常欣喜。可一旦有了新的收穫，他已經習慣了新的財富標準，那麼因新標準高於原標準而帶來的滿足感就不再那麼強烈。總之，人們總是以現有的金錢標準作為進一步爭取財富的出發點，這個傾向是永遠不會改變的；這一點又反過來引起了滿足心理的新標準，以自己的資力與同胞進行比較，又會引起金錢上新的等級劃分。就這裡所涉及的問題而言，累積財富所要達到的目的，在於與其他社會成員進行對比時處於資力上的優勢地位。一個普通的正常人，在這樣的對比下如果顯然處於劣勢地位，他就會整日憂慮不安，不能滿足於當前的處境。如果他達到了社會的普遍標準，或達到了屬於他那個階級的金錢標準，另一種心情就會代替他原來的長期不滿情緒。那時令他惴惴不安的將是如何擴大自己與平均金錢標準之間的差距。但個人之間這種歧視性對比的演化是無止境的，在這種對比下的個人肯定不會處於那樣的有利地位，以致在金錢地位的競賽中，與他的競爭者相比，竟不想再提高一層。這是必然的事理，對於任何個人來說，其追求財富的欲望都是永遠不會得到滿足的，對財富的平均或一般的滿足是根本不存在的。隨著社會財富的普遍增長，無論進行怎樣普遍、平均或「公道」的分配，都不會使這方面的欲望獲得比較近似的滿足，因為每個人都希望在累積財富這一點上超過其他人。即使像有些人想像的那樣，積累財富是出於生活上或物質享受上的需要，那麼不難想像，隨著生產效率的提高，社會的總經濟需求總可以在提高到某一點時得到充分的滿足。但是，由於財富的爭奪實際上是以歧視對比為基礎的謀求聲譽的競賽，因此有一個確定的目標並接近它是不可能的。

上文指出，獲取和累積財富的動機是在金錢地位上力爭上游，超越別人，從而贏得榮譽，贏得社會其他成員的尊敬和羡慕；但這並不意味著取得和累積財富再無其他動機了。在近代工業社會財富累積過程的每個階段，人類增進物質享受以及免於貧困增加保障這類願望，總是作為一種動機而存在的。儘管這方面的滿足標準，在很大程度上受金錢競賽習俗的影響。日常生活中如何使用錢財，如何選擇有關物品，如何進行個人享受，在很大程度上受這種金錢競賽的影響。

除此之外，財富可以帶來地位和權力，這是進行財富累積的動機之一。在原始的部落文化中，生活的主要特徵是個人與其所屬的群體之間的緊密聯繫，不分彼此。在這樣的社會裡，男子作為行為的主動者，具有從事於有目的活動的傾向性，並且厭惡不切實際的勞動，當人類脫離了這種質樸的文化階段以後，這一性格依然存在。

當人類進入掠奪文化階段後，比較狹義的利己主義成為社會基調，上述的傾向性仍然與之相隨，並且成為決定生活方式時的普遍特徵。這時構成經濟的基本動機仍然是對成績的追逐和對徒勞的厭惡。那種傾向性的改變，只是在其表現的形態方面，在於人類活動所指向的直接目標上。在個人所有權制度下，明確地達到一種目的最有效的方法，是由財物的取得和累積所提供的。當人與人之間利己性的對立進一步成為自覺的意識時，追求有所成就的傾向，即工作的本能，就逐步發展為爭取在金錢和成就上超越別人的努力。此時個人的相對成就，經由彼此之間歧視性的金錢對比而得到檢驗，成為行動的傳統目標。在普遍的意識中，努力的正當目標，就是與別人比較時可以佔據優勢地位，因此對不切實際的勞動持厭惡的態度，在很大程度上與競賽的動機聯繫在一起。這就更加促進了對金錢地位的競賽，對於足以影響競賽結果的一切缺點以及一切缺點的跡象，也就更加深惡痛絕。所謂有目的的努力，指的是使財富累積獲得更可靠表現的那種努力。因此，不論從範圍上還是強度上來看，促使人類從事財富累積的動機中，居於首要地位的，仍然是這種金錢競賽的動機。

或者在此沒有必要進行說明，當使用「歧視性」這個詞語時，對於用這個詞所描述的任何現象，都沒有加以抑揚、褒貶的含義，既不想有所誇大，也並無惋惜之意。這個詞是在學術意義上使用的，是用來描述人與人之間的對比的，這種對比的目的是按照人們在審美或道德觀念上的相對價值來劃分等分級，從而界定他們自己所設想的或其他人所設想的，他們心理上相對的自得程度。歧視性對比是與人們的價值有關的一種評價方式。

有閒階級論 The Theory of the Leisure Class

第二章

明顯有閒

上文概括敘述了關於金錢的競賽情況，這種金錢競賽在其進行中如果不受其他經濟力量或競賽過程中其他特徵的干擾，其直接結果將促使人們趨於勤勞節儉。我們知道，下層階級獲得財物的一般手段是生產勞動，就這些階級來說，金錢競賽在某種程度上確實產生了那樣的結果。在一個處於農業生產階段、過著定居生活的社會裡，財產的劃分非常細緻，法律與習俗使勞動階級可以在其生產成果中獲得一個相當確定的份額。對這樣一個社會裡的勞動階級來說，上述情況就更為確鑿。這些下層階級無論如何都不能免於勞動，因此勞動至少在其階級內部看來，並不會使其降低身份。不僅如此，由於勞動是他們既定的、普遍的生活方式，當他們在工作上有所成就而獲得名聲時，還會存在幾分贏得競賽的自豪感，因為勞動是他們參與競賽的唯一途徑。有些人只在生產效率與儉約方面，才有可能獲取財物和展開競賽，那麼對這些人來說，只有進一步克勤克儉，才能在某種程度上參加金錢地位的競爭。但必須指出，以下還會提到，在競賽過程中的某些從屬性特徵，對於不論在金錢上處於劣勢還是優勢的階級在這些方面的競賽，都會產生很大的限制、緩和作用。

這裡討論的是在金錢上處於優勢的階級，其情況與上述的有所不同。就這個階級來說，不乏存在勤奮與儉約這兩個動機，但其行為很大程度上受到了金錢競賽中某些附屬要求的限制，以致實際上在這個方面的任何傾向都受到抑制，任何關於勤勞方面的誘因都不能發揮作用。這些競賽的從屬要求中最有力、最廣泛的一個，就是必須迴避生產性工作。在未開化文化階段，這一情況更加明顯。在掠奪文化時期，在人們的思想習慣中，勞動和懦弱、服從聯繫在一起。勞動因此成為地位卑微的標誌，是一個有地位、有身份的人不屑為之的。由於這種傳統觀念的影響，人們認為勞動是會降低品格的，這種觀念延續至今，從未消失。與此相反，隨著社會文化的演進，這一觀念已成為古老的、不容置疑的規定，具有公理性的力量。

要獲得別人的尊敬並保持下去，僅擁有財富或權力是不夠的。這種財富或權力還要得到證明，因為只能透過這樣的證明來獲得人們的尊敬。財富的證明不但可以使人深刻地認識到這位財富所有者的重要地位，使人一直保持這個深刻的印象而不磨滅，而且可以使這位財富所有者建立、保持一種自鳴得意的滿足感，財富的證明在這一點上也有不小的作用。除了最低的文化階段以外，在一切文化階段裡，一個普通的正常人，如果能有一個「體面的環境」，能夠免於「躬親賤役」，那麼他就會在自尊心上感到安慰和鼓勵。不論在他生活的物質環境方面，還是他日常生活的內容方面，如果被迫脫離了那個習以為常的體面標準，這時不管他的夥伴們對他的遭遇表示同情還是非難，他都會感覺這是對他尊嚴的侮辱。

對於人類生活方式中尊卑貴賤的古老理論區別，時至今日，依然保持著很大的影響力。因此，對於粗鄙形式的勞動，上流社會無不懷有本能的厭惡感；對於我們思想習慣中與苦工賤役相關聯的那類業務，我們尤其有一種真切的感覺，認為這類工作在表面上是不雅的。所有高尚風雅人士都認為，某些傳統上必須由僕役們來做的工作，在精神上也仍然是汙穢的。他們毫不猶豫地指責鄙俗的環境，簡陋的（即廉價的）住宅以及粗笨的生產工作，並儘量避開這些東西。這些都是和高層次的精神生活——「高尚的思想」——不相容的。從希臘哲人的時代到今天，那些思想豐富的人一直認為，享有相當的餘閒，避免解除那些直接服務於人類日常生活需要而進行的生產工作相接觸，是享受有價值的、美好的，甚至是還算過得去的人類生活的先決條件。在一切有教養的人們眼裡，有閒生活，就其本身來說，就其所產生的後果來說，都是美妙的、高貴的。

有閒和財富的其他證明這種直接、主觀的價值，無疑大部分是從屬性的、派生性的。這種價值，部分是有閒作為獲得他人尊重的一種手段功用的反映；部分是藉此在精神上獲得調節的結果。而勞動已經習慣性的被認為是地位低下的證明，因此出於心理上的武斷，勞動也就被認為在本質上是卑賤的。

在掠奪階段，尤其是在此之後生產處於準和平方式下的最初階段，有閒生活成為金錢力量和優勢地位最簡捷、確鑿的證明。當然，這裡始終假定，這些有閒者除了「有閒」以外，還過著很安逸、舒適的生活。在這個階段，財富的成分主要是奴隸，以及由於擁有財富和權力而產生的利益，其主要表現形式是個人的勞役和個人勞役的直接成果。因此，明顯擺脫勞動就成為金錢上具有優越地位的傳統標誌，成為聲望所歸的習慣性標準；與此相反，既然從事生產勞動是貧困與服從的標誌，那麼從事勞動也就和社會上的崇高地位水火不容了。結果是，在流行的金錢競賽下，勤勞與儉約的習慣並沒有得到推廣；恰恰相反，這種金錢的競賽，對人們參與生產勞動起到了間接的消極作用。從早期的文化階段開始，勞動就一直受到蔑視，即使沒有這種傳統的沿襲，因為勞動已成為貧困的證明，也仍將不可避免地成為不光彩的事情。按照掠奪文化的古老傳統，生產工作是不值得一個壯健男子去做的，男子是應當迴避的。在掠奪的生活方式轉變到準和平的生活方式之後，這一傳統並沒有被丟棄，反而得到了進一步的加強。

由於附加在生產工作上低人一等的觀念，有閒階級制度雖然沒有和個體所有制的初次出現同時登場，但始終將成為所有制最初產生的後果之一。從理論上來說，雖然有閒階級在掠奪文化開始時就已經出現，但是隨著掠奪階段向下一個金錢文化階段的轉變，這種制度有了新的、更加充實的含義。從這時開始，作為一個「有閒階級」，不論在理論上還是在事實上已經存在。也就是從這個時候起，有閒階級制度以完整的形態出現了。

在掠奪階段，有閒階級與勞動階級之間的區別，在某種程度上只是形式上的不同。那時，體格強健的男子們，審慎地置身於他們認為低賤的勞役之外；但他們的活動實際上對群體的食物供應有很大的貢獻。在後來準和平的生產階段，其主要特點一般是出現了確定的動產，動產主要包括奴隸、牛群和牧人，這時生產取得了進一步發展，社會無須為了生計而依靠打獵及其他侵佔活動。從這時起，明顯不用從事所有實用性的工作，是有閒階級生活的典型特徵。

當有閒階級生活史處於成熟階段時，其正常的、典型的業務，與它早期從事的，在形式上大致一樣，包括政務、戰事、運動比賽和宗教供奉。有些過度鑽研理論的人也許要說，這類業務也未嘗不附帶地、間接地具有「生產性」；但是要知道，這裡的問題具有決定意義的是，有閒階級從事的這類業務，其通常的、表面的動機，肯定不是透過生產勞動來增加財富。這個階段和其他文化階段一樣，從事政治活動或參加戰爭，在一定程度上是為了從中獲得金錢上的利益，但這種利益是透過掠奪和強佔等光榮方式獲得的。這類業務是掠奪性的，不是生產性的。狩獵活動具有類似的性質，但也有所不同。當社會脫離純狩獵的時代後，打獵逐漸分化為兩種不同的業務。一方面，狩獵是一種行業，進行這項活動主要是為了獲利，在這一點上，侵佔成分實際上是不存在的，至少不是充分存在的，因此不足以消除其作為一種營利活動的性質。另一方面，狩獵也是一種娛樂活動，是掠奪衝動的一種表現，因此沒有任何顯著金錢上的動機，卻多少包含一些明顯的侵佔成分。狩獵在這方面是值得稱道的，是應當列入成熟有閒階級的生活方式，因為它在這方面的發展中清除了所有的手工藝成分。

脫離勞動不僅是體面的，值得稱道的，而且是在禮俗上維持身份的一個必要條件。在財富累積的初始階段，以財產作為獲取榮譽的依據，這一觀念還十分幼稚和模糊。這時脫離勞動是擁有財富的傳統證明，也是社會地位的習慣性象徵。因此，財富具有價值這一不可改變的觀念，引起了對有閒更加牢不可破的堅持。事物被覺察到的特點，就是其自身的特點。結果是，按照人類性格的既定規律，舊有的習慣立即牢牢抓住了財富這種慣常的證明方式，把財富看作是極端高貴、可敬的，從而把這種觀念灌輸到人們的思想習慣中；與此同時，在同樣的演變過程中，生產勞動在本質上成為毫無價值的活動。在世俗的眼光中，這種習慣性觀念終於使勞動變得不僅是不光彩的，而且是一個高貴的、生而自由的人在道義上所不允許的行為，是與高貴的生活不相容的。

這種厭惡勞動的傾向，對各階級在生產活動上的分化還有更深刻的影響。當人口密度增大，當以掠奪為目的的部落逐漸發展為定居的產業社會時，支配著所有制的管理機構和社會習俗，也在範圍和程度方面逐漸擴大和提升。這時要用直接的掠奪方式來累積財富已經不大可能，而出於一致性的邏輯，要經由生產方式來獲取財富，這對於心高氣傲的人和兩手空空的人來說，同樣是做不到的。可供他們選擇的只有兩條路，不是淪為乞丐，就是在貧困中度日。因此無論什麼場合，明顯有閒的準則，如果可以不受阻撓地按照其自身的方向發展，就必然會出現一種附屬性的、某種意義上虛假的有閒階級：這種人一貧如洗，生活上朝不保夕，但在道義上堅持不屈，認為為了謀生而降低自己的身份。有些人曾有過富庶的生活，後來卻貧困不堪，這種情況現在也是很常見的。這種人對於非常輕微的體力勞動也深惡痛絕；對於這種根深蒂固的觀念，任何文化發達的民族或在金錢文化上落後的民族都十分熟悉。有些人十分嬌氣，長時間習慣了溫文爾雅的作風，對體力勞動十分厭惡，以至於在危急關頭，甚至連自衛本能都會完全喪失。有這樣的例子，據說波利尼西亞地區的某些酋長，為了保持尊嚴，寧可餓著也不肯用自己的手將食物送進嘴裡。當然，這可能是因為——至少是部分原因——酋長身上有著某些過分聖潔或必須迴避的宗教禁忌。這種禁忌透過他雙手的觸摸會擴展到其他東西身上，因此他接觸過的所有東西都不宜供人類食用。但是要知道，產生這種禁忌的原因就是對勞動的蔑視，或者認為勞動是與道義不相容的；因此，即使從宗教意義上來解釋，波利尼西亞酋長們的行為也比表面上看起來更符合「有閒是光榮的」這個準則。還有一個更好的、或許能引起更少誤解的證明：據說有一位法國國王，為了遵守禮節，不失尊嚴體統，拘泥過甚，竟因此丟掉了身家性命。當時這位國王在烤火，火勢越來越旺，而負責為他移動座位的那個僕人恰好不在國王身邊，他就堅忍地在爐邊坐著，動也不動，最終被燒到無法挽救的地步。雖然他最終犧牲了，卻保全了最高貴的基督教國王身體的聖潔，沒有被低賤的勞動所玷汙。

喪失了人生的意義而苟全性命。

這才是人生最大的不幸。

上文已經提到，這裡使用「有閒」這個詞語，指的並不是懶惰或清靜無為，而是指非生產性地消磨時間。之所以要在不生產的情況下消磨時間，是因為：第一，人們認為生產工作是不值得去做的，對生產勞動持輕視的態度；第二，藉此表明自己的金錢力量可以使自己生活安逸，衣食無憂。這種受人尊敬的閒暇，是一位有閒階級成員的生活中理想的組成部分，也是使旁觀者獲得對其印象的一部分。但他的有閒生活不是全在旁觀者的關注下度過的，也有一部分是不為公眾所知的。但為了維護榮譽，就得顯示這個不能為人所見的部分，使人信服他的生活確實是有閒的。他要想辦法做到這一點，但這一點只能間接地顯示出來，透過他從閒暇中得到的一些具體的、持久的成績顯示出來。這和他僱傭的工匠、僕役們的情形一樣，他們也慣於顯示工作中一些具體的、持久的成果。

生產勞動持久的證據是勞動所得的物質產品，這通常是一些消費品。對於侵佔活動來說，要獲得些持久性成績並把它們顯示出來，也同樣是可能的，而且通常也是這樣做的。在後來的演進階段，通常用一些徽章或勛章作為習慣的、公認的侵佔標誌來證明功績，這些標誌還可以表明其象徵功績的數量或等級。後來，隨著人口密度的增加，人事關係日益複雜，一切生活細節都經過了精心的安排和仔細的選擇。在這一精心安排的過程中，紀念品或戰利品的使用發展成身份、頭銜、等次、勛位等制度，例如那些五花八門的紋章、獎牌以及榮譽裝飾，就是這種制度的典型產物。

從經濟的觀點來看，如果「有閒」是一種業務，那麼這種業務在性質上與侵佔生活密切相關；有閒生活所特有的、一直是其禮儀準則的那些成就，與侵佔活動的戰利品有許多相似之處。但是狹義的「有閒」與「侵佔」是不同的，也不同於對無實際用途的事物進行的任何表面形式的加工，因為有閒通常不留下物質成果。因此，「有閒」的成就大多是「非物質」式的產品。這類非物質跡象的證據是一些準學術性的或準藝術性的成就，和一些並不直接有助於人類生活進步的處理方式方面的和各種瑣碎方面的知識。比如說，在我們這個時代裡就有這樣一些學術研究：古代語言和神祕學，文字拼法，文句構造法與詩歌韻律學，各種家庭音樂和家庭藝術，服飾、傢俱與設施的時尚，各種競技與運動比賽，狗、賽馬之類不為實用而培養的動物等。這些形形色色的研究有其最初的動機，相關知識也是在這個動機下開始取得並流行起來的，這個動機也許和人們要表明他們沒有把時間花在生產工作上這一願望無關；但是要知道，除非這類活動經研究可以證明人們沒有參加生產，否則就不會繼續存在，也不會保持其作為有閒階級的傳統成就的地位。

從某種意義上來說，這類成就或許可以歸入一些學術分支。但除了學術研究外，還有一些更廣泛的社會現象在發揮作用，使這類成就逐漸脫離學術領域，進入生活習慣與技巧的領域。這些社會現象就是所謂的儀態、禮貌、典禮等。這類現象都是可以直接、突出地顯示出來的，因此被人們更加廣泛和迫切地堅持，用來證明透過有閒而達到的尊榮程度。這裡需要指出的是，在以明顯有閒作為榮譽標誌的風氣最盛行的文化階段，可以泛稱為禮儀的上述種種慣例，在人們的心目中佔有重要地位，其重要性超過了後來的文化發展階段。準和平的生產階段，作為一位出身高貴的未開化者，對禮儀是非常考究禮儀的，在涉及禮儀的各個方面都能勝過後代的人，後世只有非常講究儀容舉止的人才勉強比得上。眾所周知，至少普遍性的看法是，族長制時代（patriarchal stage）過去之後，各種禮節越來越退化了。有許多老派的先生們，看到現代工業社會的上層階級舉止粗魯，教養缺乏，不免痛心疾首，感嘆不已。至於在純工業階級中，那種禮貌規範的衰微，或者是所謂生活鄙俗化的現象，在多愁善感的人看來，已成為現代文化的主要禍根之一。現代的人們事務紛繁，禮儀在這些人手中受到了損害，撇開上述的反對意見不談，禮儀是有閒階級的產物和象徵，只有在身份制盛行時，才有全面繁榮的機會。

關於禮儀的起源或由來，並不一定是那些舉止優雅的人為了表明曾在學習禮儀上作的長期努力，無疑還有其他方面的原因。在儀態舉止上要求革新和精益求精的直接目的，在於使關於追求美感或表情方面的新方式更加有效。正如人類學家和社會學家慣於假定的那樣，禮法的起源大部分是出於要獲得對方的善意或對對方表示善意的願望，在後期發展的任何階段，那些舉止優雅的人們的操行中，幾乎總是具有這樣的原始動機。所謂禮貌，部分是儀態舉止的精益求精，部分是前人的動作象徵化和習俗化的殘留，體現了前人對下統治，對上服役，與同輩交往等人際關係上的動作。總之，禮貌很大程度上表達的是一種身份地位關係，一方面是統治的關係，另一方面是屈從的關係。在當代，凡是滲入了掠奪時期特徵的心理習慣，都產生了統治與服從的精神態度。人們會極端重視行為上的禮節，刻意講求品格、官銜和禮儀，這一點與準和平游牧文化下的未開化者樹立的典範十分接近。一些歐洲大陸國家可以作為這類精神殘留的很好範例。在那些社會中，人們認為禮儀具有內在的價值，對禮儀的重視程度簡直類似古老的典範。

禮節最初是一種象徵，一種姿態，只在作為所象徵的事實與特徵的代表物時才有實用性；但後來發生了改變，一般情況下它不再是人類交往中的象徵事實。後來，根據這種理解，禮貌本身就具有一種實際效用，具有神祕的特性，在很大程度上與它原來所象徵的事實無關。這時背離禮儀規範已成為人們厭惡的行為，而在一般理解中，有教養、懂禮貌，不僅是品格優良的外化標誌，而且是心靈高潔的主要特徵。很少有事物能和破壞禮儀一樣激起人們本能的反感；此時遵守禮節具有很高的內在價值，一旦有人違反禮節，就會被人們認為是粗俗卑劣的，能把違禮行為和對違禮者本人的看法分開來看的人是絕無僅有的。違背信義或許還可以得到寬恕，破壞禮法卻是不可赦免的。「有禮方能成人」（Manners make the man）。

雖然禮儀具有這樣的實際效用，但執行者和旁觀者同樣認為，禮儀具有天然的正確性，這種觀念只是禮儀盛行的一個近因。其深層的經濟原因，還是和有閒的榮譽性，以及用非生產活動消耗時間、精力的榮譽性有關。如果沒有這些榮譽性的因素，人們就不會在禮貌上有很高的修養。要懂得禮節，養成習慣，必須經過長期的鍛鍊。高雅的風度、舉止和生活習慣是出身名門望族的有效證明，因為好的教養是需要時間、實踐和成本的，那些把時間與精力用在勞動上的人是不可能擁有這些的。熟知禮儀是一種一望便知、無需解釋的證據，它可以說明一位有教養、有禮貌的紳士的生活，雖然外人沒有完全目睹，但確實是消耗在了一些無利可圖的成就上。歸根結底，禮貌的價值在於它是有閒生活的最佳證明。反過來說，既然有閒是顯示金錢榮譽的傳統手段，那麼凡是希望得到體面的經濟地位的人，都會在精通禮節上下些功夫。

由此可見，因為高尚的有閒生活不能全部為外人所見，所以為了獲取榮譽，就要留下這種生活具體可見的成績，作為證據供人衡量，並與同一階級中渴望獲取榮譽的競爭者所展示的成績進行比較。但是單純地摒棄勞動，甚至沒有把獲取聲譽這類事放在心上，也沒有特意去效仿那種安富尊榮的氣派，在這種情況下也會養成有閒的風度。更可能出現的情況是，這樣的有閒生活經過若干代的堅持以後，將在個人的儀態舉止上留下顯著的、持久不變的痕跡。這類人經過了世代有閒生活的薰陶，對於禮儀的熟練運用已經習慣成自然；如果對如何取得光榮的有閒標誌進行刻苦鑽研，那麼在這方面仍然可以進一步提高，然後在熱烈的、有系統的鍛鍊中，把脫離勞動這類外在標誌顯示出來。很明顯，經過勤奮努力和巨額開銷，可以大大提高有閒階級在禮儀方面的精通程度。反過來說，在禮儀上的精通程度越高，對於那些不營利且不實用的禮儀規範，其熟練程度的證據越明顯和充分；在此項成就中付出的時間、物力上的代價愈大，獲得的榮譽也就愈大。於是，在競相爭取精通禮節的情況下，必須煞費苦心才能養成守禮的習慣。種種禮儀的細節也因此發展為內容全面的準則，凡是要保持較高榮譽的人，都要信守禮儀方面的各種準則。從另一方面來說，禮儀是明顯有閒的派生物，這種明顯有閒也逐漸發展為態度、作風方面的艱苦訓練，發展為審美情趣和鑑賞能力方面的教育，例如哪些消費品是適宜的，怎樣消費才是適宜的，都有一定的標準。

在這方面值得關注的是，由於刻意的模仿與系統的訓練，可能使體格和舉止方面發生病態變化或形成特異性風格，人們利用這一點來謹慎地塑造一個有文化的階級，往往收到很好的效果。在這種情況下，透過所謂的附庸風雅過程，許多家族和宗族迅速地演變成為豪門望族。這種迅速演變為豪門望族的結果，就其作為一個有閒階級因素的適用性來說，其適用性實際上並不低於另一類人，這類人在金錢屬性方面也許受過為期更久的但沒那麼認真的艱苦訓練。

還有一點，關於如何消費的一些方式方法，與時下禮儀細節的相符程度，是存在可以衡量的種種尺度的。這些細節方面的理想標準，每個人符合的程度不同，其之間的差異可以互相比較，並且可以按照禮儀方面的遞進尺度，準確而有效地將他們分成不同的等級。在對應給予的榮譽做出判定時，一般以對有關事物的公認審美準則的符合程度為依據，做出公正無私的判定，並不刻意考慮對方的經濟地位和有閒程度。但做出判定時所依據的審美準則，一直處於明顯有閒法則的監督之下，事實上這類準則在不斷地進行變化和修改，以便更符合有閒法則的要求。因此做出鑑定時的直接依據，這一次和上一次會有所不同，但真實、顯著的時間消耗，永遠是辨別良好教養程度的普遍原則和不變標準。在這一原則的範圍內，可能有很多細節上的變化，但這些變化只是形式而非本質上的變化。

當然，我們日常交際中那些禮節，大多數是敬意或善意的直接表示，如果要找到這種現象存在的理由，或尋求受到讚許的原因，大都沒有必要去追究關於榮譽的任何依據；但是關於禮法，情形就不是這樣了。後者是身份、地位的象徵，這對任何一個留意這些的人來說都是十分明顯的。我們對待僕役或其他在經濟上處於依附地位的下級的態度，是在身份關係上居於上級地位者的態度；儘管與原來粗暴統治下的表現相比，態度已經有了很大改善，溫和了許多。同樣，我們對待上級，以及在許多場合對待同輩的態度，則多少帶有幾分謙卑。那些自命不凡的先生和太太們的傲慢神情，顯示了他們在經濟地位上的獨立和優越性，他們定義的高雅和正當影響著我們的觀念。正是這種沒有人可以和他們相提並論的最高的有閒階級，使禮節得到了最高度、最成熟的表現，也正是這一最高階級使禮節系統化，成為以下各階級的行為準則。也正是在這裡最明確地表明了，禮儀準則是有關身份、地位關係的一套規定，是與一切粗鄙的生產工作不相容的。一種超然的自負和居高臨下的態度，一種慣於要求別人服從和對未來一切都漫不經心的態度，是一位最得意的紳士與生俱來的權利和處世準則。在一般人看來還不止如此，這種行為態度會被認為是最高貴的本質屬性，出身低微的平民對此是心悅誠服的。

前一章已經提到，我們有理由相信，所有權制度始於對人的佔有，主要是對女人的佔有。取得這種財產的動機明顯是：第一，統治與以武力使人屈服的性格傾向；第二，利用這些人作為其所有者具有威力的證據；第三，利用這些人的勞役。

個人勞役在經濟發展中佔據特殊的地位。在準和平的生產時期，尤其是當生產活動還處於初期發展階段時，利用他人的勞役一般情況下是對人進行掠奪並將其據為己有的主要動機。奴僕的價值就在於他們能夠提供勞役。但這一動機之所以占主要地位，並不是因為奴僕具有的上述另外兩個效用的絕對重要性降低了，而是因為生活環境的改變，使奴僕所具有的最後一種效用格外明顯。婦女和其他奴隸，作為財富的象徵或累積財富的途徑，都具有很高的價值。如果一個部落以畜牧業為主，那麼這種財富就跟牲畜一起，共同成為為獲取利潤而進行投資的一般形式。在準和平文化階段，女性奴隸成為經濟生活的重要特徵，有的部落竟把婦女作為一種衡量價值的單位，在荷馬時期就有這樣的例子。毫無疑問，凡是出現這種情況的地方，其生產系統的基礎必然是奴隸動產，而婦女一般都是奴隸。在這樣的制度下，人與人之間主要的、普遍存在的關係必然是主人與奴隸之間的關係。這時財富的公認證明就是所擁有的婦女，還有服務於主人，為主人生產財物的其他奴隸。

不久之後，分工就出現了。有些奴隸專門負責在主人身邊服務和侍應，那些全力從事生產工作的奴僕與主人的直接關係越來越疏遠。另一方面，那些專門從事身邊服務、包括家務勞動的奴僕，則逐漸脫離了為獲利而進行的生產性工作。

這種逐漸脫離正常生產工作的過程，往往始於主人的妻子或正妻。當社會發展到定居生活以後，從敵對部落掠奪婦女為妻的辦法已經難以實行，不能再以此作為妻妾的習慣來源。文化發展到這一階段，正妻往往出身高貴，這就加速了使她脫離粗俗工作的傾向。至於出身高貴這一概念的起源以及它在婚姻制度發展中所占的地位，這裡不進行深入的探討。就本文的研究目的來說，只需說明這一點：所謂的名門望族，是由於長期累積財富並與某些特權有聯繫從而受到尊崇的世家。在婚姻關係中，這種出身的女子是很受歡迎的，因為可以和她有權勢的親屬結成聯盟。而且人們普遍認為，那種與豐盈的財富和顯赫的權勢連結在一起的血統含有高貴的價值。然而，她仍然是她丈夫的動產，如同她被丈夫買入以前是她父親的動產一樣。儘管如此，她還是出於父親的高貴血統，因此讓她從事奴僕們所做的賤役勞動，從道義上來說是不合適的。雖然她在事實上完全隸屬於她的主人，在她所屬的社會階層中，她所處的地位相對於男性成員是那麼低劣，但基於高貴門第可以傳襲的原則，她的地位仍在普通奴隸之上。一旦這個原則獲得了普遍認可，她在某種程度上就享有了有閒的特權，而有閒是名門望族的主要標誌。在門第可以傳襲這一原則的推動下，作為一個妻子，如果她主人的財力範圍允許的話，她免於勞動的範圍將逐漸擴大，直到免於從事一切卑賤的勞役和手工藝工作。此後隨著生產的發展，財富逐漸集中到了少數人的手裡，上層階級財富的傳統標準也就有了提高。脫離手工藝工作，隨後又免於從事低賤的家務勞動，這一點是從奴隸主的正妻開始的，這個趨勢將逐漸演進，就擴展到了其他妻妾（如果有的話），甚至擴展到其他貼身服侍主人的奴僕。一般的趨勢是，一個奴僕，與其主人的關係越疏遠，免除勞役的時間就越遲。

如果主人的經濟允許的話，對主人個人的服侍工作就會變得日益重要，由此推動了隨身侍從這一特殊階級的發展。主人的身體是價值與榮耀的象徵，是最為重要的。由於他在社會上的聲望和地位，也由於他的自尊，他應當有得力的、專職的僕役供其隨時使喚，這些僕役的主要任務就是全力服侍主人，不能有任何其他的工作牽制精力，這是一份重要的任務。這些專業化僕役的作用不在於提供實際的服務，而在於表象上的炫耀。在後一意義上，這類僕役的存在不僅是為了裝裝樣子，更是為了使主人得到滿足，這就是說，主人可以充分表現他的「支配欲」。當然，隨著傢俱設備的不斷增加，可能需要更多的人手來照看，但增加的設備大都是用來支撐場面的，不是為了實際享受，因此這和我們的主要論點並無太大關係。高度專業化僕從日益增加，更好地發揮了上述各種功用。於是出現了這樣的結果，管理家務和隨身服侍主人的僕從不斷地增加並分化，這類僕從也逐漸脫離了生產勞動。由於主人可以用這些僕從證明其擁有的支付能力，因此他們的服務變得越來越空虛，越來越徒有其名。那些跟主人最親近的、接觸最頻繁的僕從更是如此。因此這些人的功用大部分在於他們明顯地脫離生產勞動，在於可以由此證明他們主人的財富和勢力。

在這種為表現明顯有閒而專門僱傭大量僕役的風氣得到很大發展以後，就外表的壯觀性來說，人們更喜歡用男僕而不是女僕。讓那些瀟灑健壯的男子們來充當隨身侍從或其他僕從，這顯然要比使用女僕壯觀，費用當然也更大。男人比女人更適合做這項工作，因為由此可以表明主人在時間、人力上的較大消耗。於是，在有閒階級經濟中就發生了這樣的變化：在族長制時代，終日忙碌的主婦周圍是一群辛勤操作的婢女；而現在，跟隨在尊貴的夫人身後的是一群健壯英俊的男僕。

在經濟發展的任何階段，就一切等級和階層來說，夫人和僕從們的有閒，都不同於那些憑藉自身權利的紳士們的有閒，因為前者的有閒是一種外表上看起來辛勞的職務。這種職務的表現形式大都是不辭辛苦地侍奉主人，或者是煞費苦心地佈置屋內陳設，因此這裡所說的有閒，只是這一階級很少或從未參與生產性工作，而不是免於從事一切形式的勞動。主婦或家僕擔任的職務往往是繁重的，而且他們所要達到的目的也常常被認為是維持整個家庭安逸的絕對需要。這些服務有助於主人或家庭成員的身體健康或物質享受，就這一點來說，似乎可以把它視為生產性工作；只有剔除這種有效工作後剩下的殘餘部分，才應當被視為有閒的表現。可是，現代日常生活中許多被列入包括家務操作範圍之內的勞務，以及維持人類安逸生活的許多「有用物品」，事實上是屬於禮儀性質的。因此，按照「有閒」在這種語境中的意義，這類勞務應當被看作是有閒的表現。為了使生活更加安逸舒適，這類勞務或許是迫切需要的；甚至出於個人享受，或許也是必不可少的；但儘管事實如此，這類勞務仍然可能是主要或全部屬於禮儀性質的。此外，正是因為勞務的這種性質，它們才成為必要的，我們在習慣上已離不開這類勞務了，已經認定不這樣做是違反禮儀規範的。沒有這類勞務會使我們感到不快，這並不是因為缺少了它們會直接導致身體上的不適。有些人的愛好可能沒有受過傳統好惡之別的訓練，他們也不會因為缺少了這樣的勞務而感到不快。情況既然是這樣，在這類勞務上耗費的勞力就應當被視為有閒；當這樣的有閒，由除了家庭中經濟獨立、自己當家作主的家長之外的其他人來表現時，就應當被視為代理性有閒（vicarious leisure）。

在家務勞作的名義下，由主婦和僕役們來表現的這種代理性有閒，常常會發展為辛苦的勞作，尤其是在獲取榮譽的競賽進行得比較緊張激烈的地方。這是現代生活中常見的情形。在這種情況下，這類僕役承擔的家務勞作，或許可以稱為勞力浪費而不是代理有閒。但後一名稱有個優點，它能夠表明這類職務的由來，並能清晰地指出其功用實際的經濟依據；因為這類工作可以用來表明主人或整個家庭的金錢榮譽，理由是在這方面顯然虛耗了很多時間和勞力。

這樣就形成了一種附屬或派生的有閒階級，其任務是為了主要的或正統的有閒階級的聲譽而進行一種代理有閒。代理的有閒階級與真正的有閒階級的不同之處，主要表現在其習慣的生活方式的特徵上。主人階級的有閒，至少在表面上表現為一種任意地免於勞動的傾向——認為這樣可以提高自身的福利，豐富自己的生活。但是僕役階級從免於從事生產勞動中得來的有閒，則是某種在強制下的表現，一般或根本不是為了滿足他們自己的享受。一個僕役的有閒不是他自己的有閒。只要他是一個名副其實的僕人，而非真正有閒階級中的次等成員，他的有閒就是服務於其主人的，為了使主人的生活更加豐富多彩。這種從屬關係的烙印，顯然存在於僕人的行為和生活作風中。在漫長的經濟時期，家庭主婦基本上處於奴役地位，男性仍然是家庭的主導，此時家庭主婦的情況也常常如此。為了滿足有閒階級生活方式的要求，一個僕人不僅要表現出一種謙卑逢迎的態度，還要表明他在這方面是訓練有素、經驗豐富的。僕人和主婦不僅要完成某些任務，顯示出一種奴性，還要表現出十分嫻熟的服務技能，能夠自覺地遵守那些有實效而明顯奴性的準則。即使在今天，這種在形式上表現服從關係的資質和技能，依然是構成那些高薪僕役功用的主要因素，仍然是那些高雅主婦的閃光點之一。

一個稱職僕人首先要明確自己的地位。僅僅知道如何重複地完成某些任務是不夠的，他必須懂得如何以恰當的方式來完成這些任務。家庭服務是智力而不是機械式的職務。於是逐漸形成了關於儀容舉止的精細化制度，對僕役階級代理有閒的規格方式做了專門的規定。在任何情況下違背了這類準則都是要受到責難的。而之所以會受到責難，不是因為這顯示了效能上的欠缺，也不是因為缺少奴性態度或奴性氣質，而是因為這顯示了專門訓練不足。進行如何服侍主人的特種訓練是耗時耗力的，如果在僕人身上顯現出這種訓練的良好效果，那就表明這個僕人不論現在還是過去都不是慣於從事生產工作的；而這一點長久以來是代理有閒的明確證據。因此侍應工作上的嫻熟是有其功用的，它不但滿足主人對良好服務和嫻熟技能的本能喜愛，不但迎合了主人對靠他為生的那些人具有明顯優越性的那種性格傾向，而且還足以證明，和一個沒有經過專門訓練的人所表現出來的單純、明顯有閒相比，他是耗費了更多的人力的。一位體面的紳士，如果他的廚師或馬夫以不恰當的方式來服侍他用餐或出行，以致讓人一看便知這位僕人曾經是種地或牧羊的，那就嚴重了。這種笨拙的行為足以表明，主人沒有能力僱傭受過專門訓練的僕人來為他提供服務。換句話說，這意味著主人無力負擔他的僕役進行專門訓練，他無法承受在時間、精力上所要付出的代價，無力培養接受充分訓練、能夠在嚴格符合禮儀的標準下進行專業服務工作的僕人。如果僕人的表現說明其主人缺乏資力，那就直接破壞了使用奴僕的主要實際目的，因為僕役的主要作用在於證明主人的支付能力。

綜上所述，或許會認為一個缺乏訓練的僕役之所以會引起不快，是因為這會使人直接聯想到主人吝惜錢財或貪圖實惠。實際情形當然不是這樣，其間的相關性並沒有那麼直接。這裡發生的情況和一般的情況是一樣的。不論什麼事務，只要最初在我們面前看起來很美好，不久就會引起我們的共鳴，讓我們認為其本身就是一個可喜的事物，然後這種認識會在我們的思想習慣上逐漸固化，我們會認為這一認識在本質上就是正確的。但是，任何特定的行為準則想要維持下去，就必須不斷得到構成其發展規範的那類習慣或性格傾向的支持，至少兩者不能互相抵觸。代理有閒的需要，或者對明顯消耗的僕役服務的需要，是畜養奴僕的主要動機。只要這一點不發生變化，就可以肯定地說，任何背離公認習俗，縮短僕役見習期的做法，都會使人覺得難以忍受。這種對代價高昂的代理有閒的需要，具有間接的淘汰作用，引導我們形成一種鑑別力，形成在這一類問題上的是非觀念，結果是我們一旦遇到與自己見解相背的做法，就會發生反感並予以清除。

隨著公認財富標準的不斷提高，利用僕役來炫富的手段也越來越高明。蓄養一批專門從事生產活動的奴隸，是財富與威力的很好證明；然而蓄養一批不從事任何生產活動的僕役，則可以證明擁有更多的財富和更高的地位。在這一原則下催生了一個僕役階級，其人數越多越好，唯一的職責就是盲目地服侍主人，以此證明主人有財力不從事生產而能消費大量僕役們的勞務。於是在這些僕役或侍從中產生了分工，這些人的一生都耗費在保持一位有閒紳士的榮耀上。結果是一部分人為主人生產物品，創造財富；另一部分人，一般以主人的妻子或正妻為首，則以明顯有閒的方式為主人進行消費，從而證明主人能夠承受金錢上的巨大損耗而絲毫不影響他的富裕。

上面對於家庭勞役發展和性質的帶些理想化的概括敘述，與這裡被稱為「準和平」生產階段的文化階段的情況最為相似。在這一階段，個人勞役首次上升到一種經濟制度的地位；也是在這一階段，這種制度在社會生活方式中佔據最為重要的地位。在文化的演進中，準和平階段出現在純掠奪階段之後，兩者是未開化生活中相繼出現的階段。在形式上遵守和平與秩序是準和平階段的特徵；然而在這一階段的生活中，還是充滿了壓制與階級對立，因此不能稱為完全意義上的和平階段。從經濟以外的觀點來看，在多重用意的情況下，這個階段或許可以被稱為身份制階段。這個名稱可以用來概括這一階段人際關係的方式，以及處於這一文化階段時人們的精神態度。但是用「準和平」這個詞似乎可以更恰當地說明這個時期盛行的生產方式的特徵，指出經濟演進中這時的生產發展趨勢。就屬於西方文化的社會而言，這一經濟發展的階段大概已成歷史；在社會中，只有數量很少而情況很顯著的一部分是例外，那種未開化文化所特有的思想習慣發生的蛻變只是比較輕微的。

個人勞役現在仍然是一個具有重大經濟意義的因素，特別是在有關商品的分配與消費方面；但即使在這個方面，其相對重要性也遜色於其曾經佔有的地位。這種代理性有閒的最高度發展是在過去而不是在現在，如今這種代理有閒的最高度表現，還可以在上層有閒階級中看到。至於比較古老的文化階段的傳統、習俗和思想的保存，就其極度廣泛地被人們接受並得到有力的發展來說，現代文化在很大程度上受到了有閒階級的幫助。

在現代工業社會裡，各種能帶來享受與便利的機械設備得到了高度發展。除了堅持早期遺留下來的傳統作為榮譽準則的人以外，實際上已經很少有人僱傭隨身的侍者，甚至很少僱傭任何類型的家庭僕人。僱傭僕人來照顧體力衰弱者或精神病患者或許是唯一的例外。然而，這一類僕人實在應該被列入經過專門訓練的護理師一類，而不是被列入家庭僕役一類。因此僱傭他們只是表面上的例外，而不是真正的例外。

當今一般的小康之家僱傭僕役，（表面上的）原因是家庭成員不能完成一個現代家庭需要承擔的工作。他們不能完成那些工作的理由是：第一，他們「社交上的職責」太多；第二，需要完成的工作太繁重。這兩個理由可以做如下申述：第一，按照某些強制性的禮法，這一類家庭成員，表面上必須把時間與精力完全消耗在表現明顯有閒上，即消耗在走親訪友、外出、運動比賽、俱樂部活動、婦女義工團和各種慈善團體等諸如此類的活動上。將時間和精力耗費在這類事務上的人，往往都私下承認這些禮儀十分俗套，以及對衣飾和其他明顯的消費隨時都要加以留意，這十分令人厭惡但絕對不能避免。第二，按照必須對財物進行明顯消費的要求，住宅、傢俱、古董，關於服飾、飲食的各種裝置，以及各種生活上的設備，已經發展得如此精細複雜，以致如果沒有他人幫忙，就不能以合乎要求的方式來使用。主人付出代價僱傭僕役，是為了在他們的幫助下完成禮儀上所要求的日常工作，然而對主人來說，與這些僕人親密接觸常常是不愉快的。但是，為了委託他們來分擔一部分家用器物的繁重消費，就不得不忍受他們的出現並支付報酬。由此可見，對主人來說，家庭僕役以及隨身侍從這一特殊階級的明顯存在，是身體舒適對金錢禮儀的精神上需要的一種讓步。

現代生活中，家庭職務是代理有閒最突出的表現。在由誰承擔這些職責的問題上正在發生快速的變化。承擔這些職務與其說是為了家長個人的榮譽，不如說是為了作為一個共同單位的整個家庭的榮譽——在這個團體種，主婦表面上處於平等地位。上述職責是由家庭來執行的，一旦家庭脫離了佔有制婚姻的古老基礎，這些家庭職務自然也就不屬於原來意義上代理有閒的一類；除非這類職務由受雇的僕人來執行。也就是說，代理有閒只有在身份制或僱傭服務的基礎上才有可能，那麼身份制關係在人類生活不論哪一部分消失後，那部分生活中的代理有閒也必將隨之消失。除上面的補充說明以外，還應當再補充一點，只要家庭制度依然存在，即使家長地位不再集於一身，這種為整個家庭的聲譽而實施的非生產性勞動，依然應當列入代理有閒的範圍，儘管在意義上稍有變化。在這種意義上，有閒是由「準個人的」共有家庭執行的，而不是像以往那樣由唯一的家長執行的。

有閒階級論

The Theory of the Leisure Class

一 第三章 一

明顯消費

上面探討代理有閒階級的演化，及其從勞動階級整體分化出來的過程時，曾講到進一步的分工，也就是不同僕役階級之間的分工。以從事代理有閒為職務的那些人，逐漸承擔了一種新的、附屬性的職責——對主人財務的代理消費，他們是僕役階級的一個組成部分。這種消費最顯著方式是他們穿著特製的制服，住在寬大的僕役宿舍。另外一種同樣顯著而更加廣泛盛行的代理消費的方式，就是家庭主婦和家庭其他成員在飲食、服裝、住宅和傢俱方面的消費。

但是在經濟發展過程中的某個階段，遠在主婦出現之前，作為財富力量的證明而對物品進行的專門消費，已經逐漸形成一種比較精密的制度。

消費上的分化，甚至在可以適當地稱之為金錢力量的任何事物出現之前，就已經開始了。這最早可以追溯到掠奪文化的初始階段，有些人甚至認為，最初的消費分化出現在掠奪生活開始以前。這種最初的財物消費分化，與我們熟悉的後來發生的分化，相同之處在於前者也主要是禮儀性的；不同之處在於前者並非以財富累積的差別為基礎。以消費作為財富的證明，應當視為一種派生的發展。這是經過淘汰過程而對人類特性中的一個新目標的適應，這種特性原本就在人們的思想習慣中存在並確立著。

在掠奪文化的初期階段，由強壯的男人組成的高貴上層階級，和由勞動婦女組成的低賤下層階級，兩者之間的籠統差別是經濟上的唯一分化。

按照當時盛行的典型生活方式，對女子生產的物品進行消費是男子的任務。而婦女享有的消費，只是其工作的附屬品；這種消費只是一個使她們得以繼續勞動的手段，並不是為了她們生活上的舒適和充實。不參加生產而進行消費是光榮的。首先，這是威力的標誌，是人類尊嚴的必要條件；其次，這種消費行為本身就是光榮的，特別是對昂貴物品的消費。上等食品或比較珍貴的裝飾品的消費，對婦女和兒童是絕對禁止的；如果男性中有下層階級（奴隸階級），這一禁令對他們同樣適用。

隨著文化的進一步發展，這種禁令可能會演變為嚴格程度不等的單純習俗；但無論支持這種區別的理論基礎是什麼，無論這種差別形成的原因是禁令還是比較普遍的習俗，傳統消費方式的特徵都是不容易改變的。當達到準和平的生產階段後，擁有作為奴隸動產成為一項基本制度，這時在嚴格程度不等的情況下要遵守的一般原則是，卑賤的勞動階級只能消費那些維持生計的必需品。當然，一切奢侈品和生活的享受品都是屬於有閒階級的。在禁令之下，某些食物，尤其是某些飲品，是嚴格規定給上層階級享用的。

在酒和麻醉用品的使用上，可以明顯看出飲食方面的禮儀差別。如果這類物品價錢昂貴，使用它就會被認為是高貴和光榮的。因此，除了可以用較低代價獲得的地區以外，下層階級，尤其是婦女，是禁止使用這些物品的。從遠古時代直到族長制盛行的時期，製作和供應這類奢侈品的任務都是由婦女承擔的，而享受這類奢侈品卻是出身高貴、有教養的男人的特權。因此，由於過度享用刺激品而陷入沉醉或其他病態反而是光榮的，這在飲食上成了放縱的人佔有優勢地位的象徵。在有些民族看來，那種因過度放縱而造成的病態，是男子的特有屬性。甚至還出現過這樣的情況，那些由於過度放縱引起的某些病狀的名稱，在日常談話中成為「尊貴」或「文雅」的同義詞。當然，只是在較早的文化階段，這種由縱欲惡行導致的症狀才被認為是優勢地位的象徵，並變成一種美德，得到社會的尊重。但是，附屬於這些惡習的榮譽長期保持著很大的勢力，以致大大減輕了富裕階級或貴族階級男子因生活放縱過度而受到的責難。正是由於這種歧視性差別的存在，一旦婦女、年輕人和下等人發生了任何這種放縱行為，就會受到十分嚴厲的責難。甚至在現今比較進步的民族中，這種傳統的歧視性差別也沒有失去效力。如果有閒階級樹立的典型對社會習俗的形成具有強制力量，人們就可以看到，在刺激品的享用上，婦女在很大程度上仍然遵守著傳統的節制。

這裡所說的關於上層階級婦女在刺激品使用方面受到較大的節制一事，也許有過分渲染的嫌疑，顯得有些不合常理。但是只要願意瞭解，任何人都很容易看到以下事實：婦女之所以在刺激品使用方面受到較大的節制，某種程度上是因為強制性的習俗。

一般來說，凡是族長制傳統——以婦女為動產的傳統——具有充分控制力的地方，這種強制性習俗會格外強大。

根據族長制傳統，婦女被認為是一種動產，她們只能消費生活必需品，除非她們的消費有利於主人的享受或聲譽。這個傳統雖然已經在範圍和嚴格程度上受到了很大限制，但依然沒有完全喪失它的意義。奢侈品消費的真正意義是為了消費者本人的享受而進行的消費，因此是主人身份的一個標誌。任何這類消費，主人以外的其他人只能在被默許的基礎上進行。在那些思維習慣受族長制傳統影響深刻的社會中，總是可以找到禁用奢侈品律例的殘餘，至少在習慣上是不允許缺乏自由的階級或從屬階級來享用奢侈品的。某些奢侈品，如果由從屬階級來使用，顯然會損害其主人的享受和愉快，或者根據其他理由還可以把它看成是不正當的。

按照西歐文明中廣大保守的中產階級的觀點，從屬階級使用刺激品，即便不一定違背禁令，也是應當受到責難的。意義重大、不容忽視的一點是，在日爾曼文化統治下的中產階級，具有很強的族長制禮法的思想殘餘，婦女在麻醉品和菸酒上受到最大限度的禁止。一般通則是，婦女只能在為其主人謀取利益的情況下進行消費，這一通則一般被認為是正確而具有約束力的，不過這一通則已經受到了多方面的限制——隨著族長制傳統的日趨衰微，限制條件也越來越多。當然，也許會出現這樣的反對觀點：婦女在服裝和家庭裝飾上的消費是這個通則的明顯例外。然而從效果上來看，這個例外只是表面上的，而非實質性的。

在經濟發展的早期階段，只有有閒階級才能無拘無束地對物品進行消費，特別是一些高級的物品。也就是說，人們普遍認為，只有有閒階級才能進行最低限度生活所需以外的消費。進入後期和平階段後，財產私有制出現了，以工資勞動或小型家庭經濟為基礎的生產制度出現了；這種限制便逐漸消失了，至少在形式上趨於消失了。但是在準和平階段的初期，許多受有閒階級制度影響的傳統習俗都在逐步形成並穩固下來，這些傳統習俗對以後的經濟生活產生了很大影響；在那時，上述習俗是具有一種習慣法的力量的。這一習俗被人們當作消費行為必須遵從一種規範，如果發生了任何嚴重背離這種規範的消費，就會被認為是一種反常現象，會在後續的發展過程中被清除掉。

由此可見，處於準和平階段的有閒紳士，消費的生活必需品不僅超出了維持生存和保持健康的最低限度，而且消費物品的品質也是特殊化了的。對於食物、飲料、麻醉品、住宅、勞務、服裝、裝飾品、武器設備、娛樂用品、護身符或神像等，他都是隨意消費並消費最好的。對於他所消費的物品之所以逐漸改進，主要動機和直接目的無非是使改進過的精美物品，更加有利於他個人的舒適和福利。但這並不是消費這些物品的唯一目的。這裡還存在著榮譽準則，凡是符合準則的改進都會受到歡迎，這一物品也會被持續使用下去。既然消費這些更加精美的物品是富裕的證明，那麼這種消費行為就具有光榮性；相反地，如果不能按照適當的數量和適當的品質來進行消費，就意味著地位上的服從和低劣。

在飲食等方面的品質上越來越仔細的辨別和挑選，不僅影響了有閒階級紳士的生活方式，而且影響了他的鍛鍊和智力活動。現在，他已經不僅僅是一個成功的、敢於進取的男人，也不僅僅是一個有威力、有智謀、無所畏懼的人物了。為了不顯得粗鄙，在愛好的培養上也不得不下些功夫。對那些消費品的判斷，哪些是名貴的，哪些是凡陋的，應當能夠十分正確地鑑別出來，這已經成為了他的義務。對於有閒生活中的各種物品——各有優點的名貴食品、男用飲品、隨身飾物、得體的服裝、武器、競技、舞蹈、麻醉品、各種建築等——他應當成為一個鑑別的行家。培養審美能力是需要時間和精力的，在這方面對有閒紳士提出的要求，逐漸改變了他的有閒生活，他要下點功夫學會如何以適當的方式過表面上的有閒生活。這位紳士必須大方地消費適當的物品；與此密切相關的一點是，他必須知道如何以適當的方式來進行消費。他必須以恰當的方式來過他的有閒生活。這就涉及到前一章的禮儀問題。高貴的禮儀風範和文雅的生活方式，在明顯有閒與明顯消費的規範中，是應當遵守的兩個方面。

對有閒的紳士說來，對貴重物品的明顯消費是獲得榮譽的一種手段。但只靠努力消費手中的財富這種方式，是不能充分證明他的富有的。於是利用饋贈珍貴的禮物、舉行豪華的宴會，來求得朋友和同類競爭者的幫助。除了單純的炫耀之外，饋贈禮物和舉辦宴會還有別的目的，但它們很早就實現了炫耀這一目的，這一性質一直保持到今天，因此它們炫耀這方面的目的始終是這些習俗所依據的實際基礎。

奢華的集會，如宴會上分贈禮品以及舞會等，特別適合達到這一目的。經由這種方式，款待者希望跟某位競爭者做一番比較，那位競爭者就被用來作為達到這一目的的手段。競爭者代他的東道主實施消費，目睹了他的東道主所無法獨力進行的那些過剩的高貴物品的消費，也目睹了他的東道主精通禮儀的程度，他是個很好的目擊證人。

舉行豪華的宴會，當然還存在著在性質上比較友好的動機。節日集會的習俗可能起源於集體歡樂和宗教觀念；在之後的演化中，這類動機也依然存在，不過已不再是單一的動機。後來有閒階級舉行宴會或者聚會，也許在較低程度上是為了適應宗教的需要，而在較高程度上是為了適應消遣與娛樂的需要，但同時也為了達到歧視性對比的目的；而且儘管在那些可公開的動機下存在著表面上的非歧視性的用意，但這類宴會仍然可以有效地達到歧視性的目的。因此，這些消遣娛樂和社交活動，不論是在物品的代理消費方面，還是在炫耀難以達成的、代價不菲的禮儀成就方面，其經濟上的效果並沒有減少。

隨著財富的不斷累積，有閒階級的職能和結構有了進一步的發展，於是開始了階級內部的分化，形成了一個相當精密的等級制度。財富的繼承和由此而來的門第繼承，進一步推動了這種分化。門第繼承產生了強制性有閒的繼承。那些名門望族有足夠的力量把有閒生活傳遞給後代，但遺留下來的財富也許不足以使後代維持體面的有閒生活。後代繼承的也許只有高貴的門第，卻沒有充分的遺產可供隨意消費。另一種貧寒的有閒紳士由此產生，上文已經附帶提過。這類繼承了家族血統但沒有足夠遺產的有閒紳士，只能被列入等級制度中的一個分級。那些門第或財力上接近，或在這兩個方面都接近於較高級或最高級富裕有閒階級的人，其地位就高於在門第或財力上較差的人。那些較低級的紳士，特別是貧寒的或最低級的有閒紳士，往往會透過投靠或效忠的方式，依附於高級的紳士；這樣可以使他們增加榮譽，並從保護人那裡獲得維持有閒生活的必要條件。於是，他們成了高等紳士的門客、扈從或僕人；他們由保護人豢養，獲得保護人的協助，成為保護人的寄生者和過剩財富的代理消費者。

在這些附屬的有閒紳士中，許多人擁有少量的獨立資產，這些人完全不能歸為代理消費者，或者只能在一定程度上算是代理消費者。然而那些成為保護者門下的食客或隨從的人，大部分都可以無條件地歸為代理消費者。除此之外，這些人當中的大部分以及其他一些較低等級的貴族，他們自己也擁有一批數量不等的代理消費者，比如他們的妻子、兒女、僕人、門客等。

整個代理有閒和代理消費的等級制度安排中有一個明確的規定，那就是完成這些任務必須以這樣的方式或在這樣的情況下進行：要能夠清楚地向主人表明，這種有閒或消費是屬於主人的，由此增進的榮譽也是有利於主人的。這些人的消費和有閒是其主人或保護人投資的體現，目的是增進主人或保護人的榮譽。至於舉行盛大宴會和饋贈禮物，其效果是顯而易見的，因為這類活動是在大庭廣眾之下進行的，立刻就可以給東道主或保護人帶來榮譽。如果有閒和消費是由僕役和扈從們代理完成的，榮譽也會歸於主人身上，因為他們就在主人的左右，旁人一眼就能看出他們的有閒和消費從何而來。後來以這種方式獲取榮譽的人日益增多，這就更需要用明顯的手段顯示出，經由有閒的執行而取得的效果是歸何人享有的，於是制服、徽章等逐漸盛行起來。穿著制服或號衣（胸背處有字號的衣服）意味著明顯的依附關係，甚至可以說是實際或表面奴役的標誌。

穿制服或號衣的人大致可以分為兩類——自由人和奴僕，或者說高貴者和低賤者。他們的服務同樣有高貴和低賤之分。當然，這種區別在實際工作中的劃分並不十分清楚，比較上等的低賤職務和比較下等的高貴職務，常常由同一個人來執行，這種情況並不罕見，但不能因此忽視其間的一般性區別。更令人迷惑的是，這種貴賤之間的基本差別，是表面工作的性質為依據的，這種差別會被一種光榮與恥辱的派生區別所掩蓋，後一種區別所依據的是其服務的對象——任務是為這一對象完成的，號衣是為他穿上的——所處的等級地位。那些理應屬於有閒階級的本分業務在性質上是高貴的，例如行政、戰爭、狩獵、武器設備的管理等，總之，所有表面上具有掠奪性的業務都可以歸入這一類。

另一方面，所有生產性的業務都是低賤的，例如手藝或其他生產勞動、僕役工作等。但是，如果服務對象的等級極高，即使是低賤的工作也會變成極其光榮的任務，例如皇室宮女，侍奉皇后的婢女，為國王掌馬、養犬的官吏等。上面最後提到的兩種職務，表明了一個具有一般性意義的準則。和上述情況相同，只要低賤的工作與作戰、狩獵等首要的有閒業務直接相關，就很容易帶上一種光榮的色彩。這就使原來在性質上屬於低賤一類的工作，具有很大的光榮。

在和平生產的後期階段，僱傭一隊無所事事的武裝扈從，這種風尚已經逐漸衰微。代理有閒的表現者，原本是一群佩戴其保護人或主人徽章的隨從們，後來這種有閒的表現者縮減為穿著制服的僕人。因此，在更高程度上，制服成了服役的象徵，或者更恰當地說，成了屈從的標誌。以前武裝扈從的制服總是帶有光榮的色彩，現在制服卻成了僕人的專有標誌。那種榮譽已不復存在。幾乎所有不得不穿制服的人都對它感到憎惡。我們脫離實際的奴役制度的時間還不長，對奴役的苦痛仍然十分敏感。有些企業組織為其雇員規定某種制服作為專用服裝，這種情況很令人們反感。在這個國家裡，這種厭惡的心情甚至發展到羞恥的地步，以致損害了那些必須穿著制服的軍事方面或民政方面的政府職務的榮譽，使他們產生一種有損體面的感覺，儘管這種感覺是比較輕微、模糊的。

隨著奴役制的消亡，依附於任何一位紳士的代理消費者，其人數總的來說已經漸漸減少；至於依賴他生活、為他執行代理有閒那些從屬者，情形自然也是這樣，或許還更加明顯。這兩類人的情況雖然不是始終一致的，但大體上是重疊的。最初受託執行這類代理有閒任務的是妻子或正妻，由此可見，在這種制度的後期發展中，當依照慣例執行這類任務的人數逐漸減少時，最後剩下的就是妻子。在社會的較高等級中，大量需要代理有閒和代理消費這兩類職務；居於主婦地位的人，在工作中當然還有一群數量不等的僕役予以協助。但是當我們自上而下對社會的不同等級進行考察時，就會看到這樣一個等級，那裡所有代理有閒和代理消費的任務，都由家庭主婦集中完成。如今可以在屬於西方文化的各國裡，在下層中產階級中看到這種情況。

這裡出現了一種奇妙的反常現象。人人都知道，在下層中產階級中，家長已經沒有佯裝有閒的餘地。由於環境的逼迫，他們已經摒棄了閒暇。但是中產階級的家庭主婦，為了家庭和家長的榮譽，仍要繼續從事代理有閒的業務。在任何現代工業社會自上而下的社會等級中，家長明顯有閒這一主要事實的消失點比較高；也就是說，這一現象也存在於最低的社會等級中。中產階級的家長迫於經濟壓力，不得不依靠自己的雙手來謀生，他從事的工作往往在很大程度上帶有生產性，今天一個普通商人的情況也是這樣。但派生事實——主婦實行的代理有閒和代理消費，以及僕役們實行的輔助性代理有閒——仍然很流行，為了追求榮譽，這種習俗是不能忽視的。我們經常可以看到一個男子勤奮刻苦，努力工作，為了讓他的妻子可以用適當的方式，為他執行那種當時普遍要求的代理有閒，這並不是罕見的現象。

在這種情況下，由妻子實行的代理有閒，當然不是簡單地表現出舒適安逸和坐享其成。這時經常出現的情況是：家庭主婦總在這樣或那樣的藉口下忙於從事這樣或那樣的工作，或是家庭事務，或是社交活動，但仔細分析就可以看出，這些事務除了被用來表明她沒有且無須從事於任何營利的或有用的工作以外，很少或根本沒有其他目的。上文關於禮儀的論述中已經提過，那些消耗了中產階級家庭主婦時間和精力的家庭例行事務，大多數屬於這種性質。這並不是說家庭主婦照料家務時，在美觀與整潔方面產生的效果，不符合經過禮儀訓練的、中產階級男子的感覺；而是說，美觀與整潔的家庭佈置所迎合的品位，是在禮儀準則的選擇性引導下形成的，而這一準則所要求的正是這種精力耗費的證明。一些效果之所以使人感到愉快，主要是由於我們所受到的教育使我們認為這些效果是令人愉快的。

在家庭事務中，人們對於形式與色彩的適當搭配，以及應當歸入真正審美的其他佈置投入了很多心思和精力。毋庸置疑，在這一過程中，有時確實獲得了一些具有真正美學價值的效果。要著重說明的是，關於這類生活享受上的安排，家庭主婦的努力是在傳統習俗的指導之下進行的，而塑造這個傳統的是明顯地浪費時間與物力這一定律。如果在佈置上達到了美觀或舒適的程度——如果確實是這樣的話，那也是或多或少帶有偶然性的情況——那麼這些成就也是經由與浪費精力這一偉大的經濟定律相符合的一些手段和方法來取得的。在中產階級的家庭佈置中，那些比較堂皇、「像模像樣」的部分，一些是屬於明顯消費這一類的物品，另一些是用來證明家庭主婦實行代理有閒的設備裝置。

由家庭主婦進行代理消費的要求，甚至在金錢條件上已經低於可容許代理有閒的要求存在的那一點時，也依然存在。這時，在禮儀整潔等方面浪費精力的任何虛設行動，就算有也很少能看到，任何顯示表明有閒的企圖已不再存在；然而為了家庭和家長的聲譽，傳統禮俗仍然要求主婦明顯地消費一些財物。因此，作為一個古老制度演化的後果，妻子最初不管在理論上還是事實上，都是丈夫的苦工和動產，是為丈夫生產、供他消費的；現在妻子成了禮儀上要求執行消費的人，消費她丈夫生產的物品。但在理論上她仍然是她丈夫的動產，因為經常執行代理有閒和代理消費永遠是無自由僕役的標誌。

這種由中產階級和下層階級的家庭執行的代理消費，不能看作是有閒階級生活方式的直接體現，因為處於這類金錢等級的家庭已不在有閒階級的範圍之內。可以這樣說，有閒階級的生活方式在這裡得到了次一級的體現。就榮譽這一點來說，有閒階級在社會結構中是處於首位的；因此其生活方式和價值標準，就成了社會中獲取榮譽的準則。遵循這些標準，力求在某種程度上接近這些標準，就成了所有等級較低階級的義務。

在現代文明社會，社會各階級之間的分界線已經變得越來越模糊，越來越不確定，在這種情況下，上層階級確立的榮譽毫無阻礙地擴大了它的強制性影響，透過整個社會結構貫穿到社會的最底層。結果，每個階層的成員總是把他們上一層流行的生活方式作為其禮儀的典範，並竭盡全力達到這個理想的標準。他們如果在這方面沒能成功，名聲與自尊心就會受到損傷，因此他們必須盡力達到這個理想的標準，至少要在表面上做到這一點。

在任何高度組織起來的工業社會中，榮譽最終依據的基礎總是金錢實力，而顯示金錢力量、獲得或保持榮譽的方法是有閒和對財物的明顯消費。因此，自上而下來看，只要有可能，這兩種手段在任何階層中都是流行的。在較低的階層中，任何程度的有閒，甚至是表象上的有閒，對妻子來說也是不現實的；而對財物進行消費的任務大部分是也由家庭中的妻子和兒女來完成的。在這方面，在家庭中處於家長地位的男子應當有所表現，實際上他也是這樣做的。但是如果再推到更低一級的階層，當其家庭處於貧窮或者接近赤貧時，男人和他的子女事實上已不再能為保持體面而進行貴重物品的消費，女人成了這個家庭在金錢禮儀上唯一的代表者。社會上沒有一個階級——甚至極度貧困的階級也不例外——會完全放棄常規的明顯消費，除非在極度貧困的情況下，否則他們是不會放棄這最後一點屬於消費範疇的開銷的。除非萬不得已，否則人們寧願忍受巨大的痛苦與不安，也不肯放棄金錢禮儀上的最後一點門面和虛飾。世上沒有一個階級，也沒有一個國家，會那樣卑怯地在物質缺乏的壓力之下屈服，心甘情願地放棄這種較高層次的需求或精神上的滿足。

根據上文對明顯有閒與明顯消費發展情況的觀察看來，兩者之所以同樣具有獲得榮譽這一效用，是因為兩者都含有浪費這個要素。在前一情況下浪費的是時間和精力，在後一情況下浪費的是物品。兩者都是表明擁有財富的手段，同時兩者也習慣被認為是殊途同歸的。在兩者之間進行選擇，只是在表現自我時哪個更方便、更有利的問題——除非在抉擇時受到了不同來源的其他禮儀標準的影響。在經濟發展的不同階段，為了方便與有利，人們可以選擇不同的方法。關鍵是在他們試圖影響對方的看法時，哪個方法更具有說服力。在不同的環境下，習俗會用不同的方法來解答這個問題。

只要社會的範圍還很小，彼此間的聯繫還很緊密，任何事情都家喻戶曉；也就是說，只要個人在榮譽方面需要適應的人類環境，還沒有超出他熟悉的鄰里閒談的範圍，那麼這兩個方法的效用就是大致相同的。因此在社會發展的初期階段，兩種方法的作用大致相同。但是在社會進一步分化，需要接觸的人類環境逐步擴大後，消費就比有閒更適於作為禮儀表現的普遍手段。到了和平經濟的後期，情況更是如此。交通的發達與人口的流動使個人的接觸面擴大，也使他處於眾人的觀察之下，這時他所接觸到的人們要推斷他的聲望和地位，除了以他在眾人直接觀察之下所能展示的財物（也許還有儀態和禮貌）為依據之外，已沒有其他方法。

現代工業組織還藉由另一種方式在這方面發揮作用。由於現代工業制度下的情況緊張，個人與家族的相遇往往十分漠然，他們之間除了相遇以外，在其他意義上很少有接觸的機會。更直接地說，我們經常接近的鄰居，並不是社交意義上的鄰居，甚至算不上是熟人；然而這些人一時的好評仍然具有很高的效用。一個人，要使他日常生活中遇到的冷漠觀察者對他的金錢力量印象深刻，唯一可行的辦法就是不斷地展示他的支付能力。在當今社會，人們有更多的機會參加更大的集會，比如在教堂、劇院、舞廳、旅舍、公園、商店等場所的集會。這時，在場的每個人對其中一個人的日常生活狀況都是一無所知的。為了給這些臨時聚集的觀察者留下深刻的印象，為了在他們的觀察下給自己帶來一種心理上的自我滿足，一個人必須明確地展示出自己金錢方面的實力，使別人瞬間就能一覽無餘。因此，現在的發展趨向已經十分清晰，與明顯有閒相比之下，人們更重視明顯消費的作用。

還有一點也是很明顯的，在個人接觸面最廣、人口的流動性最大的社會中，以消費作為獲得榮譽的一個手段時，它的適用性最大；堅持把這個手段作為禮儀中的一個因素時，它的要求也最堅決。明顯消費的支出在城市人口收入中所占的比重，要高於在鄉村人口收入中所占的比重，城市人口對這種消費的需求更加迫切。結果，為了保持體面而過前吃後空的日子，前者對此的習慣程度也高於後者。於是就出現了這樣的情況，和一個同等收入的城市手藝人的家庭相比，美國的農民及其妻子、兒女在著裝上明顯沒有前者時髦，儀態舉止也沒有前者斯文。但這並不意味著城裡人生來就對那種源自明顯消費的自我滿足有著強烈的渴求，也不意味著鄉下人不重視金錢上的體面。只是因為這類現象在城市中引起的反應更大，一時的有效性更加明確。

因此，城裡人更願意使用這個方法，明顯消費的正常標準也在你追我趕的競賽中不斷提高，結果城裡人為了展現一定程度上的金錢禮儀，會在這方面作較大的支出。他們必須適應這一較高的正常標準，這已經成了不能違背的要求。這種禮儀標準隨階級的提高而提高，達到禮儀外表上的要求是必須的，否則就會顯得有失身份。

與鄉村相比，明顯消費在城市生活的標準中是一個更為突出的要素。在鄉村居民中，家庭儲蓄和享樂的作用，在某種程度上代替了消費的作用，藉由與鄰居們閒聊來瞭解各自的情況，這足以在一定程度上達到博取金錢榮譽的一般目的。這類家庭享樂以及從中享有的有閒——如果存在的話——當然大部分也應該歸入明顯消費的專案，儲蓄的情況與此類似。城市中技工階級的儲蓄數額比較小，毫無疑問，部分是由於這一事實：這些人所處的環境不同於那些住在農場或小村子裡以務農為生的人，以儲蓄作為宣傳手段在後一種環境下更有效。在後一種環境下，每個人的家庭事務，尤其是財產狀況，其他人是很清楚的。城市裡的技工和工人階級的接觸面較廣，面對的誘惑也更多，單就這一點而言，這似乎不會因此大幅度降低他們的儲蓄量；但就其對累積的作用而言，禮儀上支出標準的提高對儲蓄傾向的抑制作用是非常明顯的。

城市裡的工人、手工業者、下層中產階級中的一般居民，都喜歡在公共場所喝酒、吸菸、聚餐，可以把這種風氣看作是榮譽準則造成的。以印刷工人為例，上述的那種明顯消費在這類人中十分流行，有時還會因此產生一些受人蔑視的明顯後果。這類工人之所以會有這樣的習俗，大都認為他們存在某種道德上的缺陷，或是他們的職業以某種不確定的方式，在道德上對從業者產生了有害的影響。在印刷廠裡的日常從業者，他們的一般情況可以做如下概述：他們在某一印刷廠或某一城市中獲得的技能，幾乎在任何印刷廠或任何城市中都適用；也就是說，幾乎不存在因專門訓練而形成的惰性。而且，這種工作需要一般水準以上的智力和一些常識，因此當各地區對他們工作的需求有了微小的變化，他們通常比其他工人更容易利用這種機會。因此，源於鄉土觀念的惰性也是比較小的。同時，這個行業的工資相對較高，他們能夠輕而易舉地由一個地方轉移到其他地方。結果印刷工人的流動性增大，超過了其他範圍明確、龐大的工人隊伍。這些人經常會認識一些新夥伴，雖然他們之間的關係是暫時性的，可是他們仍然很重視一時的好評。人類喜歡炫耀的性格傾向，再加上友好的感情，就難免使這些人在最適於滿足這類需要的方面隨意花費。這種情況與別處一樣，習慣不久就會成為一種風氣，風氣流行後就會成為規定，融入已有的禮儀標準。下一步會以這個禮儀標準出發，向同一個方向開始一個新的活動，因為死守著同行業公認的消費標準而沒有任何新發展，這是沒有可取之處的。

由此可見，這種揮霍的風氣之所以在印刷工人中普遍存在，部分是因為行業內部的遷移更便利，與他人的接觸交往更短暫。但歸根結底，他們更迫切地需要進行浪費行為，這無非是一種體現優勢與金錢禮儀的性格傾向；法國小農民的節儉與美國百萬富翁建立大學、醫院和博物館等行為其實是出於同樣的動機。但是人類本性中還存有與這方面性質不同的其他特徵；假使消費準則沒有被這類性格特徵明顯抵消，那麼就城市技工和工人階級所處的環境而言，不論他們的收入或工資有多高，要他們進行儲蓄，在邏輯上是辦不到的。

除了財富以及財富的展示之外，還存在其他的榮譽標準和或多或少帶有強制性的其他行為準則，其中有些會加強或限制明顯浪費這個廣泛的、基本的準則。透過對自我表現有效性的簡單考察可以看到，在進行金錢競賽中，有閒與財物的明顯消費，這兩種手段最初應是不相上下的。之後隨著經濟的日益發展和社會範圍的不斷擴大，有閒這種手段也許會逐漸被拋棄不用；而財物的明顯消費這種手段，其絕對或相對的重要性會日益增進，直到它吸收了除生活必需品以外的一切可以利用的產品。但是，實際的發展過程與這個典型模式之間存在差異。在準和平文化階段，不論是作為財富的直接體現者還是作為禮儀標準中的一個要素，有閒在最初是居於第一位的，其地位遠遠超出財物的浪費性消費所占的地位。在那時以後，明顯消費的地位逐漸上升，現在它無疑佔據首要位置，不過仍然沒有達到上述的除最低生活所需之外的全部生產成果都被它吸收的情況。

以有閒作為獲得榮譽的一個手段，其最初的優勢地位起源於工作有貴賤之分的古老看法。有閒之所以可貴，之所以必要，部分是因為它表明了絕沒有染指卑賤的勞動。對階級貴賤進行劃分的古老辦法，依據的是工作貴賤不等的歧視性區別；在準和平階段的初期，這種傳統的差別演化為強制性的禮儀準則。這時以有閒作為財富的證明依舊有效，其有效程度不亞於消費，這就進一步助長了它的優勢。事實上，在這個文化階段，個人所處的環境還比較狹小，情況還比較穩定，在輕視一切生產勞動這一古老觀念的支持下，有閒的效用實際上非常明顯，以致出現了一個龐大的貧困有閒階級；在有閒觀念的影響下，甚至出現了把社會的生產活動局限於滿足最低生活需要的範圍內的傾向。這種極端抑制生產事業的局面之所以能夠避免，是因為奴隸在比獲取榮譽更嚴格的要求下進行勞作，被迫生產出超過滿足工人階級最低生活需要的產品。明顯有閒作為博取榮譽的基礎，後來之所以相對衰落，部分是因為消費作為財富的證明，其有效性在不斷增長；部分是因為另一種風氣，這種風氣與明顯浪費不同，在某種程度上甚至與之相對立。

這個相反的因素就是工作本能。如果沒有其他方面的阻力的話，這一本能會使人重視生產活動的效能，重視有利於人類的所有事物。這一本能使人們反對物質的浪費或精力的虛耗。每個人都有工作本能，即使在極為不利的情況下，這一本能仍然存在。因此，無論某一既定支出實際上多麼具有浪費性，也總要尋找一些似是而非的藉口，表明一種外在的目的。在特殊情況下，這種本能會轉變為對侵佔行為和階級貴賤之間的歧視性區別的喜愛，這種情況在前一章裡已經指出。當工作本能與明顯浪費準則發生抵觸時，工作本能的表現主要不是對實際效用的堅持，而是對那些顯然無用的事物持久的鄙視和憎惡。它在性質上有一種本能的傾向性，因此其指導作用主要而直接地針對那些顯然違背其要求的情況。然而這種情況只有在經過反思後才會發現，因此對那些實際違背其要求的情況，它的反應比較遲鈍，只具有一種較薄弱的約束力。

只要一切辛苦的工作全部由奴隸們來完成，生產勞動的卑劣性就會持久地存在於人們心目中，這使工作本能無法在生產活動的實用性方面真正發揮作用。但是當（以奴隸與身份制為特徵的）準和平階段轉變到（以工資勞動和現金支付為特徵的）和平階段時，這種本能就開始發揮作用了。在它的積極影響下，人們逐漸形成了對事物價值的認知，至少是關於自我滿足的一個輔助性準則。撇開一切無關的考慮，有些人（成年人）全無打算，不想在任何方面有所建樹，或者對所有利於人類生活的事物全不介意，這種人畢竟是少數的。

工作本能的傾向，也可能在很大程度上被嚮往榮耀的有閒和避免粗鄙的勞動這些具有直接拘束力的動機所壓制，因此只能以一種偽裝的形式表現出來。例如表現為「社交義務」，半藝術性或半學術性的研究成果，住宅的陳設與裝飾，婦女義務縫紉或服裝改造等活動，講究穿衣著配飾，玩紙牌、划船、打高爾夫球及其他各種運動技巧等。但是這種迫於環境壓力而進行的無意義活動，並不能說明工作本能已經不復存在，如同讓母雞伏在一窩瓷製的蛋上，並不能說明這隻母雞此時失去了孵卵的本能。

現代有閒階級盡力從事某種活動，往往在表面上具有目的性，同時它竭力避免與個人利益或集體利益相關的任何生產行為，這就是現代有閒階級與準和平階段的有閒階級的不同之處。上文提到，在初期階段，處於主導地位的奴隸制和身份制，除了以掠奪性為目的的努力以外，對任何其他方式的努力都加以排斥。那時候以武力侵略敵對部落和在本部落內對奴隸階級進行鎮壓還有可能成為日常工作的內容，這樣就轉移了有閒階級的精力，使他們不必從事任何實際上有用甚至只是表面上有用的工作。狩獵活動在某種程度上也有著相同的作用。當社會發展到和平的生產階段後，土地得到更有效的利用，狩獵的機會大大減少，只剩下微不足道的殘跡，過剩的精力要進行有目的的活動，就要在其他方面尋找出路。這時強制性勞動已不復存在，生產勞動的恥辱感已經沒有以前那樣強烈，於是工作本能逐漸復甦，有了進一步堅定而有力的表現。

哪條是最適合有閒階級的路線，這一問題曾經發生過一些變化，以前有閒階級發洩精力的活動以掠奪活動為主，如今部分轉向到了表象上有用的活動。那種明顯無目的、無意義的有閒已逐漸受到輕視，尤其在廣大平民出身的有閒階級，其出身與那種安閒愜意、悠然自得的傳統作風格格不入。但是鄙視一切生產性工作的榮譽準則依然存在，除了偶爾的嘗試以外，任何染指實用性或生產性工作的行為都是不被允許的。結果，有閒階級執行的明顯有閒發生了變化；但變化主要是形式上的而非實質上的。上述關於有閒的兩種要求是相互矛盾的，它們以一種掩飾和偽裝的方式來進行調和。於是種種複雜的禮節和禮儀性的社交義務開始興起，許多組織得以建立，就其富麗堂皇的名稱來看，均以某種改進或改良為目的。人們忙忙碌碌，來來往往，熱烈交談，他們可能根本意識不到，自己所談的內容到底有什麼實際的經濟價值。與這類煞有介事的活動相關聯並密切交織在一起的，雖然不能肯定，但通常總有個一本正經的目的，來作為這類活動明顯的內容和努力方向。

在代理有閒這個較窄的範圍內，也發生了類似的變化。到了和平階段的後期，一個家庭主婦不能再像族長制鼎盛時代那樣無所事事地打發時光，而要忙於家務操作了。關於家務方面演變的一些顯著特徵，上面已經論述。

在明顯消費的整個演變過程中，不論在財物、勞務還是人類生活方面，都始終存在一個含義：為了有效增進消費者的榮譽，必須進行奢侈的、過量的物品消費。為了博取好名聲，就不能免於浪費。僅僅進行生活必需品的消費是不會增加聲譽的，除非是與那些缺乏最低生活用品的赤貧者相比。不過，這樣的對比只包括極其無聊、乏味的一種禮儀水準，根本談不上什麼消費標準。就財富之外的生活標準來說，還有可能在道德、體質、智力、審美能力等其他方面進行歧視性對比。這方面的對比現在依然流行，它們往往和金錢的對比密切聯繫在一起，以致兩者很難區分。當今對智力、審美力或美術的精通程度進行評定時更是如此，人們往往會把那種實質上只是金錢的差別，理解為智力或審美力的差別。

從某方面來說，使用「浪費」這個詞語是不大妥當的。日常話語中這個詞語是含有貶義或帶有輕視色彩的。這裡之所以使用「浪費」，是因為它能夠恰當地描述同一範圍內的一些動機和現象，在這裡並不含有對人力或物品的不合理消費的憎惡或醜化的意義。從經濟理論的觀點來看，上述消費和其他消費在合理程度上不存在高下之分。這裡之所以稱作「浪費」，是因為從整體來說這種消費無益於人類生活或人類幸福；而不是因為從個體消費者的立場來說，這是精力或財力的浪費或誤用。就個體消費者來說，如果他願意進行這種消費，那麼與那類不會因浪費而受非難的消費相比，他本人的相對效用問題就算解決了。不論消費者選擇哪一種消費形式，也不論他做出選擇時追求什麼目的，由於他的偏好，那種消費就對他具有了效用。從個體消費者的觀點來看，純經濟理論範圍內的浪費問題是不會發生的。因此「浪費」在這裡作為一個術語使用，並不含有貶損消費者的意思，也沒有對他在明顯浪費準則下追求的目的加以責難。

值得注意的是，根據其他理由，在日常生活語言中，「浪費」這個詞語含有貶損，具有浪費特徵的行為之意。這一常識意義本身就是工作本能的一種顯露。這種對浪費的普遍憎惡說明，一個普通人要求得自己內心的安寧，就必須能夠從一切人類的努力和享受中看到整個人類生活與福利的提高。任何經濟事實，要取得絕對的認可，都必須經得起考驗，證明它具有非個人性質的效用，即從全人類的高度來看，它是有用的。一個人，透過與其他人的對比獲得的相對利益或競爭利益，並不能滿足其經濟方面的道德心，競爭性消費是不會得到這種道德心的認可的。

更準確地說，除了因歧視性的金錢上的對比而進行的消費以外，其他消費都不應歸入明顯浪費的範圍內。但是要將任何項目或因素歸入這一範圍，沒有必要由執行消費的人親口承認，這是上述意義上的浪費。經常會發生這樣的情況，生活標準中的某一因素最初是浪費性的，卻在消費者眼中變成了必要性的，這一必要性不遜於消費者習慣性消費中的任何其他項目。一些消費專案就屬於這一類，因而可以用來作為這一原則適用情況的證明，比如地毯與掛氈、銀質餐具、侍者的服務、大禮帽、硬衣領、各種貴重飾物和服裝等。然而，這類事物的使用慣例一旦形成就具有了必要性，實際上這種必要性與是否把這些消費納入浪費（依據這個字的學術意義）的範圍並沒有多大關係。某一消費要確定其是否屬於這裡所說的浪費範圍，關鍵看它能否直接提高整個人類的生活水準，能否推進非個人性質的生活進程。因為這是在工作本能下作出判斷的基礎；而這個本能是任何有關經濟真理或經濟適當性問題的最高法院。

這是由冷靜的常識來作判斷的一個問題。因此問題不在於在個人習慣與社會風俗的現有情況下，某一消費是否有助於某位消費者心理的滿足和安寧；而在於除了習俗、已形成的愛好和傳統禮儀的準則之外，消費的結果是否有利於生活的享受和充實。如果一種慣常的消費，它依據的習慣起源於歧視性的、金錢上的對比，如果沒有金錢榮譽原則或相應經濟成就的支持，這種消費就不會成為習慣性的或規定性的；那麼這種消費就必須被列入浪費的範圍。

這是很明顯的，當我們把某一消費品歸入明顯浪費的範疇時，這一消費品並不一定是屬於絕對浪費性的。同一物品，其性質可能既是有用性的也是浪費性的，對消費者產生的實際效用，可能是在實用與浪費兩者多變的比例下組成的。在消費品、甚至生產品效用的構成中，這兩方面的因素常常結合在一起；儘管一般來說，浪費成分總是在消費品中佔優勢地位，而供給生產用的物品，情況則與之相反。有些物品乍一看並無實用價值，僅僅為了炫耀；但總能在其中找到一些實用性目的，至少是表面上的實用性目的。

另一方面，即使是為工業操作而製造的某些專門工具，或者是某些人在生產過程中使用的粗陋用具，經過仔細觀察，也可以找到某些明顯浪費的痕跡。如果因某種商品或勞務的根本目的和主要成分都是明顯的浪費，而斷定其沒有絲毫實用性，這是很危險的；同時，對於任何基本實用的物品，如果貿然斷定浪費因素與它的價值毫無直接或間接的關係，那也是危險的，只是危險性稍小一些而已。

第四章

金錢的生活水準

現代社會的大部分人，之所以要在消費上超出物質享受所需要的程度，其近因與其說是故意在明顯消費上勝過他人，不如說是希望在所消費物品的數量和等級方面達到習慣的禮儀標準。這種願望不是被一個嚴格不變的標準所主導的，不一定要達到某個一成不變的限度，也不是沒有更進一步超越這個限度的動機。標準是可以具有彈性的；特別是當金錢力量有了增長之後，只要有足夠時間讓人們適應這種增長，讓人們在隨增長而來新的、更大規模的消費中獲得了便利，那麼這一標準就可以無限制地被提高。由儉入奢易，由奢入儉難，要從已經達到的消費標準後退，比為了適應財富增加而改變已習慣的消費標準要困難很多。有許多經常性的消費項目，經分析證明基本上是純浪費性的，也就是純榮譽性的。這些消費項目一旦被納入禮儀消費標準的衡量尺度，成為生活方式必要的組成部分，要中止這些消費，就會變得非常困難；其困難程度不亞於放棄那些直接有助於物質享受的消費，甚至不亞於放棄那些對生命和健康十分必要的消費。也就是說，那些滿足精神福利的明顯是浪費性質的榮譽性支出，和許多適應物質福利或僅僅維持生活的「低級」需要的支出相比，可能具有更大的必要性。大家都知道，從一個「高的」生活水準退下來，其困難程度絲毫不亞於從一個已經比較低的水準再降一級。雖然前者涉及的困難是精神上的，後者涉及的困難是物質上的。

在明顯消費方面降級是困難的，而有新的進展卻相對容易，實際上新的進展幾乎是自然而然出現的。偶然的情況是，在有條件增進明顯消費的情況下而沒有增加明顯消費，這一點一般來說是反常的，是需要加以解釋的，有這方面缺點的人，難免會被人指責為吝嗇、寒酸。反之，對經濟情況好轉的刺激做出迅速反應，一般被認為是正常現象。這就表明，通常促使我們盡力達到的消費標準，並不是那個已經達到的、一般的消費標準，而是我們力所不及、需要進一步努力才能達到的理想消費標準。這裡的動機是競賽，即一種歧視性對比的刺激，它促使我們努力超過我們心目中認為與自己屬於同一等級的人。實際上，在日常談話中也有這樣的說法，每個階級所羨慕和效仿的總是剛好比自己高一級的那個階級，而很少與低於自己或遠居於自己之上的階級進行比較，這裡要闡述的實際上就是這一論點。換句話說，我們在消費上的體面標準，與其他目的的競賽一樣，是由在榮譽上高我們一等的人的習慣決定的。依此逐級上推，尤其是在階級差別不是很清楚的社會裡，所有榮譽和禮儀方面的準則，所有消費標準所依據的習俗和思想習慣，都可以經過含糊的分等分級，逐級向上追溯，一直追溯到社會地位最高、財力最雄厚的階級——富裕的有閒階級——的習俗和思想習慣。

在社會中，什麼樣的生活方式才是正派的、光榮的，這大體由社會中的最高階級決定，在最高級、最理想的形式下，社會改進方案是怎樣的，經過教導和示範來說明這一點，是這個階級的主要職責。而較高等級的有閒階級，只有在一定的物質限制下，才能行使這種准祭司式的職權。對於這些禮儀上的任何要求，有閒階級不能隨心所欲地對民眾的思想習慣進行突然的變革或逆轉。任何改變都要深入到群眾中去，群眾的思想習慣發生變化是需要時間的；要使社會上距離這個輻射體比較遠的階級的思想習慣發生改變，就需要更長的時間。社會的人口流動性越小，各階級之間間隔越遠，差異越明確，變化的進度也就越慢。但是長期來看，有閒階級對於社會生活方式的形態和細節等問題，是具有很大的影響力；不過對於和榮譽有關的重大原則，有閒階級能實現的改變，只限於可容許的狹小限度之內。這個階級樹立的榜樣和發出的訓誡對於其下面的一切階級來說都是有威力的；當它制定規則，作為博取榮譽的方式方法，傳給下層階級並使之成為各個階級的風俗習慣和精神態度時，這種權威性規定一直是在明顯浪費準則的選擇性指導下發揮作用的，同時又受到不同程度的工作本能的調節。在明顯浪費和工作本能這兩個規範之外，還有一個屬於人類性格的重大要素——掠奪意向。在普遍程度和心理內容方面，這種掠奪意向介於上述兩個規範之間。關於這一意向如何影響公認的生活方式，將在隨後進行討論。

由此可見，榮譽準則要規定或限制某一階級的生活方式，就必須與那個階級的經濟條件、傳統習俗和精神上的成熟程度相適應。這裡應特別注意的是，無論某一禮儀上的習俗最初具有多麼高的權威性，也不論它多麼切合榮譽準則的基本要求；如果隨著時間的推移，或者是在其向較低的經濟階級擴散的過程中；人們發現它與文明民族禮儀上的根本依據，即在金錢的成就方面作歧視性對比的目的相背離；它就絕不能持續存在。

很明顯，這些消費準則，對於任何社會或任何階級的生活水準的決定，都發揮著很大的作用。反過來，同樣明顯的是，任何時期或任何一個社會中通行的生活水準，對於榮譽消費將採取什麼樣的形式以及這一「更高一層的」需求支配人們消費的程度方面，也有很大的作用。在這方面，固有的生活水準所發揮的主要是消極的控制作用：它的作用幾乎只是在於，阻止已經成為習慣的明顯消費標準向後倒退。

所謂的生活水準，其實質不過是一種習慣。它是對某些刺激做出反應時的一種習慣性的標準和方式。從一個已經習以為常的水準向後倒退和打破一個已經形成的習慣一樣困難。生活水準有所提高比較容易，這一點說明生活的過程是一個能動性展開的過程，不論何時何地，只要自我表現遭遇的阻力有所減退，能動性就會毫不猶豫地朝新的方向展開。但是沿著這一低阻力路線形成的表現習慣一旦確立，即使環境有了變化，外界的阻力有了明顯增長，它仍會向慣常的出路尋求發洩的機會。那種被稱為習慣的、沿著某一方向展開的表現變得更為輕鬆時，就可以大大抵消客觀環境帶來不斷增長的阻力。各種不同的習慣、表現習慣的方式和習慣的方向是個人生活水準的構成要素，就逆勢環境下的堅持不屈程度，就在某一方向下尋求發洩機會的迫切程度來說，它們彼此之間是有很大差別的。

用現代經濟理論的語言來表達，人們不願意削減任何方面的消費，但削減某些方面的消費和其他方面相比更為困難；人們不願意放棄任何習慣性的消費，對於放棄其中某些物品的消費是格外不情願的，或是極其勉強的。消費者抓得最牢、最不願意放棄的那種消費品或消費方式，一般是生活必需品或最低限度的生活資料。所謂最低限度的生活資料，當然不是指在質和量上都一成不變的、有嚴格限度的商品定額。為了方便討論，這裡不妨假設維持生活需要某種相對固定的消費總量。萬一消費不得不逐步縮減，這個最低限度總是最後才被放棄的。也就是說，在一般情況下，支配個人生活的那類歷史悠久的、根基深厚的習慣，即涉及他作為一個有機體生存的習慣，是最頑固持久、難以改變的。此外還有更高一層的需要，是個人或家族後來形成的習慣，這些習慣的形態並不規則，不是一成不變的。部分高層次需要，例如某些刺激品的習慣性使用、（來世）拯救靈魂的要求、獲取榮譽的渴望等，在某些情況下可能居於較低層次的或更加基本的需求之上。

一般說來，某個習慣形成的時間越久，越難以被打破；這一習慣與以前生活中既有的習慣形態配合得越密切，持久性就越強。一種習慣，若它所涉及的人類性格上的特徵和在活動中已經發揮作用的人類性格傾向，已經在生活過程中產生了廣泛而深刻的影響，或者已經與民族的生活歷史密切結合，那麼這種習慣就更加牢固，更加有力。

不同的人會形成不同的習慣，養成這些習慣的難易程度不同，放棄它們的難易程度也同樣存在差異性；這表明某種特定習慣的養成並不僅僅是一個經過時間長短的問題。究竟是哪一類習慣會主導個人的生活方式，決定因素不僅是習慣養成的時間長短，遺傳的性格傾向和氣質特徵也同樣重要。在一切社會裡，遺傳特徵中普遍存在的、個人在其種族中占主導地位的性格類型，在很大程度上決定了社會日常生活過程的表達範圍和表達方式。這種遺傳的性格特徵如何迅速、明確地影響個人習慣的構成，我們可以舉例來說明。某些情況下，一些人很容易養成非常嚴重的酗酒習慣，而某些人在宗教信仰方面天賦異稟；對他們來說，這些習慣的養成都是極其容易、無可避免的。某些人極容易適應所謂的浪漫環境，這一點也具有與上述例子大致相同的意義。

人們的稟賦不同，向某些方向展開生命活動力的難易程度也不同。有些習慣與人們特有的稟賦、相對強烈的性格特徵、比較容易表現的方面是息息相關的，因而它們對人們的幸福有重大意義。某些決定生活水準的習慣是有很大韌性的，而上述遺傳特性在決定這種韌性的方面發揮了重要作用，這一點可以解釋人們為什麼不願意放棄有關明顯消費方面的任何支出。這類習慣的依據是那些含有競賽因素的性格特徵或性格傾向，而這類競賽性的、含有歧視性對比作用的傾向是自古以來就發展形成的，是人類性格的普遍特徵。這種性格特徵很容易以新的形態活躍起來，它一旦在新形態下找到了習慣性表現的機會，就會變得極其穩固。如果一個人已經養成了在某一類型的榮譽消費方面尋求表現的習慣，當某一類型或某一方向的活動在這些活躍的、影響深遠的競賽傾向的支配之下，而他已經習慣對某一類刺激作出習慣性反應，那麼這時讓他放棄這類習慣，他是極不情願的。另一方面，不論什麼時候，如果財力的增長使個人能更大規模、更大範圍地展開活動過程，那些歷史悠久的民族性格傾向就會發揮作用，決定新生活應當向哪個方向展開。有些性格傾向，已經在一些有關表現形態的領域十分活躍，又得到了現在公認的生活方式所明確提供的、意向上的協助，而能夠使之運行的物質資料和機會又隨時存在；這些性格傾向，當個人的綜合力量有了新的增長而急於表現時，會在形成其表現的形態與方向方面發揮著十分重大的作用。具體地說，在任何社會裡，如果明顯消費成為生活方式的一個要素，那麼個人支付能力的增長可能採取的形式，很可能是屬於某種公認的明顯消費形式。

除了自衛本能之外，競賽傾向也許是純經濟動機中最強烈的，也是最活躍、最持久的。在工業社會裡，這種競賽傾向表現在金錢的競賽上；就現代西方文明社會來說，實際上等於說它表現在某種明顯浪費的形態上。因此當現代社會的生產效能或商品產量，在提供了最基本的物質需要之後還有剩餘時，明顯浪費方面的需要是隨時準備吸收這個剩餘的。在現代條件下，這樣的結果假使沒有出現，那麼造成這種矛盾的原因，通常在於個人財富以過快的速度增進，以致消費的習慣沒能同時趕上；或者是這些人有意識地把明顯消費方面的增進推遲一步。至於這樣做的動機，一般是為了積蓄力量，以提高預期總支出的炫耀效果。當生產效能提高，取得相同的生活資料可以用較少的勞動時，那些勤勞的社會成員總是全力以赴，要獲得明顯消費方面的更高成效，而不是鬆懈下來，採取較為緩慢的步調。當生產效率的提高使生產上的進展有條件緩解時，事實上並沒有緩解下來，只是把生產的增量用來滿足明顯消費方面的需要，這種需要是可以無限擴大的，這在經濟理論上屬於更高一層的或精神上的需要。約翰・斯圖亞特・密爾說：「**所有已做出的直接發明，是否已經減輕了人類的辛勤勞動，迄今為止還是個疑問。**」他之所以這麼說，主要是因為在生活水準中存在著這樣一個因素。

某個人的生活水準很大程度上由他所隸屬社會或階級的公認消費水準決定。之所以會這樣，是因為他時刻關注這個消費水準，習慣成自然，這個水準已與他的生活方式融合在一起，在他印象中成為常識，他認為執行這個消費水準是正確的、有益的；其間接原因是公眾以非常堅決的態度遵守公認的消費水準，認為這是一個禮儀上的問題，如果不遵守這個水準就會受到輕視和排斥。接受並執行社會上通行的生活水準，是一件既愉快又適宜的事，為了個人享受和生活舒暢一般是非做到不可的。任何階級的生活水準，就明顯浪費這一因素來說，一般總要達到那個階級收入力所能及的程度，不僅如此，還有不斷提高的傾向。這種情況會對人們的活動產生影響，導致他們在單一的目的下，竭盡全力從事盡可能多獲取財富的活動，拒絕任何沒有金錢收益的工作。這種情況也會對消費產生影響，使消費集中於那些最容易引起觀察者注意的事物上，以博取觀察者的好評；至於不涉及時間方面與物質方面的榮譽性消費的那類愛好和傾向，往往由於摒棄不用而逐漸消失。

這種明顯消費方面的偏重造成的結果是，大多數階級成員的家庭內部生活簡樸，而他們在大眾面前展現的生活卻比較奢華。由此產生的另一個結果是，人們往往把自己的私生活掩飾起來，不讓外人看到。就他們可以私下進行而不至於受到指摘的那部分消費而言，他們的生活是與鄰里們完全隔絕的。因此在大多數工業發達的社會裡，人們的家庭生活是不對外公開的；也因此，出於更為深遠的淵源，形成了對個人私生活諱莫如深的習慣，這一習慣已成為一切社會上層階級禮儀規範的顯著特徵。那些對於榮譽性消費的需求格外迫切的階級，其人口出生率都很低，這是因為他們以明顯浪費作為生活水準的基礎。孩子一旦出生，就要很體面地撫養孩子長大，由此帶來的明顯消費、也就是因此增加的開支是相當大的，這是生育方面的一個強大阻力。關於馬爾薩斯限制人口的主張，這一點也許是最有實效的。

上面談到，生活水準中榮譽消費這一因素會產生兩個方面的影響，一方面是緊縮用於物質生活與物質享受的那部分比較隱晦的支出，另一方面是節制生育，這兩種情況在從事學術研究工作的那些階級中表現得尤其突出。一般認為那類階級的特點是具有優越的天賦與非凡的造詣，因此習慣於把他們列入高於按照金錢標準所應列入的那個社會等級。在這種情況下，他們體面的消費水準就提到了與上述看法相應的高度，結果留給生活方面的支出十分有限。怎樣才算是恰當的、符合身份的體面消費的習慣性看法？社會在金錢方面對他們的期望如何？迫於環境壓力，他們在這類問題上為自已制定了很高的標準。以他們一般的富裕程度和收入能力來衡量，與名義上和他們社會地位相等的那些非學術階級相比，他們的習慣意識和社會期望都是過高的。

現代社會已經不存在教士對學術研究的壟斷，從事學術研究工作的人，不可避免地要接觸一些在財力方面高於他們的階級。在財力上佔優勢的階級通行著較高的金錢標準，這種高度的金錢標準不斷滲透給學者階級，滲入後其嚴格程度幾乎沒有減輕。結果，在社會各層次的階級中，學者階級在明顯浪費方面的支出最多，這一點是其他的階級比不上的。

一第五章一

金錢的愛好準則

上文曾反覆說明，雖然消費的約束性規範大部分是由於明顯浪費的要求，但決不能認為任何消費行為的動機都是毫無掩飾的單純形態下的這一原則。在一般情況下，消費者的動機希望與已有的習俗相一致，避免遭人蔑視或引起指摘；在所消費物品的種類、數量、等級，以及在時間與精力的使用方面，要符合公認的禮儀準則。通常情況下，在消費者的動機中存在力求符合規範習俗的意識，尤其是在眾目睽睽之下進行消費時，這種意識具有直接的約束力。有些消費品是幾乎不為人知的，例如內衣、食品、廚房用具以及其他實用而非裝飾性的傢俱等；但即使在這類消費中，也可以看到非常明顯的浪費因素。如果對這類物品進行仔細考察，可以看到某些足以增加商品成本從而提高其商業價值的特徵，這些特徵並沒有相應地提高商品的實用性，儘管在表面上是為了達到某種實用性目的。

在明顯浪費定律的選擇性監督之下，一種公認的消費準則形成了。它的作用是使消費者在消費物品上，在使用時間與精力上，能夠保持高價與一定的浪費水準。這種傳統習俗的發展對經濟生活產生了直接影響，對於行為的其他方面也有間接的、細小的影響。關於生活表現方面的任何一個思想習慣，都會影響生活的其他方面，還會影響人們對是非善惡的習慣性看法。在構成個人意識生活內容的思想習慣的有機複合體中，經濟利益絕不是孤立存在的，它不是與其他利益割裂開來的，例如上文已經提到過的經濟利益與榮譽準則的關係。

在生活中，消費哪些物品是正派、光榮的，明顯浪費原則指導了這方面的思想習慣。在這個指導過程中，這一原則很可能與其他的行為規範發生抵觸，而那些規範與金錢榮譽準則卻根本沒有什麼關係，只是直接或附帶地具有某種經濟意義。因此，榮譽性浪費的準則對責任觀念、審美觀念、效用觀念、科學真理觀念以及宗教或儀式適應性方面的觀念，都會產生直接或間接的影響。

榮譽性消費準則往往與道德行為準則互不相容，不過這裡的確沒有必要對這方面的特點或特殊情況進行深入探討。那些以維持風俗、監視道德為己任，一旦發現離經叛道的行為就要從旁勸告、指責的人，他們對這方面的問題已經給予了充分關注，並做了大量闡述。

在現代社會中，如果社會生活在經濟與法律上的特徵主要是私有財產制度，那麼道德規範的顯著特徵之一就是財產的神聖和不可侵犯。私有財產不可侵犯的習慣，實際上已經受到了另一個習慣的踐踏，那就是以明顯消費博取榮譽而追求財富的習慣；無需反覆強調或說明就可以使人們認識到這一點。大多數對財產的侵犯都屬於這一類，特別是那些大規模的侵犯行為。侵犯者會因侵犯行為而獲得大量財產，單純從道德角度來看，應當對他的這種侵犯行為進行嚴厲懲罰或譴責；但通常情況卻並不是這樣，這是一個眾所周知的事實和笑柄。犯下這樣的罪行並獲得大量財富的竊賊或騙子，比小偷更有可能幸運地逃脫法律的嚴厲制裁；使用侵佔行為獲取了財富，再經由適當的方式消費這些財富，還可以增加一些好名聲。當他雍容大度地消費他掠奪來的財富時，很容易博得禮儀高雅修養有素的謙謙君子的同情和欽佩，出於道德觀點對他產生的鄙視感會大大減輕。值得注意的另外一點，也是與我們所討論的問題有更直接關係的一點：倘若一個人對財產的侵犯行為是出於正當的動機，是為了給他的妻子和兒女能提供「禮儀上過得去的」生活，就會很容易獲得大家的寬恕；如果再加上妻子「從小就在奢侈的環境中長大」，其罪行就更容易掩飾過去。也就是說，如果侵犯行為的目的是榮譽性的，是為了使他的妻子能夠代替他進行金錢禮儀標準所要求的、一定量的時間與物質上的代理消費，人們就會傾向於原諒這種侵犯行為。就這一情況而言，人們對於一般程度明顯浪費習慣的認可，沖淡了反對侵犯所有權的習慣。有時甚至會發展到這樣的程度：難以判斷某一侵犯財產的行為是對是錯。當侵犯行為明顯帶有掠奪或搶劫成分時，情況更是如此。

關於這一論題，這裡無須進行深究，但不妨再說明一點，所有圍繞所有權不可侵犯這一概念的道德觀念，其本身就是傳統地歌頌財富這一現象在心理上的積澱。還要清楚地知道，這種被認為神聖不可侵犯的財富之所以得到重視，根本原因就是要透過對這一財富的明顯消費來取得榮譽。

關於金錢禮俗與科學精神或學術探索方面的關係，將在另一章進行比較詳細的探討。至於關係到金錢禮俗的宗教或正確教會儀式這些方面的觀念，也會在另一章節裡附帶討論，這裡不再深究。然而，宗教事物怎樣才算正確、有價值的，榮譽性消費的習俗對這方面的一般愛好的形成發揮了很大作用。因此，關於明顯消費原則對一般宗教儀式的影響，這裡仍有必要進行探討。

很明顯，大部分所謂宗教信仰上的消費，例如宗教建築物、教士法衣及類似的其他物品的消費，都可以用明顯浪費這個準則加以說明。即使在近代，對於神的崇拜，也已經不太重形式而更重視精神上的虔誠；但教會的建築物及其他用具仍經過了精心裝飾，力求精美。其目的在於透過浪費性支出來博取良好的聲譽。莊嚴華麗的教堂，會使一個信徒得到精神上的昇華和心靈上的滋潤，稍作外表觀察和內心反省——兩者都適用——就可以體會到這一點。反過來講，如果在宗教場所裡看到了貧寒、簡陋或齷齪的跡象，那麼目睹者就會感到難堪和羞恥，就會加強上述的事實。任何宗教儀式的用品，在金錢耗費上應當無所吝惜，這一點無可指摘；這類用品在美感或適用性方面可以有所出入，但上述要求是絕對不能違背的。

值得注意的另外一點是，在任何社會，特別是在住宅方面的金錢禮儀標準還不高的地區，教堂比一般信徒住的屋子更加華麗，建築和裝飾的明顯浪費程度要高出一籌。不論是不是基督教，幾乎所有教派的情況都是如此，那些歷史悠久、比較成熟的教派在這方面表現得更加突出。可是教堂一般並不考慮信徒們的個人享受。確實，與一般信徒簡陋的住宅相對比，富麗堂皇的教堂並沒有給信徒們的物質生活帶來多大的貢獻。但大家都有這樣一種觀點——按照正確而開明的真善美觀念，教堂的一切支出，凡是可能有助於信徒們的生活舒適的，都應當明確避免。在教堂的佈置或陳設中，如果含有任何供人們享受的成分，也至少應當在莊嚴的外貌下，小心翼翼地加以掩蔽或偽裝。一些近代最負盛名的教堂建築，力求宏偉壯觀，費用多少在所不計，然而卻非常嚴格地貫徹外表莊嚴這一原則，甚至使那裡的一些設備成了禁欲修行的工具，在外表上看來尤其如此。在宗教信仰的消費上，那些抱有高超見解的人，對莊嚴性的浪費造成的不適，無不衷心讚許，無不認為這是真正盡善盡美的。宗教信仰方面的消費本質上是一種代理性消費。宗教上的消費以莊嚴為前提這一準則所依據的是由明顯浪費而帶來的金錢聲譽；代理消費原則是這一準則的有力支撐——代理消費不應當明顯有助於代理消費者的享受。

一切神聖之地都是為神建設的，包括教堂、廟宇等，但是有些信徒並不認為聖堂裡供奉的聖人或者神明實際上在場親自享用那些為他而設的奢華器物。在這種情況下，這類聖所及其附屬物不免要帶有一些莊嚴的成分。不同的教派對聖所器具性質的看法有所不同，在聖徒們的想像中，神的生活習慣更加接近於塵世間族長制下的統治者的生活習慣；在這樣的情況下，他們認為神是要親自享用為他而準備的消費品的，因此這些聖所及其附屬物的部署，在形式上比較接近於供養塵世物主在明顯消費方面使用的物品。否則，如果把宗教聖物和設備看作只是在敬神儀式上使用的，也就是說，是由神的僕人代他進行代理消費的，那麼這類聖物和設備就具有了專供代理消費使用的那類物品的性質。

在上述的後一種情況下，聖所及其附屬物的設置，其意義不在於增進代理消費者的享受或使其生活更加豐富，至少無論如何也不應造成這樣一種印象——讓人認為消費這類設備的目的是為了增進消費者的享受。因為代理消費的目的並不在於要使消費者本人的生活更加豐富多彩，而在於為主人進行消費以提高他的金錢聲譽。因此，我們都知道，教士們的法衣總是價格高昂、非常華麗的，但穿在身上卻並不舒服。有些教派中，人們並不認為那些為神服役的人的身份是神的夥伴，這些人的服裝總是追求莊嚴而絲毫沒有舒適和便利可言，人們普遍認為這樣做是十分正常的。

在建立宗教上禮儀消費標準的過程中，浪費原則不僅侵入了有關教會儀式上的適用性準則的領域，而且影響到宗教儀式的手段和方法，還牽涉到代理消費和代理有閒。對於一個教士來說，其最高風度是有閒，他還要做到超然物外、淡泊名利、無欲無求。當然，不同教派對這些要求的寬嚴也不相同，但是在信從神人同形同性說的一切教派的教士或僧侶的生活中，時間上的代理消費這一特徵總是顯而易見的。

在宗教崇拜的外表細節上，也隨處可見代理有閒這一準則，對所有旁觀者來說，這一點都是一目了然的。一切教會儀式都具有逐漸成為一種程序化演習的明顯傾向。在比較成熟的教派中，這種程序化的演進最為突出，同時其教士的生活和服裝也表現得比較莊嚴、華貴和嚴肅；而在那些後起的教派中，其教士的生活、服裝和教堂等方面的風格還沒有那麼嚴格，但是從它們舉行禮拜的方式方法中也可以看到這種程序化的演變趨勢。一個教派成立的時間越久，根基越鞏固，在其禮拜儀式中那種照例行事的常規化程度也越大。但這種常規化的表演十分迎合正派信徒們的口味。這是有原因的，儀式演變既然成為例行公事，這就清楚地表明，舉行儀式的主人並不需要他的僕人們的實際服役，他的需要高於世俗需要。他們都是無利可圖的僕人（unprofitable servants），正是因為僕人不發揮任何作用，主人才有了光榮的含義。這是不言而喻的，就這一點來講，一個教士的職務和一個跟班的職務是極其接近的。不管是教士還是跟班，在服務的顯著常規化的表面下，他們只不過是在形式上履行職責，這一點使我們感到愉快。教士履行他的職務時，不應當表現出他動作敏捷、操作靈巧，以免使人看上去好像他是非常善於完成工作的。

信徒們在傳統的金錢榮譽準則下生活，因此人們認為神所具有的愛好、性格傾向和生活習慣，與信徒們的這種傳統有明顯的、不可分割的關係。由於這種觀念滲透到了人們的思想習慣中，因此信徒們對神的觀念以及人神關係的看法，明顯帶有浪費原則的色彩。當然，這種金錢美感的洋溢在比較稚嫩的教派中最為突出，但這類現象普遍出現在所有的教派中。一切民族，不論處於哪個文化階段或哪個文明程度，對於他們所崇拜的神的個性和習慣環境都感到明顯缺乏可靠的資訊，所以都不得不想方設法在這方面進行彌補。當他們借助想像來充實他們對神的儀表和生活方式的推測時，會不自主地把他們理想中高尚、偉大人物所具備的特徵歸於神的身上。人們在祈求與神交流時所採取的方式方法，也盡可能同化於人們心中對神的想像。人們普遍認為，按照某種公認的方法，並且在一般人所能理解的與神的性格格外相投的物質環境下與神交流，會備受恩寵，獲得最好的效果。當然，在與神交流的場合使用的儀態和器物具有普遍公認的理想標準，這一標準大部分由以下因素構成：在人們的理解中，在一切隆重的社交場合，人的舉止和環境所能達到的最大程度的盡善盡美。但是，在分析敬神的動作和態度時，如果把金錢榮譽準則下存在的一切跡象都直接歸因於金錢競賽的基本規範，那麼這實際上是一種誤解。此外，如果像一般人想像的那樣，認為神非常密切地關注自己的金錢地位，認為神之所以要避開並譴責所有骯髒的環境，只是因為那樣的環境與金錢標準不相符合，那麼這也同樣是一種誤解。

然而，儘管從各方面進行考慮，還是難以否認，金錢榮譽這一準則確實直接或間接地影響了我們對神屬性的觀點，也直接或間接影響了我們對與神交流的適當方式和環境的見解。人們普遍認為，神必定會有一種分外寧靜、悠閒的生活習慣。一個虔誠的說教者，不論什麼時候，為了宣傳教義或喚起信教熱忱而以充滿詩意的語言來形容神的住處時，必然會使觀眾心頭浮現出一位籠罩在非常強烈的財力與權力氣氛之中的主人，其四周圍繞著許多隨從。在對神居所的寫照中，這一群侍從的任務就是進行代理有閒，把他們大部分的時間和精力消耗在非生產性的、對神的德性與功績的頌揚上；背景則充滿了絢爛奪目的金銀和非常珍貴的寶石。然而，只有在對宗教的想像比較粗魯的情況下，金錢準則的侵入才會達到這樣極端的程度。南方黑人的宗教意向中存在一個極端的例子。南方黑人的說教者認為，只有黃金才能作為宗教畫的背景，絕不能降低這一標準；他們深信金色充滿整個畫幅是璀璨可愛的，但實際上使人看了眼花撩亂，愛好樸素的人更是難以接受。這固然是一個比較極端的例子，但金錢可貴這一觀念確實深入人心。在金錢的支配下，人們怎樣看待宗教器具才是合適的？人們在談到宗教儀式的恰當性標準時總不免以金錢可貴的標準作為補充，這大概是所有教派都不能避免的。

與此相似，還存在著這樣一種情緒：侍奉神的僕人不應當從事任何生產性工作，任何對人類有實際用途的工作都不應當在神靈面前或在聖所範圍內進行。人們在晉謁、朝拜神時，應當清除一切身體或衣服上一切褻瀆神靈的、帶有產業特徵的氣味，穿上一些考究的、平時不常穿的盛裝。在專門用來頌揚聖德或與神靈交流的休假日裡，每個人都應當撇開一切對人類有用的俗務。即使是關係較為疏遠的一般信徒，也應當每隔七天抽出一天來執行代理有閒。

人們究竟怎樣看待宗教儀式和人與神的關係才是合適的，在這類自發觀念的表現中，金錢榮譽準則的有效存在再明顯不過——不論這類準則對人們有關宗教信仰事務見解的影響是直接的還是間接的。

金錢榮譽準則對消費品的美感與適用性方面也產生了類似的影響，而且影響更加深遠，更具有決定性的作用。金錢禮儀的要求在很大程度上影響了人們對實用品或美術品的審美觀念和實用觀念。有些物品之所以受人歡迎，令人們樂於使用，是因為其自身具有明顯的浪費性。這些物品是浪費性的，就其表面用途來說是不適用的，正是由於這一點，才使人感到它們具有大致與這種不適用成比例的適用性。

有美術價值的物品，其效用在很大程度上由它代價的高低決定。舉一個普通的例子就可以說明這種關係。一個手工製銀湯匙的商業價值大約是十到二十元，它的適用性——按照這個詞語的原意——一般不會大於一個同樣材質的機器制湯匙，也不會大於以某種「賤」金屬如鋁為原料的機器製湯匙，而後者的價格大約不過一到二角。手工銀匙，就其表面用途而言，實際上往往不及機器製鋁匙實用。當然，這裡存在反駁意見：這樣看問題即使沒有忽視前者的主要用途，也至少忽視了它的主要用途之一——手工製品能迎合我們的愛好，滿足我們的審美，而以賤金屬為材料的機器製品，除了毫無情趣的實用性之外別無可取之處。這些當然都是毋庸置疑的，但仔細一想就會清楚，這種反駁意見與其說是確鑿無疑的，不如說是似是而非的。情形看來是這樣的：（一）儘管製成兩種湯匙的材料不同，這兩種不同材料在使用目的上各有其美感與適用性，而手藝品所用的材料在價值上高於賤金屬百倍以上，但銀匙在材質與色彩的真正美感上並不見得大大地超過後者，以機械的適用性來說，銀匙也沒有明顯優於鋁匙；（二）假定某個被認為手工製品的湯匙，實際上是一個十分精巧的仿製品，看起來和真的手工藝品非常相像，只有經過仔細觀察才能辨別，這種情況一旦被發現，這件物品的效用，包括使用者把它當作一件美術品時得到的滿足感，就會立即下降八〇%～九〇%，甚至更多；（三）假使這兩種湯匙，對於一個相當細心的觀察者來說，在外表上幾乎完全相同，除了重量大小明顯不同外，沒有什麼其他差別，只要那件機器製湯匙本身不是一件新奇物品，只要它以很低的價錢就可以購得，它就不能因形式、色澤相同這一點而增加價值，也不能因此顯著提高使用者「美感」的滿足程度。

上述湯匙的情況是一個典型例子。我們從使用和欣賞一件高價的而且認為是優美的產品中得來的高度滿足感，在一般情況下，大部分是對假託美感名義的奢侈感的滿足；我們比較重視優美的物品，但通常重視的是它所具有的較大榮譽性，這一榮譽性超過了美感。在我們的愛好準則中，明顯浪費要求一般並不是有意識地存在的。即使如此，明顯浪費仍然作為一個有拘束力的規範存在著，它選擇性地塑造和改變著我們的審美觀念，告訴我們什麼才是美的；明顯浪費支配著我們的鑑別力，告訴我們哪些可以正當承認是美的，哪些是不可以的。

在這方面，美感和榮譽感兩者相交，混合起來，因此就某一個具體例子而言，要區別適用性和浪費這兩個因素是非常困難的。往往會出現這種情況：某件物品，它被用來達到明顯浪費的榮譽性目的，同時也是件優美的藝術品；本來是以明顯浪費為目的進行製作，該藝術品也達到了這一效用，結果卻同時賦予了這件物品形式和色彩上的美感，這是經常有的事。使問題變得更複雜的是，有許多物品，例如用於裝飾的寶石、金屬及某些其他材料，之所以具有明顯浪費的效用，是因為它們本來是美術品，本來就具有美術品的效用。比如黃金本來就具有高度的美感。有許多非常寶貴的藝術品——即使不是大多數——雖然不能十全十美，但確實具有美術上的真正價值。某些衣服的材料、某些風景畫及許多其他事物也是如此，只不過在顯著程度上沒有那麼明顯。這類物品如果不是具有美術上的真正價值，也不會引起人們的重視和強烈追求，佔有者和使用者也不會洋洋得意，引以為自豪。然而對佔有者而言，這類物品的效用不在於它們所具有的內在美感，而在於佔有或消費這類物品可以增加榮譽，或者可以消除寒酸、鄙陋的汙名。

除了其他方面的適用性之外，這些物品本身就是美的，是具有這一點的效用的。把它們據為己有，對佔有者來說是有價值的。它們因此成為珍貴的物品而受到重視、追捧，佔有者可以透過欣賞來滿足審美，透過獨自享受來滿足金錢上的優越感。但是這些物品之所以能引起獨佔欲望、具有商業價值，其具有的「美感」——就這個詞語的本意而言——是一個引起獨佔欲望的動機。「一切珠寶玉石都具有強烈的感官美感，這些物品的稀缺和高價使它們顯得更加名貴，如果價格低廉的話是絕不會如此的。」

的確，除了作為明顯浪費的對象而具有榮譽性以外，這些美麗的物品通常不會引起人們的佔有欲並加以使用。不管佔有者是否持有相同的想法，這類物品中的大多數——除部分裝飾品外——除可用來增加榮譽外，也有其他的用途。而且，對於個人裝飾品的主要用途來說，在佩帶者或佔有者與無法獲得這類裝飾品的人進行比較時，佩戴者可以增添光彩，這也屬於珍貴物品的其他用途。一種美術品在藝術上的適用性，是不會因為「佔有」這一事實，而大大提高或普遍提高的。

到目前為止，我們的討論得到的一個通則是，一切貴重物品，要引起我們的美感，就必須同時適應美感和高價兩種要求。但情形還不止如此。高價這一準則還對我們的愛好產生影響，使我們在欣賞美術作品時把高價和美感這兩個特徵完全融合在一起，並把由此形成的效果包含在單純審美的名義之下。於是人們漸漸將貴重物品的高價特徵認為是它的美感特徵。某一物品因具有光榮的高價特徵而令人感到愉快，由此形成的快感與其因形式的美麗而帶來的快感融為一體，難以區分。因此，在我們說某一物品——比如一件服裝上的飾品——「十分可愛」時，如果把這個物品的美術價值分析到最後，就會發覺，這件物品具有金錢上的榮譽性。

這種高價因素與美術因素的融合或許在衣服和傢俱之類的物品中表現得最為突出。說到服裝，榮譽性準則決定了衣服在式樣、顏色、材料及一般效果方面，怎樣做才算是時尚和適當的。如果背離了這個準則就與我們的愛好相抵觸，違反了審美的真理。我們對於時新服裝的讚美，決不能僅僅看作是出於虛偽。我們總是一見那些正在流行的事物就覺得合意，並且多數情況下這種感覺是完全真誠的。以衣料為例，如果細緻光潔且顏色素雅的料子正在流行，那麼粗線條、色澤濃豔的料子就不會符合我們的品位。今年流行的一頂漂亮的女帽樣式，毫無疑問，會比去年的式樣更得我們的喜愛；如果二、三十年之後，再回過頭來評價這兩種女帽究竟哪一種更美，應該是非常困難的。另外還要指出，紳士們的大禮帽和漆皮靴表面都是光鮮亮麗的，但磨舊了的袖子可以說也具有這種光澤，僅就它們與人體外形的配合程度來說，前者不一定比後者更美，然而毋庸置疑，西方文明社會裡任何有教養的人，都會本能地、真誠地認為前者是美的現象，後者則是不堪入目、大煞風景的，他們會對後者避而遠之。如果在審美觀念之外別無其他理由，人們是否願意戴上類似文明社會中的高禮帽那種東西，確實是一個值得思考的問題。

由於重視物品高價特徵的習慣已經有了進一步的鞏固，人們已經習慣於將美感與榮譽視為一體，於是這樣的觀念逐漸形成：凡是比較廉價的美術品，不能被視為是美的。於是就出現了這樣的現象，比如，美麗的花卉通常被人視為討厭的莠草；有些比較容易栽培的花卉被買不起珍貴花卉的下層中產階級接受和欣賞；有些人則認為這類品種俗不可耐、不值一顧，這些人的境況通常比較好，買得起珍貴的花卉品種，他們經歷過花卉方面高層次的金錢美感的訓練；此外還有一些花草，其內在的美感並不一定高於上述各個品種，但培植的時候需付出很大的代價，因此得到了一些愛花成癖之人的激賞，而這些人的愛好也是在高雅環境的嚴格指導下成熟起來的。

人們的愛好因為社會階級的不同而有所差異，這種情況在許多物品的消費中都可以看到，如傢俱、住房、公園、私人花園等。人們對於哪類物品是美的看法存在分歧，產生這種分歧的原因並不是單純的美感所據以形成的規範有所不同，也不是審美方面的稟賦存在差別，而是在榮譽準則方面存在差別，榮譽準則規定了哪些物品對應哪個階級的榮譽消費的範圍。這種分歧是禮儀傳統上的分歧，這類傳統給我們指明，哪些嗜好品和美術品可以消費而不致損及消費者的身份。除了某些特殊情況，這類傳統是相當嚴格地由那個階級的經濟生活水準所決定的。

日常生活中有很多奇妙的例子可以說明，日常用品方面的金錢榮譽準則因階級不同而不同，習慣的審美觀念，在表現上跟沒有受過金錢榮譽準則教養的那種觀念是怎樣地不同。例如，西方各民族十分喜愛淺草平鋪的庭院或有著這類設備的公園。在長顱金髮占顯著優勢地位的種族，上述一類庭院或公園格外適合這些種族中富有階級的情趣。作為一個知覺的對象來說，草地當然具有美感因素，毫無疑問它幾乎可以迎合一切民族、一切階級的口味；但與其他種族不同，在長顱金髮型的人們眼中，草坪具有無可替代的美感。這種類型的人比其他類型的人更喜愛一片青青照眼的草坪，這和他們在氣質上的其他特徵密切相關，這些特徵表明，他們在過去一個漫長的時期裡曾是一個游牧民族，居住在氣候溼潤的地帶。如果一種民族的遺傳傾向是看到一處保護完好的草原或牧場就會非常興奮，那麼在他們眼裡，一片修剪得平平整整的草地肯定是非常美麗的，這是意料之中的。

由此可見，從審美的目的來說，草地應當是一個養牛的牧場。在現在的某些情況下，儘管在環境的安排上不惜代價，排斥任何節儉的可能，但能在草地或私人場地上擁有一頭牛，依舊是長顱金髮種人最嚮往的田園風光。在這樣的情況下，在以牛為點綴品的場合中，所用牛的品種一般比較高貴。不過用牛來點綴，不免帶有粗俗的跡象，這是這種動物在裝飾用途上一直存在的缺陷。除非四周美麗的環境可以抵消這種粗俗的跡象，否則必須避免將牛作為寵物。有時候人們特別希望有一些食草動物來充實牧場，當這種想法非常強烈且難以抑制時，他們常常用一些不太適當的動物來代替牛的位置，例如鹿、羚羊或其他格格不入的獸類。雖然在西方游牧者的眼中這類代用品不及牛那樣適合，但在這樣的情況下還是差強人意的，因為它們價錢昂貴，本身又一無用處，因此具有榮譽性。不論從事實還是理論上來說，它們都不能做粗笨的活，是不能營利的。

公園當然與草地屬於同一範疇，和草地一樣，它們充其量不過是牧場的仿造品。當然，這樣的公園最好是用作牧場，草地上的牛群本身就足以為增加景色的美麗程度，對於所有見到過保養良好的牧場的人來說，這一點是無須贅述的。但需要強調的是，作為一般偏好中金錢要素的一種表現，對公共場所進行這樣的佈置是很少見的。在經驗豐富的管理者監督之下，即使是熟練的工人盡全力去做，也只能使這類場地相當近似於一個牧場，其結果必定達不到牧場的藝術效果。然而在普通人眼裡，如果讓一群牛公然出現在公共娛樂場所，淋漓盡致地表現出儉樸與生產的氣象，那簡直是惡劣得難以忍受的。使用這種佈置方式，會因其代價低廉而違反禮儀上的要求。

關於公共場地佈置的另一個特徵，也同樣含有上述意義。這些場地的設置既要刻意追求奢華，又要假裝簡單樸素，似乎還要有些實用意味。某些私人園地也會顯示出這樣的特徵，只要其管理者或所有者的愛好是在中產階級生活習慣的薰陶下形成的，或是在上一代的上層階級傳統下培養的。有些園地的佈置刻意迎合現代有教養的上流社會的愛好，但上述的特徵卻沒有表現得那麼明顯。對於有教養者的愛好，上一代與這一代之間之所以存在不同，是因為不斷變化的經濟情況。這種差別，不但可以在娛樂場地的公認標準方面看到，在其他方面也可以看到。在最近半個世紀以前，這個國家和其他國家一樣，只有極少數居民能夠擁有足夠多的財富而免於節儉。由於當時交通工具不完備，這些人分散而居，彼此之間沒有實際的接觸。因此，那種不顧代價的愛好還沒有得以發展的基礎。有良好教養的人們只是一味地憎惡世俗上講求儉約的做法，而沒有別的想法。這個時候，只要單純的審美觀念對不事奢華或節儉樸素的環境偶爾表示出讚美的態度，那麼這樣的態度就是缺乏「社會認同」的，因為社會認同需要為數眾多意趣相同的人才能實現。因此，這時在園地管理方面，上流社會還沒有確定可以忽略可能出現的浪費現象。結果，關於園地佈置在外貌上的理想標準，有閒階級與下層中產階級之間並沒有出現什麼顯著分歧。兩個階級都擔心在金錢上敗壞名聲，它們同樣是在這一點上建立其理想標準的。

今天這兩個階級在上述理想標準上的分歧越來越明顯。有閒階級長期脫離生產工作，沒有金錢上的憂慮，這樣的情況已經持續了一代或幾代，這個階級已經發展壯大，因此在愛好問題上，足以形成並保持一種輿論。同時其成員之間的流動性也有提高，這有利於其階級內部實現「社會認同」。在這個得天獨厚的階級內部，「無須節儉」已成為一件極其平常的事情，從而喪失了其作為金錢禮儀基礎的大部分效用。因此，現代上流社會的愛好準則所強調的，不是不停地炫耀奢華，也不是嚴格避免節儉樸素的外表。結果在社會地位和智力水準較高的人們之中，出現了在公有園地和私有園地的佈置方面偏好鄉野風味和自然風味的傾向。這種偏好很大程度上是一種工作本能的顯露，由此形成的結果具有不同程度的連貫性。這種偏好，多少帶有一些做作的成分，有時候會轉化成某種偽裝的樸素，與上面所說的情況區別不是很大。

甚至中產階級也有這類愛好，他們在園地佈置方面偏愛粗陋實用的奇巧設計，這種設計會讓人想到某些直接的、非浪費性的用途。當然，這些設計必須完全控制在榮譽性的不求實用這一原則之下，這一點不可改變。於是由此出現了種種偽裝實用性的手段和方法，比如樸素粗陋的短籬、橋梁、涼亭、帳篷等類似的裝飾品，都是在這樣的方針下設計的。又如，某些鐵製貌似質樸的籬笆和格子牆，在平坦地面上修建的一條蜿蜒曲折的車道，這些都跟實用性的美感這一初衷背道而馳，這些都是在實用性方面矯揉造作的一些具體例子。

這時，上層有閒階級在愛好上已經有了進一步的發展，不再局限於金錢美感下的偽適用性的變體，至少在某些方面是這樣。但是後起的有閒階級和中下層階級的愛好仍然是以金錢的美來填補藝術的美，甚至對那些因渾然天成的美而受到讚賞的事物，也有類似的要求。

人們普遍對於花草的加工修剪以及公園中傳統的花壇佈置極為欣賞，從這些方面可以看出民眾對這些的熱愛。最近的哥倫布博覽會故址改建工程也許是一個極其恰當的例證，它充分顯示了中產階級重視金錢之美超越藝術之美的愛好傾向。這個例證足以說明，即使在盡力避免一切奢華的浮面表現的情況下，榮譽性浪費的要求仍然有力地存在著。假使主持這一改建工作的人不受金錢愛好準則的支配，那麼這一工作實際達成的藝術效果，也許與人們所看到的景象相去甚遠。在進行工作時，即使是城市居民中的上層階級也以讚賞的態度關注改建工作；這可以說明，就這一事例而言，在這個城市的上中下各階級之間，即使存在愛好上的差別也是很細微的。在這個金錢文化發展具有代表性的城市中，居民的審美觀念總是小心謹慎地遵循著明顯浪費這個偉大的文化原則，唯恐有所背離。

對自然的愛好，其本身也許就是從上層階級的愛好準則得來的；在金錢美感準則的指導下，這種愛好有時會以出乎意料的方式表現出來，這在一個粗心大意的旁觀者看來也許會覺得不合時宜。例如，這個國家曾提倡在樹木稀少的地區廣泛植樹，這本是被公認為很好的一個措施，但這一措施已經在樹木繁盛的地區演變為榮譽消費中的一個專案。我們經常看到，樹木茂盛地區的村莊或農戶會砍掉當地原有的樹木，然後在道路旁或院子裡重新栽種某些外來品種的樹苗。結果，成片的橡樹、榆樹、栂樹、樺樹、白胡桃樹、山毛櫸等被清除，騰出地方栽種楓、槭、柳、白楊等樹苗。人們認為，凡是適應裝飾與榮譽目的的事物都應當具有一種高貴氣質，讓一片不花什麼代價的原生樹林矗立在那裡，是與這方面的要求不符的。

金錢榮譽對愛好的影響普遍存在，這種影響在當下流行有關動物的審美標準中也有所體現。牛在一般的審美等級中應處於什麼地位，這個愛好準則在其中發揮了什麼作用，上面已經談過。還有其他一些家畜，只要其生產目的顯然是對社會有用的，比如豬、綿羊、雞、鴨、山羊、馱馬等牲畜和家禽，情況也大致相似。這些動物具有產品性質，各有用途，且大都是能生利的，因此不能輕易說牠們具有什麼美感。至於那些通常不適用於生產目的、被馴化了的動物，例如貓、狗、駿馬、鴿、鸚鵡及其他籠鳥等，情況就不同了。這些動物一般屬於明顯消費的項目，因此牠們在本質上具有榮譽性，可以正當地被認為是美的。上層階級一向寵愛這種動物，財力較差的階級會認為上述兩類動物的美感不相上下，在牠們的美與醜之間無須劃出一條嚴格的金錢界線。少數處於最上層有閒階級認為，那種摒棄儉約的嚴格標準在某種程度上已經漸漸失去效力，因此他們在對動物的態度上與財力較差的階級有幾分相似。

關於那些具有榮譽性且被認為是很美的馴化動物，這裡有必要討論一個輔助性的價值依據。鳥在馴化動物中屬於榮譽性一類，牠之所以能在其中佔有一席之地，完全是因為牠的非生產性。除了鳥以外，特別值得注意的馴化動物有貓、狗和供馳騁用的駿馬。貓的榮譽性與狗和馬相比要差一些，因為牠的浪費性差一些，有時甚至有實際用途。而且以貓的特性來說，也不適合榮譽性的目的。牠始終與人平等相處，對於一向被看作價值、榮譽和聲望上一切差別的基礎身份關係，牠根本不涉及，而且牠對於其主人與周圍人之間的歧視性對比，也不能做出積極的貢獻。不過就上述最後一種情況而言，像安哥拉貓（Angora cat）這樣稀奇的動物可以算是個例外，因為牠代價高昂，在榮譽性方面略有價值，因此就在金錢的基礎上獲得了可以稱美的特別權利。

狗這種動物不具有實用價值，但牠在性格上別有稟賦，有自己的優點。牠往往被看作是人類的朋友，人們常常讚揚牠的智慧和忠誠。也就是說，狗是人們忠誠的僕從，善於體察主人的心情，其服從性是毋庸置疑的。這些特性使牠能與人類的身份關係相配合，就這裡所討論的意義來說，這些特性都應當算作有用的特點。此外，狗還有一些別的特點，這些特點在審美價值上不如上述特點明確。狗在馴化動物中習性是最髒的，也是最淘氣的，但狗對主人的忠誠和順從足以彌補這些缺點，牠能隨時傷害除主人以外的所有人。於是牠使我們的支配欲有了發揮的餘地，以此博得我們的歡心。狗屬於消費中的一個項目，通常是不用於生產的，這使得狗的主人把牠視為一種能增進榮譽的東西，牠也得以在主人的心目中佔據穩固的地位。在我們的想像中，狗總是和狩獵活動聯繫在一起，而狩獵是件值得讚揚的工作，是光榮的掠奪性衝動的表現。

狗既已處於這樣的有利地位，不論牠可能在形態上和動作上具有什麼樣的美感，也不論牠可能具有什麼值得稱許的智力特徵，人們總是習慣地統統給予肯定，並加以誇大。狗迷們甚至培育出一些奇形怪狀的狗的變種，也有許多人會真心讚賞，覺得牠們的確是美的。從牠們的審美價值來看，這些變種的狗所處的等級，大體上是按其變化程度和符合某種畸形要求下的怪異程度來確定的，其他變種動物的情形也大致如此。就這一點來說，以動物外形結構的怪異和變化為依據劃分等級，是為了分辨哪些品種比較稀少，價格比較昂貴。一些畸形的狗，例如一些當下流行的品種，其商業價值依賴於高昂的生產成本，對牠的主人來說，畸形狗的價值主要體現牠們是明顯消費中的一個項目。榮譽的浪費可以由一隻奇形怪狀的狗來體現，因此這隻狗也間接獲得了社會價值；於是透過話語上和概念上的簡單轉換，牠就受到讚美，就被說成是美的了。由於這類動物不管如何關心愛護，也不會獲得物質上的利益和實用的意義，因此豢養牠們就具有了榮譽性。這樣的習慣是榮譽性的，是不會受到輕視的，於是牠逐漸發展成為一種極具持久力的日常嗜好，這種嗜好還富有仁慈的性質。由此可見，在對於寵物的鍾愛中，浪費準則作為一個規範在或深或淺的層次上存在著，而指導和形成對事物的感情和選擇的，正是這一規範。下面我們還會看到，關於人對人的鍾愛，情況也有些類似，儘管上述規範發揮作用的方式在兩種情況中有所不同。

談到善於馳騁的駿馬，其情況與狗相似。總的來說，這種馬是價格昂貴的或者說是浪費性的，牠對於生產目的是沒有效用的。在增進社會福利或改進人類生活方面，如果說牠可能具有什麼生產上的用途，那麼就在於牠可以展示出運動的力量和行動的敏捷，滿足人們的審美觀念。這當然是一種實質上的有用性。馬與狗不同的是，牠不具有與狗同等程度的順從主人的精神特質，但是牠能夠有效地滿足主人的激動感情，能夠轉變周圍的「有生」力量供自己利用和支配，並經由這些力量表現自己堅強的個性。一匹駿馬有可能成為一匹不同等級的賽馬，這對牠的主人來說格外有用。駿馬的功用主要體現在其作為一種競賽工具時的效用，對於馬的主人來說，如果他的馬能在競賽中拔得頭籌，他的進攻和勝利的欲望就得到了滿足。馬的這種用途並不是生利性的，而是浪費性的。由於這種浪費非常明顯，因此這樣的用途就具有了榮譽性，駿馬得以佔據假定的穩定的榮譽地位。再者，競賽專用的馬作為一種賭博工具，其用途也同樣是榮譽性的而不是生產性的。

從審美的角度來看，駿馬是幸運的，因為在金錢榮譽準則之下，人們可以盡情讚賞牠可能具有的任何美感或適用性，並認為這是合情合理的。牠的各種長處得到了明顯浪費原則的支援，這種支援是以控制與競賽的掠奪傾向為後盾的。

馬是一種俊美的動物，有些人是賽馬的狂熱愛好者；有些人在馬迷的判定所造成的精神約束之下，其審美觀念處於麻痺狀態。對於不屬於上述兩類、在愛好上沒有受到這方面影響的那些人來說，賽馬沒有什麼特別的優美之處。對於在愛好上沒有受過這方面薰陶的一個普通人來說，最俊美的似乎是與馴馬師精心選擇培養過與賽馬相比體態正常的馬。然而，那些作家或演說家，尤其是那些文才平庸的人，在他們出於措辭上的需要而對動物的優雅性、適用性進行渲染時，往往喜歡以馬為例；而且還經常刻意指出，就所舉的例證而言，他指的是賽馬。

應當指出的是，對各種各樣的馬和狗在不同程度上的愛好，就這一點來說，就算是從一個在這類愛好上沒有什麼研究的普通人身上，也可以看出有閒階級的榮譽準則產生比較直接的影響。例如在這個國家中，有閒階級的愛好在一定程度上是以英國有閒階級中流行的，或認為那裡流行的風俗習慣為標準形成的。狗的情況就是如此，但馬的情況更為顯著。馬，特別是騎乘用的馬——其適用性目的最多在於達到浪費性的炫耀——人們一般認為其英國味越濃厚越美。就榮譽性的習慣來說，英國的有閒階級是這個國家的上層階級，它是下層有閒階級的榜樣。這種在審美知覺和愛好判斷上形成的刻意模仿，未必是出於一種不合邏輯的偏好，至少不是出於一種偽善或做作的偏好。在這個基礎上形成的偏好，與在其他基礎上形成的偏好是一樣的，都是一種嚴肅、認真的情趣判定；不同的是，這種愛好是對榮譽上適當事物的愛好，而不是在美感上真實的愛好。

應當指出，這種模仿不僅局限於對馬本身的審美意識方面。這種模仿還涉及各種各樣的裝飾性馬具和騎乘技術：怎樣才算正確的姿勢，怎樣才是美觀的步伐，這些都是由英國的習俗來決定的。要知道，依據金錢的美感準則，決定何者為適當、何者為不適當的環境可能是在十分偶然的情況下構成的。為了便於說明，這裡不妨指出，那種英國式的、拙劣的騎乘姿勢和必然會造成這種姿勢的窘困步伐，都是過去時代的遺風。那個時候英國的道路狀況還很糟，到處都是水潭和泥淖，馬無法用比較從容的步伐越過。本來馬是可以用優雅的步伐來行走的，馬的習性也適合在堅實開闊的地面上自由馳騁；但是由於在上世紀的大部分時間裡，路面情況無法讓一匹馬以這樣的方式通過英國的道路，以致今天在騎術上堅持正派風格的人依然騎著一匹截短尾巴的矮腳馬，在極不自在的騎乘姿勢下模仿那種窘困的步伐。

愛好準則沾染了金錢榮譽準則的色彩，這一點不僅僅表現在消費品（包括馴化動物）方面。在人體美的方面也存在一些類似的情況。按照世俗的傳統，人們一般會對成年男子的威嚴（有閒）姿態和高雅儀表會有所偏愛，這裡不打算著重探討這一點，避免引起爭論。在某種程度上，這些特徵已經被公認為是人體美的因素。但除此之外，某些女性美的因素也可以歸入這一類，其特徵十分具體、突出，在這裡值得仔細評述。這幾乎是一個通則，當社會還處於那樣的經濟發展階段，上層階級對婦女的重視還只是她們提供的勞務時，四肢發達、身體健壯總是作為女性美的典型特徵。品評主要根據體格，面部形態則居於次要地位。荷馬的詩裡描寫的少女，就是早期掠奪文化中這種女性美的著名例證。

在隨後的發展過程中，上層階級的家庭主婦的職能逐漸轉變為只執行代理有閒，於是女性美的典型發生了變化。此時女性美的典型特徵是嚴格執行有閒生活的結果，或者說是與這種有閒生活協調一致的結果。那時公認的女性美典型，可以從騎士時代的詩人和作家對美女的描繪中找到。在那個時候，人們普遍認為上層階級的婦女應長期處於受保護的地位，審慎地免於從事一切實用性工作。由此產生騎士時代浪漫主義的女性美典型，看重的主要是面容，品評的是五官的端莊、手足的纖細、身段的苗條——尤其是那婀娜的細腰。在那個時代的詩情畫意的想像中，在帶有騎士時代思想和感情的現代浪漫主義者的心目中，女性的腰肢已經纖細到了弱不禁風的程度。在現代工業社會很大一部分人士的心目中，這樣的女性典型依然存在；但應當指出，這種典型的地位，在經濟與文化方面最不發達、保留最多身份制與掠奪制殘餘的那些現代社會裡，得到了最為頑強的保留。也就是說，這種騎士時代女性美的典型，在實質上現代化成分最少的現代社會中保留得最為完整。這種多愁善感式的或具有浪漫主義色彩的女性美典型，仍然在歐洲大陸各國富裕階級的愛好中活躍著。

在工業發展達到了較高水準的現代社會裡，上層有閒階級已經累積了大量財富，上層階級的婦女早已擺脫了一切粗鄙的生產工作。此時婦女以代理消費者的身份出現，她們在人民大眾的愛好中已經漸漸失去地位。女性美的典型因此出現了復古傾向，人們看重的不再是嬌羞、柔弱得可憐的苗條型，而是近於古代的強壯型。婦女的雙手和雙腳以及身體的其他部分並不是像不屬於自己所有的那樣形同虛設。在經濟發展過程中，屬於西方文化各民族的女性美典型，從天然姿態的婦女轉變到矯揉造作的名媛貴婦，現在又逐漸回到原來的典型形象，這些轉變都是服從於金錢競賽的變化。金錢競賽在某個時期要求的是壯健的奴隸；而在另一個時期它要求的是明顯執行的代理有閒，也就是在生產工作上表現出體弱無能。現在的情況已經發展到超越後一要求的程度，因為在現代工業的高度效能下，婦女的有閒在榮譽尺度上可能已經下降到如此低的程度，以致不再能用來作為最高金錢等級的明確標誌。

除了上述的明顯浪費這一規範對女性美典型所發揮的一般性支配作用外，還有一兩個細節值得特別提出，以便說明這一規範對於男子及對婦女的美感，如何在具體細節上產生強有力的約束力量。上文已經提到，當經濟發展還處於那樣的階段，明顯有閒作為獲得榮譽的一種手段而受到高度重視時，典型的女性美所要求的是小巧的手腳和纖細的腰肢。這些特徵以及隨之而來體格上的缺陷，有助於表明處於這種情況的女子無法從事生產勞動，她們勢必無所事事，由她的所有人供養。她是沒有實際效用的，是浪費性的，因此在證明金錢力量方面是有價值的。於是，這個文化階段的婦女紛紛改變她們的形體來適應當時文雅時尚的要求；男人則在金錢禮儀準則的指導下，認為這種人為的病態特徵是動人的。在西方文化的社會裡，女子束腰一度是廣泛而持久的流行風尚，中國女子的纏足也是如此，這些都是很好的例子。在一個沒有養成這種愛好的人眼裡，這兩者都是損傷肢體的行為，無疑會引起他人的厭惡。要對這類現象安之若素，是需要進行教養和陶冶的。然而，按照金錢榮譽準則，這類現象是光榮可敬的，它已經滲入了男子們的生活方式。對於這些人來說，這類現象動人心目，其魅力不容置疑。於是這類現象成了金錢與文化上美感的項目，並發揮了作為女性美典型因素的作用。

當然，這裡所指出事物的審美價值和其歧視性的金錢價值之間的聯繫，是不存在於一個評價者的意識中。如果一個人在作出愛好上的判斷時，經過仔細思考認為審美對象是具有浪費性和榮譽性的，因此認為它有理由被看作是美的；那麼這種判斷就不是真實的愛好判斷，不是這裡要討論的內容。關於榮譽性與美的關係，這裡強調的是榮譽性的事實對於一個評價者的思想習慣所產生的影響。對於與他有關的各種對象，他習慣性地形成不同的價值判斷，包括經濟、道德、審美、榮譽等不同方面的價值判斷。但是當他從審美的立場對一個既定的對象進行評價時，他的評價結果將受到他在其他立場對這一對象所持的讚賞態度的影響。榮譽立場與審美立場的關係十分密切，因此當從不同的立場對同一對象進行評價時，榮譽立場上的評價會格外影響審美立場上的評價。審美目的上的評價與榮譽目的上的評價，兩者並不像理想中那樣涇渭分明。這兩種評價非常容易混淆在一起，因為在日常語言中，一般不用專門的形容詞來區分榮譽性對象的價值。結果，那些被用來表明審美範疇或審美因素的常用詞語，其間含有金錢價值上的未指名因素。於是語言上的混淆帶來了對應觀念上的混淆。因此，在一般人看來，榮譽上的要求與審美觀念上的要求合二為一，不具有公認的榮譽標誌的美，就不被認為是美的。但金錢榮譽上的要求與本意上美感的要求並不是完全一致的。如果將在金錢方面不適合我們的那部分從環境中排除，那麼就可以徹底排除很大一部分與金錢要求不符的美感因素。

可能早在這裡所討論的金錢制度出現以前，愛好的基本準則就已經存在了。因此，由於人們的思想習慣過去的選擇性適應，有時最能滿足美感要求的，只是一些價格不高的設計和結構罷了；這些設計和結構直接顯示了它們所要完成的任務以及達到目的的方法。

也許，這裡需要重新對現代心理學的論點再作一些觀察。形式的美似乎是一個知覺敏捷與否的問題。或者還可以使這個命題更廣些。如果把歸為美感因素的那些聯想、暗示和「表現」抽出，那麼任何已被感知的對象的美感，它的意義是，人的思維將遵循這一對象所提供的方向積極展開思維的知覺活動。但是知覺活動積極發揮或表現的方向，就是長期嚴密的習慣性適應過程使思維展開的方向。就美感的主要因素而言，這種習慣性適應是如此的漫長和嚴密，它不但導致了那種對於知覺形式的偏愛傾向，還導致了生理結構和生理機能方面的適應性。如果經濟方面的考慮是構成美感的因素，那麼它作為對於某一目的的適應性的暗示或表現，是作為對生活過程明顯能有所幫助的東西來參與的。事物在這種經濟上的便利性或者實用性，就是我們所說的事物的經濟美感。事物的功能以及它對生活各種物質目的的有效性暗示，是最有助於表現這種經濟美感的。

基於這一點，從審美的角度上看來，只要是簡單樸素的用品，就是最好的。但是金錢榮譽準則與個人消費物品中的廉價品相抵觸，因此我們對美好事物的渴望，必須透過一種折中的辦法來獲得滿足。於是，我們用某種設計來遮擋審美準則，這種設計既要為榮譽的浪費支出提供證明，又要適應人們同時需要實用與美觀的那種苛刻的要求，或者至少要適應替代這種感覺發揮作用的某種習慣要求。這樣一種輔助性的審美就是新奇感，人們在看到一些巧妙而費解的設計時，其新奇感在這種替代方式的協助下獲得了滿足。於是出現了這種情況：多數被認為是美的、事實上也發揮了美的作用的事物，在設計上顯示出很大的技巧性，並且要故意迷惑觀者；或者說要用一些看上去不可能的暗示或不大相干的表現使觀者感到驚訝和疑惑，同時顯示出在這類事物上消耗的勞力，已經超過了獲得表面經濟目的上的最大效能所需要的那份勞力。

在我們日常習慣和日常接觸範圍以外的，也就是在我們的偏好範圍以外的一些例子可以說明這一點。產自夏威夷（Hawaii）奇特的羽毛製成的披風，產自波里尼西亞群島（Polynesian islands）

著名的擺件雕柄手斧，都是這方面的例子。這些東西無疑是美的，不但在形式、線條和色彩的配合上讓人賞心悅目，而且在設計和結構上也表現了高度的技巧和創造才能。儘管如此，這些東西顯然不能達到任何其他的經濟目的。但是依據勞力浪費的準則，這類巧妙的、令人迷惑的設計上的演變結果並不總是圓滿的。結果往往是，一切經得起仔細審察的美感表現或適用表現因素都受到了抑制，這些因素被明顯無能支持之下的才智誤用和勞力浪費所代替；以致日常生活中的許多事物，甚至服裝和裝飾品都是如此的糟糕，若不是迫於習慣傳統的壓力簡直是不能存在的。在住宅建築、家居工藝品以及各種服飾中，尤其是在婦女服飾與教士服飾中，都可以找到這種以機巧與奢侈代替美感與適用的例子。

審美準則要求的是屬類的表現。以明顯浪費為基礎的「好奇心」與這個審美準則相抵觸，因為這種新奇要求我們所愛好的事物具有系列特異性要素集合體的外貌，而且這種特異性要經受高價準則的選擇與監督。

這種在設計上對明顯浪費目的的選擇性適應過程，以及在藝術美感被金錢美感所替代上的傾向，在建築事業的發展中也表現得十分明顯。如果有人要把美感因素與榮譽因素區分開來，那麼要在現代文明的私家住宅或公用大廈中找出一個比較看得上眼的建築物會十分困難。位於城市裡的高級出租房和公寓，它們的門面樣式五花八門，千奇百怪，但大都是些不堪入目的愚蠢設計，給人留下徒然浪費的不適印象。作為一個審美對象來看，藝術家沒有碰過的這些建築物的兩側和沒有窗戶的後牆，倒成為了整個建築最精彩的部分。

上文談到了明顯浪費定律對愛好準則的影響，關於物品對於審美之外的其他目的的適用性，我們的看法同樣受這一定律的影響，但兩者的關係略有差別。生產物品和消費物品，是人類生活得以進一步發展的手段，物品的效用首先在於它可以作為達到這個目的的手段。而這個目的首先是絕對意義上的個人生活的充實。但是物品的消費被人類的競賽傾向利用，作為進行歧視性對比的一種手段，從而使消費品產生了一種衍生效用——作為相對支付能力的證明。消費品的這種衍生用途使消費行為帶有了榮譽性，於是最能適應這種消費競賽目的的物品也具有了榮譽性。對奢侈品的消費是值得讚揚的；如果物品的成本超過了使之具有表面直接目的的程度，那麼含有這種明顯的成本因素的物品就具有榮譽性。因此，物品具有的過分華貴的標誌，就是它具有價值的標誌，說明在適應間接的、歧視性的目的方面，對這種物品的消費是具有高度效能的；反之，如果物品在適應所追求的直接目的時顯得過於儉樸，沒有價格差別來獲得歧視性對比，那麼這些物品就是恥辱性的，是不能吸引目光的，是不具有美感的。這種間接效用大大提高了「上等」物品的價值。要迎合有教養的、高雅的「效用感」，這一物品中必須含有一些這樣的間接效用。

一開始，人們也許會對儉約的生活存在反感，因為這種生活表明他們不具備額外支付錢財的能力，從而缺乏錢財上的成就感，其結果是人們養成了對低價物品產生反感的習慣，普遍認為低價物品本質上是不光彩的、沒有價值的。隨著時間的推移，這種榮譽性的消費傳統在代際間不斷傳承，並且每一代人都對消費品的傳統金錢榮譽準則進一步完善、鞏固。直到今天，我們到了相信一切低價物品都是不足取的程度，對「便宜沒好貨」這句話已經不再存有任何疑慮。這種讚賞高價、貶低廉價的習慣已經在我們的思想中根深蒂固，我們在消費時總是本能地要求商品至少要附有某種程度的浪費因素，甚至消費那些完全隱祕而毫無炫耀之意的物品時也是如此。即使在自己家裡，如果日常進餐使用的是手工製作的銀質餐具（雖然其藝術價值常常是可疑的）、手工繪圖的瓷器、精緻的上等桌布，那麼我們會真誠地認為所有人的興致都更加振奮了。當我們習慣於這樣的生活水準並認為這是理所當然的，此時任何這方面的退步都會讓我們覺得非常難堪，簡直是有損人格尊嚴。在同樣心理的支配下，過去的十幾年裡，人們覺得餐室中蠟燭的光線比任何光源都賞心悅目。今天，在那些高雅人士看來，蠟燭與油燈、煤氣燈、電燈相比，它的光線顯得格外柔和，不那麼刺目。然而三十年前的情形卻不是這樣，在那個時候，甚至在不久以前，蠟燭是家庭使用的最廉價照明工具。即使是現在，除用於儀式上的照明之外，也沒有人認為蠟燭是有效的照明設備。

一位仍然健在的大政治家把以上情況概括為一句真言：「衣賤人也賤。」這句話的正確性，大概是沒有人會不認可的。

人們注重物品所具有的浪費性標誌，要求一切物品能夠提供某種間接的或歧視性的效用，這樣的要求導致衡量物品效用的標準發生了變化。消費者在對商品進行評價時，無法分開看待商品所含有的榮譽性因素和純物質性的效用因素，這兩者共同構成了某一商品不可分解的綜合適用性。按照這樣的適用性標準，僅具有滿足物質需要能力的物品是不會被認可的。物品還須顯示它的榮譽性因素才能使消費者滿意、為消費者接受。結果，消費品生產者在生產過程中千方百計地適應榮譽性因素這一方面的要求。他們總是機敏而有效地進行這方面的工作，因為他們自己也遵循著相同的物品價值標準，如果他們在最後一道工序中發現產品缺乏正常的榮譽性因素，他們自己會由衷地感到懊喪。因此，現在各行各業供應的物品無不含有一定程度的榮譽性因素。假使一個消費者有著像第歐根尼（Diogenes）那樣的脾氣，堅決摒棄自己消費中的一切榮譽因素或浪費因素，那麼現代市場無法供應他那微不足道的消費需求。的確，即使他依靠自己的努力來直接滿足他本人的需要，要使自己完全擺脫時下這方面的思想習慣，縱然不是絕對不可能，也是非常困難的；在他親手製作的、供一天消耗用的生活必需品中，不去本能或無心地混入一些浪費勞力的榮譽性或半裝飾性因素，是無法做到的。

消費者在零售市場選購日用品時，主要看重的是商品的外觀和製作技巧，而不是任何實際的適用性標誌，這一點是眾所周知的。要使製造出的物品能夠銷售，除了使物品具有某種實用性，還必須竭盡全力使物品具有適度的高價標誌。這種使明顯高價成為適用性準則的習慣，自然使消費品的總成本有所提高。這種習慣使我們在某種程度上把物品的價值與物品的成本等同起來，從而謹慎地對待廉價的物品。消費者總是希望以盡可能低廉的價格獲得適用的物品，但是明顯高價的習慣要求已經成為物品適用性的保證和它的組成部分，於是人們往往認為不包含這一主要因素的物品是低級的，從而對它們加以拒絕。

除此之外，消費品特徵中的很大一部分是所謂的適用性標誌，也就是這裡所說的明顯浪費因素，這部分特徵之所以能迎合消費者的心理，除了其代價高昂之外還有其他原因。這些特徵即使未必有助於物品實質上的適用性，通常也會有一些明顯的技巧上的表現；而有關榮譽適用性的任何標誌，它最初之所以會流行並能保持其作為物品價值中一個正常組成因素的地位，無疑是基於這樣的原因。有效技能的表現只有在這種情況下才使人感到賞心悅目，儘管從更深遠的、這裡暫不考慮的結果而言，這種技能表現並無實用價值。欣賞一件精巧的工藝品可以得到審美上的滿足。但是，這種精巧工藝的表現，或者說是為了達到某種目的而採取的精巧而有效的手段表現，如果不能被明顯浪費準則所認可，那麼就無法獲得現代文明的消費者讚許。

機器製品在現代經濟中所占的地位適當地印證了這裡所提出的論點。通常，適應同一目的的機器製品與手工製品之間存在的主要差別在於，前者可以更充分地實現它們的主要目的。機器製品的日趨完美，是適應目的更為完善的手段。但是這一點並不能使機器製品免於受到厭惡或輕視，因為它經不起榮譽浪費的檢驗。手工勞動這種生產方式有很強的浪費性，以這種方式生產的物品更容易達到金錢榮譽的目的，因此手工生產的標誌漸漸成為榮譽的標誌，具有這種標誌的物品，在等級上高於相應的機器製品。一般的、不是必然的情況是，手工勞動的榮譽標誌在於手工製品在外形上的某些不完善和不規則——它們表明人工在製作過程中的不足。因此手工製品優越性的根據實際上是一定限度上的粗陋性。這個限度不能過寬，過寬會使手工製品顯得簡陋粗劣，因為粗製濫造是低價的標誌；但也不能過窄，過窄會使手工製品顯得與機器沒有差別，而這同樣是低價的標誌。

手工製品之所以可貴並受到高雅人士的青睞，是因為它具有榮譽性的粗陋跡象，而鑑賞這類跡象需要精確的識別能力。我們可以把這類識別能力稱為對物品的「相術」，掌握這種「相術」需要進行這方面的正確思想習慣的訓練。正因為供日常使用的機器製品非常完美，得到了粗俗的、缺乏教養的下層階級所讚賞和喜愛，而這些人並不注重文雅消費方面的細節。從體面的角度看來，機器製品所處的劣勢地位說明，任何能使物品在技巧和製作上臻於完美的代價高昂的技術革新，並不能使一切消費者都樂於接受，更不能長久地博得他們的青睞。一切革新必須獲得明顯浪費準則的支持。物品在外觀上的任何特徵，不論其本身多麼惹人喜愛，不論其在實際使用方面多麼迎合人們的口味，一旦違背金錢榮譽這一準則，是不會為人們所容忍和接受的。

消費品因為「平凡」，或者說因為其生產成本低廉，而在禮儀上不夠資格或處於劣勢——許多人是很認真地來看待這一點的。對機器製品的反感，大都可以說是對這類物品的平凡性反感。之所以說它平凡，是因為這類物品是大多數人都有能力進行消費的。如果對這類物品的消費不能達到與其他消費者進行有利的歧視性對比的目的，那麼這種消費是不包含榮譽性成分的。因此，在一個敏感的人眼中，不要說消費這類物品，即使看一眼也怕沾染上那種低生活水準的氣息，他們對此避之唯恐不及，認為這類低賤的物品是極其掃興和令人感到厭惡的。有些人在愛好上態度十分固執，而對於判斷各種愛好的依據，又沒有加以區分的才能、習慣或動機。對於這些人來說，榮譽觀念的表達已經與審美觀念、適用觀念的表達融為一體（有關情況上文已經提到）；這樣混合形成的評價，可能是對事物美感的評價，也可能是對事物適用性的評價，這要根據評價者的興趣或傾向，使他對事物理解時的意向是在這個方面還是那個方面而定。因此常常出現這樣的情況，物品的低價或平凡被視為是藝術上不夠格的明確標誌，並在此基礎上制訂了怎樣才是適合審美要求的準則，怎樣才是違背審美要求的準則，以此作為愛好問題上的指導原則。

上文已經指出，在現代工業社會，那些廉價的、因而不適合禮儀要求的日常消費品，多數為機器產品。與手工製品相比，機器製品在外觀上的普遍特徵是製作方面的高度完善和設計方面的高度精確。因此產生了這樣的情況，既然手工製品的明顯缺陷是榮譽性的，那麼這些缺陷從美感方面、適用性方面，或這兩方面看來，就成了優越的標誌。因此出現了對缺陷的讚美，其中約翰・拉斯金（John Ruskin）和威廉・莫理斯（William Morris）是那個時代最熱衷這種觀點的代言人，他們關於製作物品無須浪費勞力並追求完美的倡議，就是依據這個理由提出並在當時不斷推進的。因此也出現了恢復手工業和家庭產業的宣傳。但如果顯然更加完善的物品不是更為便宜的話，就不會出現上述推論和這些活動。

當然，這裡所說的，只局限於這一學派審美學說的經濟價值方面。對於上文所列的一些情況，不能理解為對這一學派存有任何輕蔑之意，這裡主要只是闡述了這一學說在消費以及生產消費品上產生的影響。

愛好的這種發展傾向對生產方面的影響，或許可以從莫理斯自己晚年經營的印刷出版業中找到最顯著的例證，當時的凱爾姆斯科特印刷廠（The Kelmscott Press）的出品情況，固然足以論證這裡提出的相關論點，但現代的美術精裝本在式樣、紙張、插圖、裝訂材料和封面設計等各方面的製作情況也大致如此，不過與這裡提出的論點相比，其顯著程度略差一些。過去由於工具、材料不足，書籍裝幀工作是一種沒有把握的麻煩事，現在這一行業為了使其產品脫穎而出，則力求在某種程度上模仿過去無法避免的粗陋與欠缺的情況。由於這類產品需要手工製作，因此價格昂貴且在使用上有諸多不便。購買和使用這類產品，不僅可以表明消費者具有隨意揮霍金錢的支付能力，而且表明他們具有浪費時間與精力的條件。

正因如此，如今的印刷廠商有了「復古」的傾向，他們寧可使用那些陳舊、不易讀的字體，為了使版本與「現代」相比有一種更粗陋的外觀。甚至有些科學期刊，它們本來是為了對有關科學的題材進行有效的闡述，除此之外並沒有什麼其他目的；但它們也屈服於金錢美感的要求，專門將一些科學論文用舊式字體刊登在直紋紙上，並且頁面的邊緣是不切齊的。有些表面目的不是將有關內容進行有效傳達的書刊，在這方面的所作所為更是變本加厲。在這裡我們可以看到，古樸的字體被印在手工製造的直紋毛邊紙上，四周留著非常寬闊的空白，書頁是不切邊的。總之，書本的裝幀顯得粗陋和笨拙，而這些都是煞費苦心、刻意經營的。僅從適用性這個角度來看，凱爾姆斯科特印刷廠的做法簡直到了荒唐的地步，它發行的是現代的書籍，文字卻使用古舊的拼法，用黑體字印出，用柔皮做封面，還要配上皮帶。還有一個特點足以抬高這類精裝書籍的身價、鞏固其經濟地位，那就是限量發行。有限的發行數量實際上是一種有效保證，儘管這種方法有些粗魯——表明這個版本是稀缺的，因此是奢華的，它能夠增進消費者的金錢聲譽。

有些人情趣高雅，愛書成癖，覺得這類限量的版本格外具有魅力；當然，這並不是對這類版本的昂貴價格與高度樸拙有意的、自覺的讚賞。這和手工製品優於機器製品的情況大致相似，偏愛的自覺依據是感知到代價高昂與外形樸拙的物品本質上的優點。那些在外觀和製作過程上一味仿古的書籍具有超常的優點，這主要在於審美方面的高度效用，但常常也會出現這樣的情況：有些有良好教養、愛書成癖的人堅持認為，作為紀錄文字的工具，這類古樸的精裝書的確有較大的適用性。就這類「退化」精裝書的高度審美價值而言，那些愛書人的主張可能有一定的道理。人們設計這類精裝書時只注重它的美感，結果往往取得很大的成功。

但這裡要強調的是，當設計者進行工作時，他所依據的愛好準則是在明顯浪費定律的監督下形成的，而這個定律會有選擇地對那些不符合其要求的愛好準則加以排斥。也就是說，這類退化的精裝本也許是很美的，但設計者工作時的活動範圍是由非審美性的要求決定的。其產品如果說是美的，那麼也必定是價格昂貴、不適於表面用途的。然而站在書籍設計者的角度，這種強制性愛好準則並不是完全由第一形態下的浪費定律所塑造的；在一定程度上，這種愛好準則是依照掠奪性格的第二表現形態而形成的，這種表現形態是對古老、陳舊事物的崇拜之情的一種特殊演變形態，我們稱之為古典主義（classicism）。

在美學理論中，要在古典主義與審美準則之間劃出一條清晰的界線，即使不是完全不可能，大概也是非常困難的。從審美角度來看，並沒有必要進行這種劃分，實際上這種區別也未必存在。從愛好的理論方面來說，對於古典主義一種公認的典型表現，不論它是依據什麼理由來獲得公認，最好把它視為一個審美因素；至於這一典型是否恰當，則沒有必要進行追究。但這裡的研究目的在於確定存在於公認愛好準則中的經濟依據，確定愛好準則在物品的分配與消費方面具有的意義，上述區別對於這一研究目的來說，並非是毫不相關的。

機器製品在文明社會的消費體系中所占的地位，可以說明明顯浪費準則與消費禮俗這兩者之間的關係的性質。不論是關於美術和愛好本身的問題，還是關於對物品的適用性的流行觀念，明顯浪費準則都不能作為革新或創新中的一個原則。它並不會成為涉及未來趨向的創造性原則，它並不引起革新，也不會增加新的消費項目或新的成本因素。可以說，這一原則在某種意義上是一個消極性而非積極性的定律。它是一個約束性的而非創造性的原則。它很少會直接發動或形成某些習慣或風俗。它的作用只是淘汰性的；明顯浪費並不直接為變化與發展提供依據，但是符合明顯浪費的要求是可能產生於其他依據的這類革新繼續存在的一個必要條件。無論在什麼情況下興起，關於消費的一切習慣、風俗和方式都要受到這個榮譽規範的選擇性作用的支配，它們與這一規範要求的相符程度是它們與其他同類的習慣和風俗相競爭時是否適於生存的關鍵所在。如果其他情形都相同，那麼同類消費習慣或方式的浪費性越顯著，就在這個定律下具有越大的生存機會。明顯浪費定律並不是變化起源的依據，但是只有在這個定律支配下的形式才能持久生存。這個定律的作用在於保存它認為適當的事物，而不在於創造它能夠接受的事物。它的任務是對所有事物進行檢驗，只要與它的目的相適應就緊抓不放。

有閒階級論
The Theory of the Leisure Class

一第六章一

服裝是金錢文化的一種表現

上文我們已經提到了一些經濟原則，這些原則應用到生活中的情況如何，在此舉出例證加以詳細說明。就明顯浪費的目的來說，再沒有比服裝消費更適合作為說明的例證了。明顯浪費準則在服裝的設計中得到了最充分的表達，儘管一些金錢榮譽準則也產生了一定的作用。要表明一個人的金錢地位，其他到處使用、到處流行的方式也可以有效達到這一目的；但服裝消費的效果最好，因為我們穿的衣服是隨時隨地都顯而易見，旁觀者一看到服裝所提供的標誌，就可以對我們的金錢地位一目了然。在服裝上為了炫耀而進行的花費，與任何其他消費類型相比總是格外顯著，這種方式也總是更為普遍和流行的。

任何階級在服裝上的支出，大部分總是出於外表上的體面而非為了保暖禦寒。如果我們在服裝方面沒有達到社會習慣認可的標準，就會感到局促不安；這種感覺的敏銳程度，大概沒有其他方面的感覺可以與之相比。

為了保持那個適當的浪費性消費的體面標準，人們寧可在生活享受或生活必需品方面忍受很大的困苦，這種情形表現在多數消費項目中，但在服裝方面尤為明顯。因此，為了追求外表上的漂亮，人們寧可在嚴寒時節穿得單薄些，這種現象早已司空見慣。在現代社會，各種服裝用品的商業價值所包含的大部分是它的時尚性和榮譽性，這些遠遠超過了它對穿著者身體上的直接效用。對服裝的需要主要是「更高層次的」或精神上的需要。

對於服裝這種精神上的需要，不完全是出於在消費上進行誇耀的自然性格傾向。明顯消費定律就像在其他方面一樣，對服裝的消費有著支配作用，它主要透過塑造愛好準則和禮儀準則來間接發揮作用。在一般情況下，那些穿著者或購買者之所以要求服裝具有明顯浪費的成分，其內在動機是為了與已確立的習俗保持一致，與公認的愛好準則和榮譽標準相適應。為了避免因服裝的刺目而受到指摘或引起恥辱——雖然這一動機本身也很重要——人們必須服從服裝禮俗的指導；除此之外，在服裝方面，昂貴與奢靡的要求已經在我們的思想習慣中根深蒂固，任何違背這個要求的服裝都會令我們本能地感到厭惡。我們通常會不假思索地認為凡是低價的都是不具有價值的。

人靠衣裝馬靠鞍，「衣賤人也賤」。「便宜無好貨」這句話適用於各種消費行為，但它在服裝方面具有更大的說服力。不論從愛好還是適用的角度來看，在「便宜無好貨」的信條下，價格便宜的服裝總被認為是劣質的。我們對於事物美觀性與適用性的評價，大體上依據的是其價格的高低。除了少數無關緊要的特例，在美觀和適用性上，我們總是認為價格高昂、手工製作的服裝用品要比價格便宜的仿造品強得多，不管仿造品模仿得多麼逼真，這個觀念也不會改變——仿造品使我們產生反感的原因，並不是它在形式、色彩或視覺效果的任何方面存在欠缺。仿製品也許模仿得惟妙惟肖，不使用最精密的檢驗不易察覺，然而仿製品一旦被察覺，其審美價值和商業價值就會一落千丈。不但如此，還可以毫無異議地說，服裝的仿製品一經識破，其審美價值跌落的程度，大體上與仿製品產品價格低於真品價格的程度相一致。仿製品在審美立場上失去地位的原因在於，它在金錢等級上處於低等地位。

服裝具有證明支付能力的職能，這種職能表明消費者綽有餘力，能進一步消費超過物質享受要求以外的有價值物品。但是，對物品單純的明顯浪費在效果與滿足程度上有一定的限度。服裝是金錢成就的直接證明，也是社會價值的直接證明。但服裝的作用不僅僅是作為明顯浪費所提供的那種淺露、直接的證明，它還具有更微妙、深遠的潛在作用。如果服裝不僅能證明穿著者財力雄厚、可以隨意揮霍，還能表明他（或她）不是依靠勞力來賺錢謀生的人，那麼這將大大提升服裝在社會價值方面的作用。因此，為了能使服裝有效地達到目的，不應當只重視昂貴的價格，還應當使旁觀者一看便知，穿著這種衣服的人是不從事任何生產勞動的。

我們在服裝制度上精益求精，現在已經與它的目的完全適應，在這一演進過程中，上述的輔助性證明作用受到了應有的注意。我們對於普遍認為優美的那類服飾仔細進行考察就可以看出，設計者試圖使每個細節都給人留下這樣一種印象：穿著這類服裝的人並不習慣於從事任何實用性的勞動。如果能從服裝的汙損程度上顯露出穿著者從事體力勞動的痕跡，那不用說，這樣的衣服不要說是優美的，甚至連體面的都算不上。整潔的衣服之所以讓人賞心悅目，就算不完全是、也主要是由於它包含一種有閒的暗示：衣服的主人是不接觸任何工業操作的。一雙閃亮的漆皮鞋，一件潔白無瑕的襯衫，一頂光亮的圓柱體禮帽，再加上一根精緻的手杖，可以襯托出一位紳士的氣質，大大提高他固有的威嚴。這些東西之所以具有如此強大的魔力，是因為它們可以明確地表明，這樣穿戴的人絕不可能直接參與任何對人類有用的工作。高雅的服裝之所以與高雅的目的相稱，不只是因為其價格昂貴，還因為它是有閒的標誌。它不僅能表明穿著者有能力進行較高等級的消費，而且能表明他是只進行消費而不從事生產的。

服裝可以證明其穿著者摒棄生產性的工作，在這方面婦女的衣服比男人的衣服表現得更加顯著。男式的大禮帽固然有礙工作，式樣優雅的女帽則完全使工作陷於不可能，這一結論無需多加論證。女人的鞋上還特意添加了高跟，由此產生的風流姿態可以表明一種強制執行的有閒，穿上了這種高跟鞋，使人難以從事任何體力方面的勞動，即使從事最簡單、必要的體力勞動也將極度困難。此外，作為婦女服裝特色的長裙以及其他種種寬衣垂飾，情況也是如此，甚至更加顯著。我們特別喜愛的那種及地長裙的真正原因在於它的價格高昂，能使穿著者步履維艱，無法從事任何有用的勞動。女子的頭髮留得極長，原因也在於此。

女性服裝不僅在表明脫離生產上比男性服裝更為顯著，還具有一種十分獨特的特徵。這種特徵在性質上根本不同於男性在這方面的任何習慣，它一般表現在服裝的某類設計上，女用緊身胸衣就是一個典型例子。從經濟理論上來講，穿著胸衣實在是損傷身體的行為，其目的在於降低使用者的活力，使她永遠地、明顯地不適宜於工作。當然，緊身胸衣足以削弱穿著者的人體美，但它能使穿著者表現出明顯的浪費性和一種柔弱的氣質，從而在榮譽上有所增進，以此補償在身體方面遭受的損失。我們大致可以肯定，經演變，婦女服裝的女性特徵已具有這樣一種性質，即藉由婦女特有的服裝更有效地阻礙其從事有用的勞動。關於男女服裝之間的差別，這裡只簡單地指出一個顯著特徵，下面將分析產生這種差別的原因。

至此為止，我們是把明顯浪費這個廣泛原則作為服裝方面一個重要而有力的規範。除此之外，還有一種附屬原則，它作為明顯浪費這一廣泛原則的推論結果，有著一種輔助規範的作用，它就是明顯有閒原則。在服裝結構中，明顯有閒原則的作用表現在五花八門的式樣設計上，這種設計要能表明穿著者並不從事生產勞動，如果可能，還要表明穿著者實際上無法從事生產勞動。在這兩個原則以外還有第三個原則，它幾乎具有同等嚴格的約束力，這是任何人稍加思索就可以想到的。服裝不但要明顯表現出高價和不便，而且必須追求時尚。關於服裝式樣不斷變化的現象，迄今為止還沒有令人滿意的解釋。穿著打扮必須要入時，必須符合最近公認的式樣，這是一個不能違背的嚴格要求。同時，這種公認的時尚式樣無時無刻不在變化。這些都是大家非常熟悉的。但是有關這種變化或更新的理論，至今還沒有出現。這個崇尚新奇的原則當然可以說成是明顯浪費定律的另一個推論，這種說法毫無矛盾且完全真實。很明顯，如果每件衣服只能適用於一個短暫的期限，如果上一季流行的衣服不能在本季繼續穿著，那麼服裝上的浪費性支出將大大增加。這個說法本身具有一定的正確性，但只是一個消極的論斷。它使我們相信，明顯浪費規範對一切服裝都發揮著一種控制性的監督作用，因此服裝式樣上的任何變動都必須符合浪費原則的要求。但是，它不能解答流行式樣發生變化和人們接受這種變化的動機何在，也不能解答人們為什麼要在那樣迫不得已的情況下，對某一時期流行的某一風格亦步亦趨。

要找到一個能夠解釋服裝式樣不斷發明和創新動機的創造性原則，就要追溯到衣服出現時原始的、非經濟的動機，即裝飾的動機。這裡不準備深入討論這種動機如何在浪費定律的支配下獲得發展，但概括地說，每一次服裝式樣上的創新，都是為了達到某種表現形式而做出的努力，為了在形式、色彩或效果上使新的表現形式比原有的表現形式更進一步迎合我們的感覺。人們總是不斷尋找能夠迎合我們美感的事物，式樣的不斷變化所體現的就是這方面的努力。但每一次革新都要遵循明顯浪費規範的淘汰作用，因此能夠實現創新的範圍是十分有限的。一切創新與原有樣式相比，不但要在美觀程度上有所增進或在醜陋程度上有所降低，而且必須符合公認的浪費標準。

乍看之下，既然我們對服裝的美化進行了不懈的努力，它應當逐漸達到藝術上的完美境地。也許我們會自然而然地希望時新式樣會指出一個明確趨勢，沿著某一路線不斷前進，從而越來越適合人們的體形。我們甚至會認為自己有充分的依據存有這樣的希望，經過這麼多年來在服裝上的巧妙發明和辛苦努力，今天的服裝式樣應該能夠達到比較完善的程度和比較穩定的狀態，接近長久持續的藝術上的理想境地。但事實並非如此。假使我們斷言，今天的服裝式樣，比十年前、二十年前、五十年前甚至一百年前的式樣更適合於人類體形，這是非常危險的結論。另一方面，如果斷言兩千年前的流行式樣比今天代價很大、費盡心機製成的式樣更高明，更適合於人體，這樣的說法卻不會遭到反駁。

由此可見，上文關於服裝時新式樣的解釋是不全面的，我們還需要做進一步的探討。眾所周知，世界上某些地區的服裝已經有了比較穩定的式樣，如日本、中國及其他亞洲國家，又如希臘、羅馬及其他古代東方民族；此外，幾乎所有現代歐洲國家的農民情況也是如此。一些資深的批評家認為，這些國家或民族的服裝大都優於現代文明服裝那些變化不定的式樣，更適合於人的體形，也更具藝術性。同時，至少就一般情況而言，前一類服裝包含較少的明顯浪費的成分；也就是說，比較容易在前一類的服裝結構中看出的，不是奢華浪費的誇耀而是其他的一些因素。

這類比較穩定的服裝大都具有相當嚴格、狹隘的地方色彩，隨著地區的不同而呈現出細微的、系統的差異性。採用這類服裝的民族或階級的富裕程度比不上我們，通行的這類服裝屬於各自的國家、地區和時代，其時其地的居民，或至少其階級，總是相對同質、相對穩定、比較安土重遷的。也就是說，這類經得起時間考驗的穩定的服裝式樣產生於這樣的環境，在這種環境下，明顯浪費規範表現得不像現代文明都市那樣強烈；今天，城市居民的流動性較大，且比較富裕，對時新的式樣也比較講究。採用比較穩定、比較藝術化服裝的那些國家和階級所處的地位是這樣的：他們彼此之間的金錢競賽主要表現在明顯有閒方面，而不是表現在對物品明顯消費方面。因此，在一般意義上，以下說法是成立的：在物品明顯浪費原則的勢力最強大的社會裡，如同我們現在所處的社會，其服裝式樣總是最不穩定、最不適宜的。這一點說明了奢華浪費與藝術化服裝兩者之間的對立關係。就實際情況而言，明顯浪費規範和衣服必須美化、必須適宜的要求是不相容的。這一對立狀態才可以解釋服裝式樣為什麼要一刻不停地變化，不論是浪費準則還是審美準則都不能單獨說明這個問題。

榮譽標準所要求的是服裝應當能顯示浪費性支出，但是一切浪費都是同樸素的愛好相抵觸的。上文已經指出，根據心理學定律，一切男人——女人或許更是如此——都對工作上或消費上的不切實際感到厭惡，正如人們曾經一度宣揚所謂自然厭惡真空的情形一樣。但明顯浪費原則所要求的明顯是不求實際的支出，由此造成服裝上的明顯浪費其實質是醜惡的。於是出現了這樣的情況：服裝上的一切創新，在增加或更改每一個小細節上，為避免直接受到指責，都極力以某種表面目的來進行掩飾；同時在明顯浪費準則的要求下，創新這種表面目的也不能表現得太過火，無論如何，不能超出明顯掩飾的限界之外。即使在花樣的翻新上詭譎變幻到極點，也總用某種表面用途來掩飾，很少有例外的情況。

然而，時尚服裝在細節上的這種表面適用性，很明顯是一種掩飾，它非常露骨地表現出其本質上的不求實際，這使人感到難以忍受，不得不謀求新的式樣，從中尋求安慰。但新的式樣仍然必須符合榮譽性浪費和不求實際的要求，於是沒過多久，人們對於新式的不求實際又會感到厭惡，其可憎程度就像之前的式樣一樣。這時按照浪費定律的要求，我們唯一可以採取的補救辦法就是再度創新，從同樣不求實際、不能持久的某種新結構那裡求得安慰。這就是服裝總是在翻新但在本質上卻那樣醜惡的原因所在。

在解釋了不斷變換的時尚式樣後，我們還要用日常生活中的事實來印證這一解釋。眾所周知，某一時期流行的式樣是人人喜愛的。當一個新的式樣出現時，總會博得人們一時的喜愛，至少當它還沒有喪失作為一個新奇事物的資格時，人們通常會覺得新式樣是漂亮的。流行的式樣總是動人的。這是因為人們看到新式樣與舊式樣有所不同時會產生一種輕鬆感，部分原因是流行的式樣包含榮譽性。

正如上一章所指出的，我們的愛好在一定程度上受到榮譽準則的控制；因此，在榮譽準則的指導下，任何事物在其新奇性尚未消失之前，或在其榮譽性轉移到適應同樣目的的其他新奇結構之前，在人們看來都是適當的、可以接受的。我們在任何一個時期的流行式樣中所感受到的美或「可愛」，都只是暫時的、虛幻的；由此看來，這些層出不窮的新式樣，沒有一個能經得住時間的考驗。即使是當時最精美的新式樣，過了幾年或十幾年以後再回過頭來看，儘管不會不堪入目，我們也會感到大吃一驚，覺得古怪可笑。我們對於任何新鮮事物的一時愛慕，並不是以審美觀念為依據的，而是有其他原則的。一旦我們原有的審美感重占上風，對這個新設計感到難以接受，它就要壽終正寢了。

審美上的厭惡感，其發展過程是需要一些時間的，時間的長短由某一特定情況下的某一新式樣內在醜陋程度決定。依據新式樣的可厭性和不穩定性這種時間關係可以做出論斷：新式樣代替舊式樣的速度越快，這種新式樣與正常審美的抵觸越大。由此可以推斷，社會，特別是社會中的富有階級，在富裕程度、流動性、人際交往方面發展的程度越高，明顯浪費定律在服裝上的強制性越大，審美觀念越易於陷入停滯狀態，越受到金錢榮譽準則的抑制。這時，時尚的變換會更快，相繼出現的新式樣也將越來越怪誕奇異，令人難以忍受。

關於這裡提出的服裝理論，至少還有一點有待研究。上文所述普遍適用於大部分的男子和婦女的服裝；在現代社會，雖然上述各點似乎在婦女服裝方面更加適用，但是有一點需要注意，婦女服裝的情況與男子服裝完全不同。婦女的服裝具有一個格外顯著的特徵，那就是它可以證明其穿著者並不從事也不宜從事任何粗俗的生產工作。婦女服裝的這一特徵有著極其重要的意義，它不但可以使服裝理論更加完善，而且印證了上面已經提到的過去和現在婦女的經濟地位。

關於婦女地位的問題，我們已經在前面有關代理有閒和代理消費問題的論述中談到。可以看到，在經濟發展的過程中，為主人執行代理消費已逐漸成為婦女的職責，婦女的服裝就是按照這個目標設計的。於是這樣的結果出現了：明顯的生產勞動對貴婦的身份是一種特別的損害，因此在婦女服裝的設計中，必須盡力使旁觀者清楚地認識到這一事實（實際上不過是一種假象），即這種衣服的穿著者不習慣也不可能習慣從事實用性的工作。

按照禮俗的要求，有身份的婦女應當始終摒棄生產勞動，表現出比屬於同一社會階級的男子更加徹底的有閒。如果我們看到一位出身高貴、有良好教養的女子被迫從事實用性工作，總不免憤憤不平，因為這不是「婦女分內的事」。婦女的活動範圍在家庭內，她應當在家裡發揮「美化作用」，成為全家的「明星」。男主人則一般不會被說成是家裡的明星。這一特點，加上禮俗要求婦女始終注意衣著和其他飾品上的奢華炫耀這一事實，十分有力地證明了上文指出的觀點。我們的社會制度是繼承過去族長制而來的，於是證明家庭的支付能力成為婦女的一項特別職能。依照現代文明的生活方式，家庭的榮譽應當是婦女特別注意的事情，而這種榮譽主要透過榮譽消費和明顯有閒來證實，因此如何進行榮譽性消費並表現出明顯有閒就被列入了婦女的活動範圍。在理想的生活方式下——往往在高等金錢階級的生活中才能實現——關注物質與勞力的明顯浪費，通常成為婦女唯一的經濟職能。

當社會還處在婦女是完全意義上男子的財產的經濟發展階段時，明顯有閒和明顯消費是她們必須執行的一部分任務。那個時候的婦女沒有自主地位，由她們執行的明顯有閒和明顯浪費，其榮譽自然不屬於她們而屬於她們的主人。因此，家庭中的婦女越是奢侈浪費，越是明顯地不從事生產活動，就越能達到增進其家庭或家長榮譽的目的，也越值得稱道。這一情況愈演愈烈，以致婦女不僅要在證明有閒生活方面有所貢獻，還要使自己完全沒有能力進行任何實用性活動。

基於這一點，男子服飾的發展無法趕上婦女服飾的發展是有充分理由的。明顯浪費和明顯有閒是金錢力量的證明，因此具有榮譽性；但歸根到底，因為金錢力量是優勢力量的證明，所以它才是榮譽性的、光榮的。因此，任何人，當他為自身利益而做出浪費或有閒的證明時，如果不能採取這樣的形式或趨於這樣的程度，就會使自己顯得無能或明顯處於不舒適、不自如的狀態。那種情況所表明的不是優勢力量而是劣勢地位，那樣做會破壞其自身目的，只是作繭自縛。因此不管在哪裡，只要浪費性支出和免於勞動的表現，在正常情況下達到了這樣的程度，以致表現出明顯不舒適的狀態或自然導致的體弱無能；就可以斷定，此人進行這種浪費性支出，忍受體力上的無能，並不是為了自己在金錢榮譽上的利益，而是為了她在經濟關係上所依賴的另一個人的利益。那種關係，從經濟理論上來看，歸根結底是奴役的關係。

現在試將這一結果應用到婦女的服裝方面，做出具體說明。那些高跟鞋、長裙、緊身胸衣、不切實用的女帽，以及不顧及穿戴者舒適感的一切現象，都是文明婦女服裝的顯著特徵。這些事實足以說明，在現代文明的生活方式中，從理論上來說，婦女在經濟上仍然處於依賴男子的地位；從高度理想化的意義上可以說，婦女依然是男子的動產。婦女之所以要執行這樣的明顯有閒，穿著那些衣服，實際上是由於她們的奴役地位決定的，在經濟職能的分化中，她們被賦予了證明其主人具有支付能力的任務。

在這些方面，婦女的服裝與家庭僕役、特別是著裝侍從的服裝有明顯的相似之處。兩者同樣費盡心機地表現出不必要的奢華，同樣有明顯不顧及穿著者身體舒適的傾向。不過，即使主婦的服裝不一定要顯出穿著者的羸弱之軀，至少也要蓄意襯托出穿著者的嬌惰閒逸，這一點是僕役的服裝望塵莫及的。這是合情合理的，因為從理論上來說，按照金錢文化的理想方式，主婦是家庭中的首要奴僕。

除了這類僕役之外，至少還有一類人，他們的服裝與僕役階級的服裝很相似，而且具有婦女服裝表現出女性氣質的類似特點。這就是教士階級。教士的法衣有力地、突出地顯示了奴僕身份與代理生活的所有特徵。法衣看上去精美華麗、光怪陸離，而且穿著非常不方便，至少在表面看來非常不舒服，簡直達到痛苦的程度，這一點比教士的日常服裝表現得更為突出。按理說教士是要摒棄一切生產勞動的，他要在大庭廣眾之中顯示出冷靜、沉悶的表情，這與一個訓練有素的家庭僕役的神色很相似。此外，教士的面頰應當修得十分光亮，家庭僕役也是如此。教士階級之所以會在態度、裝束上與僕役階級如此相似，是因為這兩個階級具有相似的經濟職能。從經濟理論上來說，教士處於隨身侍僕的地位。他是神的隨身侍從，穿著神賜予他的制服。他的制服理所當然是非常華貴的，這樣才能恰當地顯出其崇高的主人尊嚴。但在服裝的設計上，這種制服則很少顧及或者說完全不顧及穿著者身體上的舒適感。這也是理所當然的，因為穿著制服是一項代理性消費，這種消費增進的是那位不在場主人的榮譽，而不是僕人自己的榮譽。

男子的服裝與婦女、教士、僕役的服裝之間存在著一條分界線，但實際上這條分界線並沒有被始終如一地遵守。這條分界線始終存在於人們的思想習慣中，這一點是毫無爭議的。當然，也會有一些放縱隨意的人，而且這類人不在少數，他們狂熱地追求服裝上的榮譽，超越在服裝上男女之間地理論界線，甚至把自己裝扮得不像人類；但所有人都會清楚地認識到，男子這樣打扮是脫離常規的。我們習慣說那類男人的裝束「有女人氣」，也常常會有這樣的批評——某位先生衣著考究，但看上去如同一個穿著體面的跟班。

這一服裝理論還存在著某些表面上的不一致之處，值得進一步考察，尤其是因為這類情況表明了服裝在後期或較成熟的發展階段中相當明顯的趨勢。緊身胸衣的流行似乎是這裡引證說明通則的一個明顯例外。但經過深入考察就可以看出，這一明顯例外實際上證實了這一通則，即服裝上任何一個因素或特徵之所以能夠流行，是因為其能夠證明金錢地位的效用。眾所周知，在工業比較發達的社會，緊身胸衣的使用僅限於界限非常明確的某些社會階層。比較貧困的階級，特別是鄉村婦女，平時並不使用緊身胸衣，只是將其作為逢年過節時的一件奢侈品，偶爾一用。那些貧困階級的婦女終日辛苦勞作，在日常生活中穿著緊身胸衣來折磨肉體，佯裝有閒，對她們來說沒有任何好處。至於在節日中使用，只是出於對上層階級禮儀標準的模仿。

在過去一兩代以前，除了必須從事體力勞動的階級和貧困階級以外，凡是社會上有相當地位的婦女，包括最富裕、最尊貴的婦女，仍然認為緊身胸衣是一件片刻都不能缺少的東西。當那些從事體力勞動的富裕階級規模還沒大到足以免除汙名的程度，但他們的人數也不少，足以形成一個自信的、單獨的社會集團，群眾可以在階級內部為一些因為此階級的一般看法而得到推行的特殊行為準則提供基礎時，上述的通則就是有效的。但是，一個十分龐大的有閒階級已經成長起來，它擁有的財富已經足夠，以致對它進行任何必須從事體力勞動的誹謗都是毫無意義的，不會對其造成絲毫的損害；在這種情況下，在這一階級內部，緊身胸衣這件物品，就在很大程度上已經變成了可以捨棄的廢物。

由此可見，把解除緊身胸衣作為上述通則的一個例外，與其說是實際的，不如說是表面的。現在仍然重視緊身胸衣的是工業結構水準較低的那些社會——接近於舊式的、準工業類型結構的社會——中的富裕階級，以及那些工業比較發達的社會中後起的富裕階級。後者對那些金錢等級較低、前期沿襲下來的、平民化的愛好準則和榮譽準則，還沒來得及放棄。例如，在某些最近發展起來的美國城市上層階級中，往往還保留著緊身胸衣。可以說，緊身胸衣在很大程度上盛行於由較低金錢文化水準，走向較高金錢文化水準的那個動盪過渡時期，這個時期可以說是一個盡力裝腔作勢的時期——如果這個詞只是用作專門術語，不含有任何醜化意義的話。也就是說，在所有始終流行緊身胸衣的國家裡，只要它可以表明穿著者體弱無能，從而達到證明榮譽有閒的目的，它就會繼續存在。當然，其他可以在外觀上明顯降低個人工作效能或有損肢體行為的服裝設計，也同樣適用於上述通則。

關於明顯消費方面的種種專案，情況也有些類似，上述通則也同樣適用。近百年來有一種很明顯的趨勢，尤其是在男子服飾的發展過程中，有些消費的方式和有閒的象徵已經不復存在。那些東西一定曾令人感到厭煩，在當時也許很能適應需要，但如果在今天的上層階級中繼續使用，就會成為一種額外負擔。如使用裝飾性的假髮、佩戴金邊的飾品以及經常修面的風氣，都是這類例子。近年來修面的風氣在上流社會中又有恢復的趨勢，這或許是出於對僕役們的時尚的一時模仿，可以預料這個習慣不久之後，會和我們祖父一輩使用假髮一樣成為陳跡。

這些，以及與其相似的一些事物，實際上對使用者毫無意義，而這一點又毫無遮掩，表現得非常露骨，對旁觀者來說是一望便知的。為了改變這種情況，它們被同樣表現事實而手法比較巧妙的其他方式所取代，但這些方式在上流社會的小圈子中，在高明者的眼睛裡，還是同樣的明顯，而人們也主要是為了博取這些人的好評。如果一個自我表現的人炫耀的對象是社會中的廣大民眾，而那些民眾沒有經過訓練，不知道如何欣賞、如何覺察財富與有閒中一些細微曲折、變化巧妙的證明方式，那麼早期那種不加掩飾的自我表現方式，就有其繼續存在的依據。

當富裕階級有了充分的發展，形成一個廣大的集團，並有足夠的閒暇去鑽研消費方面比較精深微妙的種種竅門之後，自我表現的方式就發生了由粗到精的轉變。「過火的」服裝表明穿著者要迎合的是粗俗的口味，會引起那些情趣高雅之士的反感。對於一個有良好教養的人來說，他只會注意那些與他屬於同一上層階級的成員，只有這些人依據高雅的辨別力給予他的好評和敬意，才具有實質性的重要意義。由於富裕的有閒階級已經發展壯大，屬於有閒階級的各成員之間的交際已經越來越廣泛，已經足以構成一個實現榮譽目的的人類環境，這就產生了一種傾向——把居民中比較微賤的分子排除出作為旁觀者的評價體系之外，甚至根本不考慮他們的意見是贊成還是反對。這些演變的結果是服裝表現的方式與方法越來越精益求精，設計上也越來越巧妙，服裝在表示象徵的方式上越來越趨於精神化。

大家知道，上層有閒階級在關於禮俗的所有事項上，都是居於權威地位的，隨著他們在表現方式上的改進，其他社會成員也進行了相應的改進。隨著社會在財富和文化上的發展，證明支付能力的方式日益精妙，一個觀察者必須具有更高明、敏銳的辨別力。這種對自我表現的媒介物更加高明、精確的辨別力，實際上是高度金錢文化中一個非常重要的因素。

一第七章一

工業的脫離與保守主義

與其他物種的生活一樣，人類在社會中的生活是一種生存的競爭，是一個淘汰適應的過程；而社會結構的演進是制度上自然淘汰的過程。概括來講，一些人類在制度和性格方面已有的和正在取得的進步，可以認為是對於最具適應性的一些思想習慣的自然選擇，是個人對環境的強制適應過程，而這種環境是隨著社會的發展和人類賴以生存的制度變化而不斷改變的。談到制度，不但其本身是塑造一般類型或主要類型的精神態度與性格特徵的淘汰適應過程的結果，而且它也是人類生活與人類關係中的持有方式；因此，反過來說，它也是有效的淘汰要素。也就是說，變化中的制度可以促進最具適應氣質的那些人的進一步選擇，足以使個人的氣質與習性，透過新制度的形成，進一步適應變化中的環境。

促進人類生活與社會結構發展的力量，最終無疑可以歸結為人類本身和物質環境兩個方面的條件；但出於當前的研究目的，最好把這些力量大體上理解為這樣一種環境，這種環境部分是人的環境，部分是非人的環境，人類在體質和智力的結構上大體是確定的。但是總的來說，人類還是或多或少有些變化不定的，當然，這種變化主要遵循有利變異可以獲得選擇和保存這一通則。這種有利變異的選擇與保存，也許主要指的是種族類型上的選擇和保存。任何社會，如果其居民是由多種不同的民族組成的，那麼在體格上比較強健，氣質上比較頑強、比較穩定的那幾個族類，就在社會生活史上的某個時期上升到支配地位。社會形勢，包括在一個特定時期內通行的制度，總是會使某一性格類型比其他性格類型更利於生存和統治，而經過這樣的選擇性淘汰保留下來的民族，在繼續保持和進一步完善過去遺留下來的制度時，會在很大程度上按照自己的意願來改變這些制度。但除了在性格和氣質比較穩定的若干種類型之間進行的淘汰外，在某一個或某幾個主導類型所特有的普遍性格傾向範圍內的那些思想習慣，無疑也在進行著一個持續性的淘汰適應過程。在比較穩定的各種類型之間進行的淘汰，可能會使任何民族的基本特徵都發生一些變化；在同一種類型範圍內，由於某些細節上的適應，由於在任一種或任一組社會關係所特有的習慣觀念間進行淘汰，任何民族的基本特徵也會產生一種變化。

出於這裡的研究目的來說，關於適應過程的性質問題——不論問題涉及穩定型氣質或性格之間的淘汰，還是人們的思想習慣對變化中環境的適應——還是次要的，主要問題在於制度如何利用某種方式變化和發展。制度必然隨著環境的變化而變化，因為就其性質而言，制度就是對這類環境引起的刺激做出反應的一種習慣方式。而這些制度的發展也就是社會的發展。制度實質上就是個人或社會對某些特定關係或特定功能的一般思想習慣；而在某一時期或某一社會發展階段通行的制度的總和，構成了人類的生活方式。可以從心理學的角度把它概括為一種流行的精神態度或生活理論。就其一般特徵來說，這種精神態度或生活理論歸根結底可以歸納為性格方面的一種流行的類型。

今天的形勢經由一個強制性的淘汰過程，對人們關於事物的習慣觀念產生影響，改變或加強他們對遺留下來的事物觀點或精神態度，從而塑造明天的制度。人們是在制度的指導下生活的，這些制度，也可以說是思想習慣，是早期遺留下來的，起源於較遠或較近的時期，但不論如何，它們總是從過去逐漸改進、逐漸遺留下來的。制度是已往過程的產物，適應於過去的環境，因此不可能與現在的要求完全一致。這種淘汰適應過程不可能趕上任何一個時期內社會所處的不斷變化中的形勢；因為不得不與之相適應，並且進行淘汰的環境、形勢和生活要求每天都在發生變化；社會中每一種相繼出現的形勢剛剛確立就開始變化，最後逐漸成為陳跡。發展過程中向前跨出的每一步都構成了形勢的一種變化，要求做出新的適應，它也就成了下一步調整的出發點，情況就這樣永無止境地延續下去。

應當注意到，今天的制度——即當前人們公認的生活方式——並不完全適應今天的形勢，雖然這種說法聽起來像令人生厭的陳詞濫調；但還有一種傾向，這就是人們現有的思想習慣一般會無限期地持續下去，除非由於環境的壓迫而不得已做出改變。因此這些遺留下來的制度，這些有關的思想習慣、精神面貌、觀點、特質以及其他種種，本身就是一個保守因素。這就是社會慣性、心理慣性和保守主義因素。

社會結構只有經過社會中各個階級思想習慣的變化，換句話說，只有經過構成社會的每個個體思想習慣的變化，才能取得變化和發展，才能與已經改變形勢相適應。社會的演進，實質上是個人在環境壓迫下的精神適應過程；當過去與環境相容的思想習慣已經不能適應變化了的新環境，就要在思想習慣上進行改變。至於這一適應過程是一個持久穩定型種群之間的淘汰與保存的過程，還是個人對已有特性的繼承與適應的過程，就這裡的討論目的來說，這一問題並不一定具有重要的意義。

從經濟理論的角度來看，社會的發展就是持續不斷地趨近於「內部關係對外部關係的完全適應」的過程；但這種適應不可能絕對完成，因為「內部關係」在不斷變化，「外部關係」也在不斷變化。接近程度的高低取決於進行調整時的便利程度。不論如何，人們在為了適應已經改變形勢而進行思想習慣的調整時，總是猶豫不決、有些勉強的，只有在迫於形勢的壓力，已有的觀點已經站不住腳時，才會進行這樣的調整。因環境的改變而調整制度與習慣觀念，是為了回應外來的壓力，其性質是對刺激的反應。因此，進行調整的迅速與便利，也就是說社會結構發展的能力，在很大程度上取決於任何特定時期的形勢對社會各個成員發生影響的隨意程度；也就是各個成員所經受環境的拘束力程度。如果社會中的任何部分或任何階級，避開了環境影響的主要方面，處於環境變化中的某種隱蔽地位，那麼這個部分或這個階級的觀念和生活方式適應已經改變的一般形勢的過程將比較遲緩；它往往在某種程度上對社會的轉變產生阻礙作用。富裕的有閒階級，對於促進變化與調整的經濟力量，就處於這樣的隱蔽地位。此外，在現代工業社會中，一些有助於制度調整的力量，歸根結底，幾乎全部是經濟性質的。

凡是由所謂經濟的制度組成的社會結構，都可以看作是一個工業的或經濟的直接結構。這類制度，就是在社會生活的過程中接觸其物質環境時繼續前進的習慣方式。在某一已有的環境下，如果形成了某種發揮人類能動性的具體方式，那麼社會的生活將在這類習慣的影響下表現得相當圓熟。這時社會將利用環境的力量，使生活能夠按照過去習得的、現在已經與這些制度融為一體的方式持續下去。但是，隨著人口數量的不斷增加和人們支配自然力量的技巧提高，處理集體成員之間關係的習慣方式，以及推進整個集體的生活過程的習慣方式，不再能產生與以前相同的結果；由此造成的生活條件，也不再能用以前的那種方式或在以前那種效果下在各個成員中進行分配。如果一個團體在以前的條件下的生活方式，在當時的環境下，在那個團體的生活效率或便利程度方面，曾經獲得大體上可以達到的最高成就，那麼，在變化了的環境下，與以前相同的、沒有改變的生活方式，就不再能產生像以前那樣的最高成就。在人口、技能和知識發生改變的情況下，按照傳統方式進行生活的便利程度，也許並不低於在以前的便利程度；但這時如果能以改變了的方式來適應改變了的情況，就會使便利程度降低的可能性大大減小。

集體是由個人組成的，集體生活至少是在表面上互不影響下的個人生活。怎樣的人類生活才是正確的、善良的、合宜的、美化的，集體公認的生活方式體現了集體中個人對這一問題的一致性見解。由於應付環境的方式發生了改變，生活條件就需要重新分配，這一重新分配的結果，在生活的便利程度上，並不是整個集體的一次均等性變化。改變後的情況，也許會使整個集體生活的便利程度有所提高，但重新分配通常會導致集體中某些成員在生活的便利程度或充實程度上有所降低。隨著人口的增長和專業技術、工業組織等方面的發展，至少對於社會中某些成員來說，如果他們想要便利而有效地參與已經改變了的工業方式，就得先改變他們的生活習慣，這樣，他們就不會堅持一些關於生活習慣何者為善、何者為美的固有觀念了。

任何人，如果必須改變他的生活習慣以及與同伴們的習慣關係，都會感到新形勢所要求的生活方式與他所習慣的傳統生活方式之間的矛盾。對於那些必須改變生活習慣的個人來說，他們擁有重構公認生活方式最活躍的動機，也最容易被說服去接受新的標準；但只有在迫於生計的情況下，人們才會處於這樣的地位。環境對一個集體施加壓力並促使其生活方式進行調整，是以金錢的迫切要求這一形式對集體成員造成衝擊的。大部分外在的力量都會表現為金錢的或經濟的迫切要求這樣一種形式；只是基於這個原因，我們才可以說，足以促使任何現代工業社會進行制度調整的力量主要是經濟的力量，或者更確切地說，這些力量表現為金錢壓力的形式。這裡所說的調整，實際上就是人們關於何者為善良、何者為正確的觀念上的改變，而引起人們對於何者為善、何者為美的觀念變化的手段，主要是金錢的迫切要求下的壓力。

在生活中，人們對於何者為善、何者為美的觀念上的變化，充其量也只是遲疑、勉強地實現的。對於朝著所謂進步方向的變化來說，情況尤其如此。也就是說，如果進行的改變與舊有的觀念——可視為在社會進化過程中任何階段下的一個分歧點——相背離的話，那麼它實現起來就會更加遲疑不決。任何倒退，即重新復歸一個民族過去早已習慣的觀點，總是比較容易的。如果出現與過去的觀點相背離的情況，而主要原因不是氣質與早期觀點不相容的種族替換，那麼恢復到原來的觀點就會比較容易。

在西方文明史中，緊接現代之前的文化階段是上面曾提到的準和平階段。準和平階段生活方式的顯著特徵是身份的法則。當時表現得十分突出的是統治與個人服從的精神態度，今天人們多麼容易復歸到這種精神態度，是不言而喻的。這種精神態度，與其說已經被與後來發展的迫切要求完全一致的思想習慣所徹底取代，不如說當今經濟的迫切要求使之處於不確定的中止狀態。屬於西方文化的一切主要民族，在他們的生活史上，在經濟發展的過程中，都經歷了十分漫長的掠奪階段與準和平階段。因此，那些文化階段所固有的一些氣質和性格傾向已經達到了非常牢固的程度，以致當任何階級或社會可以擺脫有利於保持後期所形成的思想習慣的那些力量影響時，會不可避免地迅速恢復到符合前階段心理素質的主要特徵。

眾所周知，個人或一定規模的群體，如果與高度工業文明隔離，接近水準較低的文化環境或比較原始的經濟處境，個人或群體會很快顯露出復歸掠奪性階段特有的精神特徵傾向。和同屬於西方文化的其他種族相比，長顱金髮型的歐洲人似乎更容易復歸到未開化狀態。在近代移民史與殖民史中，出現過很多小規模復歸的例子。盲目的愛國主義是掠奪文化的一個典型特徵，這一特徵也是現代社會復歸傾向的一個突出標誌；除唯恐觸犯愛國主義的少數例外，這裡或許可以引用美國殖民地的例子，儘管這次復歸在性質上不是十分廣泛，但規模卻異常之大。

任何現代的、高度組織下的工業社會中，都存在著經濟的迫切要求，而有閒階級對於這種迫切要求的壓力總是處於有所隱蔽的狀態。與其他階級相比，有閒階級對於生活資料的競爭沒有那麼迫切和殘酷；可以想像，由於他們的優越地位，當形勢要求制度進一步發展並做出調整以適應已改變的工業格局時，有閒階級的反應總是社會各階級中最遲鈍的。有閒階級是一個保守階級，社會中一般經濟形勢的要求不會毫無約束地直接衝擊到這個階級的成員。他們不必為了適應已改變的工業技術上的要求而改變生活習慣，或改變他們對外界的理論觀點，即使他們不這樣做也沒有任何損失，因為他們並不是工業社會中，一個完全意義上的有機組成部分。因此這種迫切的要求並不能輕易地使這個階級的成員對現狀產生某種程度的憂慮和不安；但只有這種憂慮和不安能使人們放棄他們習以為常的生活觀念和生活方式。有閒階級在社會進化過程中的作用就是阻礙社會潮流，保留腐朽、過時的事物。這並不是一個新奇的論點，而是長久以來人們的普遍見解之一。

富裕階級天生就是保守的，這是一個普遍認可的論點，無須借助這個階級在文化發展過程中所處地位和關係方面的任何理論觀點，就可以做出這一論斷。人們在解釋富裕階級的保守主義時通常帶有歧視的意味，認為富裕階級反對革新是因為它擁有那種不值得稱道的既得利益，而維持現狀可以保持那種既得利益。但在這裡要做出的解釋，沒有把它的保守性歸因於任何不值得稱道的動機。這個階級之所以反對文化結構的變化，完全是出於本能，而不是出於物質利益上自私的盤算；這是在事物背離了公認的習俗和觀念後人們會產生的一種本能的反感，這種反感是人人都有的，只有在環境的壓力下才會被克服。生活習慣和思想習慣上的任何變化都是令人討厭的。在這方面，富人與常人之間存在差別的原因，主要不是那種激起保守主義的動機，而是承受促使事物變化的經濟力量的影響程度不同。與其他人相比，富裕階級的成員不容易屈服於革新要求，因為他們沒有受到強制性的壓力。

富裕階級的這種保守性已經成為一個非常顯著的特徵，甚至漸漸被看作是榮譽的標誌。保守性既然是社會中比較富裕的，因此也是具有較高聲望的人的普遍特徵，它就有了很大的榮譽價值和炫耀價值。這已經成為慣例，以致在我們的榮譽觀念中自然地含有堅持保守主義的內容。任何人，要想保持相當的聲譽，過著免受社會指摘的生活，是非抱著這種保守態度不可的。保守主義是上層社會的特點，是正派的作風；與此相反，講求革新是下層社會的現象，是庸俗的習氣。我們之所以會對社會革新產生反感並加以排斥，其中最原始、最輕率的原因，就是我們認為這類事物在本質上是庸俗的。因此，即使我們有時候認識到某一革新者的主張確實有很多長處——這是很容易出現的情況，如果這個革新者要糾正的弊病在時間、空間或個人關係上與我們相距甚遠的話——也不免感到與這種人交往是令人不快的，最好減少和他的接觸。總之，革新是要不得的，是不好的舉動。

富裕有閒階級的習俗、行為和觀點，是其他社會成員一貫奉行的行為準則，這一事實增加了這個階級的保守主義的影響力，擴大了其勢力範圍。它使一切愛好聲名的人，把效仿有閒階級作為義不容辭的義務。既然富裕階級作為良好儀容舉止的榜樣而處於這樣崇高的地位，那麼其在社會發展過程中所產生的阻礙作用，就不能僅僅從人數上來估計了，其實際影響要比這個數字大得多。富裕階級一貫的示範性作用大大加強了其他階級對革新的抵制，它使人們熱衷於歷代遺留下來的那些優良制度。

有閒階級在阻礙傳統生活方式的調整時，還採取了另一種方式，達到了同樣的影響。這一在上層階級引導下的第二種方式，與上述本能的保守主義傾向以及對新思想方法的厭惡，並不嚴格屬於同一範疇；但是在這裡可以一併討論，因為它在阻礙革新與延緩社會結構發展方面與保守主義有許多相同之處。任何時期、任何民族流行的禮法、風俗和習慣，都或多或少具有有機統一體的性質。因此，任何一點在結構上的顯著變化，即使不會引起整個體系的全面革新，也會引起某些方面的變化和調整。當變化只涉及結構中的一個較小部分時，可能不會給傳統習俗的結構帶來明顯干擾；但即使在這種情況下，我們也可以有把握地說，這種變化會給整個結構帶來一些影響相當深遠的干擾。另一方面，當試行的改革涉及禁止或徹底改造傳統結構中處於首要地位的一種制度時，人們會立刻感到這將影響整個結構；人們也會感到，這種為使整個結構適應一個主要部分而進行重新調整的措施，即使不是一個難以預料的過程，也是一個痛苦的、令人生厭的過程。

要徹底改革傳統生活方式中的任何一個特徵都是極其困難的，要認識這種困難，只要想一想，在屬於西方文化的任何一個國家裡，要廢除父系制度、一夫一妻制、私有財產或一神信仰等制度，或要廢除中國的祖先崇拜、印度的種姓制度、非洲的奴隸制度等，想想這些會引起多大的騷動就夠了。在上述例子中，任何一項變革都會引起整個傳統結構體系的嚴重混亂，這一點是毫無疑問的。

要進行這樣的改革，必定會使人們的思想習慣，不僅在與問題直接相關的方面，而且在整個結構體系的其他方面，發生深刻的變化。任何對於這種變革的反感，實質上等同於對本質上異樣生活方式的畏懼。

善良的人們總是對於公認的生活方式上的變革感到厭惡，這是日常生活中司空見慣的現象。即使是對於比較微小的變革，諸如廢除英吉利基督教會、簡化離婚手續、確立女子參政權、禁止酒類製造與販賣、廢止或限制遺產制等，也常常會聽到這些人熱烈地向社會提出建言和忠告，強烈表達自己的觀點，認為這類改革會使社會蒙受影響深遠的危害。他們懇切地指出，這類改革將「徹底動搖社會結構的根基」、「使社會陷入混亂狀態」、「敗壞道德的基礎」、「使生活陷於不無法忍受的地步」、「擾亂一切事物的自然秩序」等。這類說法無疑是言過其實的，但這類說法和一切誇張的言論一樣，同時是一種強烈感覺的證明，其目的是要指出後果的嚴重性。他們感到這些改革擾亂了公認的生活方式，其影響不只限於簡單地改變為社會成員謀求便利的一系列設計之中的某一孤立項目，而是具有更加嚴重的後果。具有頭等重要意義的改革情況固然如此，一些重要性較小的變革情況也不容樂觀，只不過重要程度存在差別而已。對改革的反感，很大程度上是出於對改革引起的重新調整所造成的那種干擾和混亂的反感。任何民族、文化的制度體系都是一個有機的整體，任何一項制度都不是孤立的，這更加強了人們在思想習慣上對任何改革本能的抵觸，即使是一些不那麼重要的事務改革，情況也是如此。

人類各種制度的關聯性加強了改革的阻力，由此帶來的結果是，要想在任何改革中進行必要的調整，都必須付出比沒有這種制度時更大的氣力。令人感到不快的還不只是已經確立的思想習慣的改變。在變革公認的生活理論過程中，需要做出一定程度上的精神意志上的努力，在變化了的形勢下要判斷變革的方向，找到自己的位置，進行長期的艱苦奮鬥。這一過程中既然需要付出一定的精力，為了能成功完成使命，就得假定，除了日常生活中所消耗的精力之外，還需要蓄積實現變革的剩餘精力。由此可見，不僅人們的奢侈生活會阻礙進步，因為它斷絕了對現狀不滿而要求改進的機會；而且衣食匱乏，過於艱苦的物質生活，也同樣會阻礙進步。非常貧窮的階級，以及把全部精力都消耗在辛勤謀生上的人是非常保守的，因為他們沒有精力去考慮明天以後的生活。跟這些人一樣，那些富有階級，以及日子過得非常得意的人們也是非常保守的，因為他們沒有理由對今天的情況感到危機和不足。

根據這一點可以推斷，有閒階級制度會盡可能地剝奪下層階級的生活資料，縮減他們的消費、消耗他們的精力，以致他們沒有剩餘精力學習和接受新的思想習慣，這足以造成下層階級的保守性。既然金錢財富集中於金字塔形等級的上一端，那麼下一端就必然陷於貧困。眾所周知，如果某個地方的人民大批量地陷於極度貧困的境地，那麼這無疑是改革的一個阻礙。

除了因財富分配不均而造成的這種直接的、抑制性的影響以外，還有一個有輔助作用的間接影響也會產生相同的結果。我們已經看到，上層有閒階級在確定榮譽準則方面樹立了權威性的榜樣，助長了明顯浪費的習慣。明顯浪費是一切階級禮儀標準中的主要因素之一，明顯浪費的盛行雖然不完全是出於對富裕有閒階級的模仿，但毫無疑問，有閒階級的榜樣作用格外加強了人們對明顯浪費的實行和堅持。禮俗在這方面的要求是極為有力、迫切的，因此，即使財力雄厚、能夠大量消費超過最低生活所需之外的物品的那些階級，也往往把除滿足比較迫切的物質需要以外的可以自由支配的剩餘部分，用於禮儀準則要求下的明顯消費目的，而不用於物質的進一步增加和生活的進一步充實。並且，可利用的剩餘精力也多數用於獲取明顯消費或「明顯貯藏」用的物品。結果，出於金錢榮譽的要求，（一）除了明顯消費以外，僅留下很小一部分用於最低生活的需要；（二）除了用於生活上必需的物質以外，如有任何剩餘的精力，則用於金錢榮譽準則的方面。這一切都加強了社會中普遍存在的保守態度。有閒階級制度所以會對文化發展造成直接的阻礙，是因為：（一）有閒階級本身所固有的慣性；（二）有閒階級在明顯浪費和保守主義方面持續的示範作用；（三）這一制度本身所依據的財富與生活資源不均等分配制度所產生的間接作用。

此外，保持一切事物的現狀這一點本身就能給有閒階級帶來一種實際利益。在任何一個時期的主導環境下，有閒階級總是處於有利地位，因此任何變化如果與現有形勢相背離，都可能會對他們造成損失而不是對他們有利。僅僅出於階級利益的考慮，這個階級也會採取「多一事不如少一事」的態度，不會去改變本來已經使人滿意的局面。這一層利害關係的動機格外加強了這個階級的本能傾向，更加堅定了他們的保守主義態度。

有閒階級是社會結構中保守主義或復歸傾向的宣導者或媒介物。當然，這裡對有閒階級的這一任務並無頌揚或譴責之意。有閒階級對於一切革新的抑制作用也許是有益的，也許不是。究竟是有利還是有害，這在任何一個實例中都是決疑論的問題，而不是一般理論的問題。保守階級的代言人一般認為，假如沒有保守的富裕階級對革新進行抵制，那麼各種革新和嘗試將使社會迅速陷於無法維持、不堪設想的境地，引起嚴重的、災害性的反動。這個觀點（作為一個方針政策問題）也許有些道理，但並不屬於現在的討論範圍之內。

有的人對保守主義者加以責難，有的人認為有必要對輕率的改革進行抑制。讓我們先把這些問題放在一邊，無論如何，在環境的調整中，在所謂的社會進步或社會發展的過程中，有閒階級的作用始終是阻礙性的。可以用一句話來概括它們的態度：「不論是什麼，凡是現有的總是正當的」；而自然淘汰定律應用於人類的制度時，則會得出這樣的結論：「不論是什麼，凡是現有的總是不正當的」。這並不意味著，今天的制度對於今天的生活目的來說一無是處；而是說，這些制度必然存在某種程度的欠缺。因為生活方式不能與過去發展過程中，某一階段的總體形勢完全適應，所以制度的不正當性，不只在於當今形勢與過去形勢不同的時間間隔這一點。這裡使用「正當」、「不正當」等詞語，並非要表達什麼是應當做的而什麼是不應當做的。這裡只是從進化理論觀點（而不是道德觀點）的角度出發來使用這些詞語，以表明這些制度在實際進化過程中相容或者不相容。出於階級利益和階級本能，有閒階級制度透過勸說或一貫的示範作用，使現有制度上的失調長期存續，甚至使其退回到某些更加古老的生活方式；這種古老的生活方式與不久前遺留下來公認的陳舊方式相比，更加不適應當前形勢下的生活要求。

儘管我們已經談到了對過去事物的保守和留戀，但事實上各種制度依然處於不斷的發展變化之中。各種風尚和思想習慣都在不斷演進，各種習慣和生活方式也處於持續的淘汰適應過程之中。有閒階級的任務是對這種發展進行指導並從中阻撓，關於這方面的情況還可以展開討論；但就有閒階級與制度的發展關係來說，除涉及根本的或直接屬於經濟性質的一些制度以外，幾乎沒什麼可說的。在經濟生活的兩個不同目的中，這些制度——經濟結構——究竟適應的是這一個還是那一個，按照這一標準，它們大致可以分為兩類或兩個範疇。

採用古典術語的說法，這兩類制度是營利制度（institution of acquisition）和生產制度（institution of production），應用前幾章在討論其他關係時已經使用過的名詞，是金錢制度（pecuniary institution）和工業制度（industrial institution），換句話說，就是實現歧視性和非歧視性經濟利益的兩類制度。前一個範疇與「企業」有關，後一範疇與工業有關——這裡使用工業這個詞語的直接意義。一般不把後一類視為制度，因為它與統治階級不直接相關，我們很少把它算作法制或社會習慣上的問題。人們通常從金錢或企業兩方面來研究這類制度。在我們這個時代，人們，尤其是上層階級，主要考慮的就是經濟生活的這個方面。上層階級在經濟生活方面很少關心除商業利益之外的事項，而考慮社會事務也是上次階級義不容辭的責任。

有閒階級（有產業而不從事生產的階級）與經濟過程之間是金錢的關係，是一種獲利而不是生產的關係，是一種剝削而不是服務的關係。當然，間接地說，有閒階級的經濟職能或許對經濟生活的過程具有極其重要的意義，這裡絕不含貶低有產階級或工業巨頭的經濟職能的意味。這裡只是指出，這類階級與工業過程和經濟制度之間的關係的性質是什麼。它們的職能是寄生性的，他們所關切的是把他們可以移轉的財產都移轉為自己所用，保持住任何他們可以掌握的財產。企業界的習俗就是在這個掠奪或寄生原則的淘汰監督之下發展起來的。這種習俗是關於所有權的習俗，是古代掠奪文化間接性的衍生物。但這類金錢制度並不完全與今天的形勢相適應，因為它們是在過去那種不同於現在的形勢下發展起來的。因此，即使從金錢的效力來說，這類制度的適應程度也是不夠的。已經改變了的工業生活也需要從盈利方式上再進行改變；金錢階級關心的是金錢制度的改變，以便在獲得來自工業過程的、持續的、沒有矛盾的私人利益時，能夠達到最佳效果。因此，對制度的發展進行指導並使其適應構成其經濟生活的金錢目的，有閒階級在這一點上具有始終如一的傾向性。

許多法規和社會規範都有利於財產安全、契約實施、既得利益和金錢交易的便利性等，從這類法規中可以看出金錢利益和金錢習性是如何影響制度的發展的。它們會影響破產與破產管理、有限責任、金融與貨幣、工人聯盟或雇主聯盟、托拉斯與各種企業的合併等。這些方面法規和規範的改變，都受到這裡所說的金錢利益和金錢習性的影響。屬於這一類的制度結構，只對有產階級產生直接的影響，其影響程度的高低與有產程度的高低成正比，也就是說，與其列入有閒階級的等級高低成正比。但從間接方面來看，這些企業界的成規對工業過程和社會生活有著極其深刻的影響。因此金錢階級在指導制度發展的過程中，不僅在保持已有社會結構方面，而且在塑造工業過程本身方面，都對社會具有極其重大的意義。

這種金錢的制度結構及其改進的直接目的，是在更大程度上為和平而有序的剝削行為提供便利；然而其更深一層的影響，則大大超過了這個直接目的的範圍。這種改進不僅更加有利於企業的經營，減少了工業和工業之外生活上的混亂和波動，而且消除了那些需要運用敏銳辨別力的複雜事物，這使得金錢階級本身就成為多餘的。一旦金錢交易被縮減為日常工作，那些工業中的巨頭就可以不要了。不用說，這樣一個極端的演變要在不可確定的將來才能達到。在現代制度中有利於金錢利益的改進，在另一個領域裡，傾向於用「無靈魂的」（soulless）股份有限公司來代替工業巨頭，這樣做可以解除有閒階級在所有權方面的一個巨大職能。因此，有閒階級的勢力在經濟制度發展方面所引起的傾向，在工業上具有非常重要的意義。

有閒階級論

The Theory of the Leisure Class

—第八章—

古代遺風的保持

有閒階級制度不但影響社會結構，也對社會成員的個人性格發揮作用。一旦某一性格或某一觀點得到認可，成為生活的權威標準或規範，就會對認可它為規範的那個成員性格發生反作用。這一規範在一定程度上塑造了人們的思想習慣，對社會成員的秉性和性格傾向產生了淘汰性的監督作用。之所以會產生這種效果，部分是因為所有人的習性都受到了強制教化並與之相適應，部分是因為那些不相適合的個人和家族遭到了淘汰。只要是與公認的結構所要求的生活方式不適應的人類素質，就將或多或少地遭到排除或抑制。金錢競賽和工業脫離這兩個原則就這樣成為了人們的生活準則，並且在人們必須與之適應的環境中，成為了非常重要的強制性因素。

明顯浪費與工業脫離這兩個一般原則，之所以會影響文化的發展，部分是因為它們引導了人們的思想習慣，從而控制了制度的發展；部分是因為它們選擇性地保留了有利於有閒階級結構下生活便利的某些性格特徵，從而控制了社會的有效氣質。有閒階級制度對人類性格的塑造，其基本趨勢是循著精神上的遺存與復歸這個方向展開的。它對社會氣質的影響具有阻撓精神發展的性質。尤其在近代文化中，總體來說，這個制度有一種保守傾向。這是一個十分尋常的論點，但是在這裡指出，也許許多人會感到有些奇特。因此，不怕舊話重提和冗長繁複的罪名，對其邏輯依據進行簡要敘述，也許不是多餘的。

社會進化是人類氣質與思想習慣在集體生活環境壓力下的淘汰適應過程。思想習慣的適應是制度的發展。但是與制度發展相輔而行的，還有一個性質更重要的變化。不但人們的習慣會隨著形勢要求的變化而變化，而且這些不斷變化的要求也會使人類性格產生相應的變化。隨著生活情況的改變，社會的人類素質本身也發生了變化。近代人種學家認為，這種人類性格上的變化是在那些相對穩定和持久的若干種族類型或種族成分之間的選擇淘汰過程。人類總是傾向於復歸到或相當嚴密地保持某些人類性格類型，就其主要特點來說，這些性格類型，已經與不同於現在的過去生活環境相適應並被固定下來。

西方文化的人口中就包含著一些這種類型的、比較穩定的種族。這些種族在當今的人種遺傳中依然存在，但它們不是嚴格不變的模型，不是以其特有的、完全不走樣的形態存在的，而是以或多或少有些變種的形式存在的。種族類型的某種變化，是在種族及其混合種在史前與有史時期的文化發展中經歷了漫長的選擇淘汰過程而形成的。

這種由長期的延續性淘汰造成的種族本身必然的變化，研究人種遺存問題的專家們並沒有對此給予充分的關注。西方文化中的種族類型，由於經歷了這種比較近代的淘汰適應過程，形成了人類性格上兩個相異的主要變種；這裡要研究的就是這兩個變種，我們關注的是如果沿著這兩個相異系統中的任何一個繼續演變下去，可能給當今局勢帶來怎樣的後果。

這裡可以就人種學論點作一簡要敘述。為了避免麻煩，關於各類種族與變種及其相關的遺傳與生存的基本情況，在這裡做一簡單的大致說明，這種說明是不適合用於其他研究目的的。

在工業社會中，人們遺傳傾向大致可以歸納為以下三個主要的種族類型：長顱金髮型白人（the dolichocephalic-blond）、短顱淺黑型白人（the brachycephalic-brunette）和地中海沿岸高加索人（Mediterranean）；至於在我們文化中一些比較次要的、關係比較遠的種族，這裡姑且不做討論。在這些主要種族類型的範圍內，返祖遺傳至少循著兩個相異方向中的一個發生變化而形成兩個變種，即和平的或反掠奪型的變種與掠奪型的變種。就這兩個變種而言，前者比較接近於各自的一般類型，是其群體生活最初階段返祖遺傳的典型，這一點已被考古學或心理學證明。人們認為，這一變種體現了現代文明人類在掠奪文化階段、身份關係制與金錢競賽發展之前的，和平與野蠻的生活狀態下的祖先。此外，另一個掠奪型的變種則被認為是一些主要種族及其混合種近期變化的遺存，這些種族類型是在掠奪文化和準和平階段的後期競賽文化或正式金錢文化的塑造下，經過淘汰適應過程而逐漸演變的。

根據公認的遺傳法則，過去較為久遠環境下的一些種族性格特徵可能會遺留下來。在一般情況下，如果種族發生變化，其性格特徵將傳承下來，與其不久前的情況基本相近——這一現象可以稱之為遺存現狀。在這裡，這種遺存現狀指從後期掠奪文化與準和平文化階段遺留下來的性格特徵。

在一般情況下，現代文明人類在遺傳性格上有保持傾向的，正是這種近代的、經過遺傳存在的、為掠奪文化或準掠奪文化所特有的、人性的變體。對於未開化時期的奴隸階級或被壓迫階級的後裔而言，這一論斷要進行補充，但實際上需要補充的或許不像看起來那麼明顯。就全部人口來說，這種掠奪性或競賽性的變種，似乎沒有達到高度的一致性或穩定性。也就是說，現代西方人所繼承的人類性格，在構成其性格的各種特質和傾向的範圍或相對強度方面，並不是一致的。如果以群體生活的現代要求來衡量，具有現存遺傳特徵的人是略帶些古風的。現代人類在變異法則下的主要傾向是，復歸到一種比較古老的性格類型。另外，從個人身上所體現的、不同於一般掠奪氣質的那些返祖遺傳特徵來判斷，掠奪文化時期之前的那類變種，在各種氣質的分佈或相對力量方面，似乎具有更大的穩定性和均衡性。

個人趨向於保持在種族的早期變體與晚期變體之間的遺傳性格上的差異，構成西方民族數個主要種族之間也存在類似的差異，前一種差異為後一種類似的差異所掩蓋並淹沒。社會中的個人，總被認為是以十分不同的比例合併起來的各主要種族成分的混合種；於是他們就有了復歸到這一種或那一種合成種族類型的傾向。這些種族氣質上的差別，同種型的掠奪變體和掠奪期之前的變體，這兩者之間的差別是有些類似的；與短顱淺黑型白人相比，尤其是與地中海沿岸高加索人種相比，長顱金髮型白人更富於掠奪氣質，或者至少顯示出更多的暴力傾向。因此，當由於某一社會制度的發展或一些實際情感的演進，顯示出與掠奪性格的差異時，這種差異所表現的，究竟是不是向掠奪文化之前變體的復歸傾向，是無法肯定的。這或許是人口中某個「低級」種族成分逐漸佔有優勢的結果。此外，雖然證據並不明確，但種種跡象表明，現代社會中一些明顯氣質的變化，並不完全是由於幾個穩定的種族類型之間的淘汰過程。由此看來，這似乎是幾個種族類型的掠奪變體與和平變體之間的淘汰過程。

這種關於現代人類進化的推想，在討論中並非必不可少。這裡談到的一些關於淘汰適應的概念，假如用達爾文（Charles Robert Darwin）和史賓塞（Herbert Spencer）的術語和概念來代替，也會得出相同的一般結論。在這種情況下，在術語的使用上略有出入也是可以接受的。這裡泛泛地使用「類型」（type）這個詞，指的是氣質方面的變型，也許人種學家會認為這只是人種類型的細微變異，不能算作明顯不同的種族類型。但是，如果認為有必要在論證中做進一步明細的辨別，那麼做出這種明細辨別需要付出的努力，可以清楚地在上下文中看出。

如此看來，當今的種族類型是原始種族類型的變體。在未開化文化的教化下，這些種型經過了變化，之後其變化的形態在某種程度上被固定下來。具有遺存現狀特徵的人，是構成其本質的那些種族成分的——奴隸的或貴族的——未開化變體。但是這種未開化變體並沒有達到最高程度的一致性或穩定性。

未開化文化階段，也就是掠奪的和準和平的文化階段，雖然其絕對的持續時間是漫長的，但還是不夠長久、性質上也不夠穩定，不足以使種型產生高度的固定性。與未開化性格相異的變化時常發生，這樣的變化在今天更加顯著，因為現代生活狀況對背離未開化標準的傾向已經不再一貫地抑制。掠奪氣質並不能與現代生活的所有目的相適應，與現代工業更是格格不入。

人類性格與遺存現狀相脫離時，最常見的情況是復歸到較為早期的種型變體。這種早期變體，就是和平野蠻時期的原始狀態所特有的那種氣質。在未開化文化階段之前，普遍存在的生活環境與奮鬥目標，在某些基本特徵方面塑造並鞏固了人類的性格。當現代人們在遺存現狀的性格上產生變異時，就會有產生復歸到這種古老的、一般性格特徵的傾向。

當人類的群體生活可以被適當地稱為人類生活，但仍處於最原始的階段時，這種生活的性質似乎是和平的；在早期的環境與制度下，人類的性格特徵，也就是人的氣質和精神態度，雖然不可以說是懶惰的，但卻是和平的、非侵犯性的。出於這裡的研究目的，可以把這個和平文化時期視為社會發展的最初階段。就目前的討論而言，這一假定的文化初期的主要精神特徵，似乎是一種質樸而無系統的群體團結意識，對於一切為人類生活謀便利的方面，表現出愉快但絕非熱烈的態度，對於所理解的生活上的壓抑或不切實際，則表達出一種不安的反感。在掠奪期之前野蠻人的思想習慣中，存在著普遍重視有用的事物而鄙視無益勞動的觀念，雖然這種觀念並不十分熱切，但卻給個人的生活、個人與其他群體成員的日常接觸方式帶來了很大的約束力量。

這個最初的、未分化的和平文化狀態，如果只以文明社會或未開化社會的現有歷史時期中流行的習俗與觀念為依據來尋求其存在的確鑿證據，就會發現其存在的痕跡似乎是模糊不清、難以確定的，但是如果以普遍持續存在的任性特徵為依據，就可以在心理的遺存要素中找到其存在較為確切的痕跡。上述這些特徵似乎十分明顯地存在於掠奪文化時期被迫潛藏下來的種族成分中。那些與早期生活習慣相適的性格特徵，在以後的個人生存競爭中是沒有多大用處的，於是，氣質上不怎麼適合於掠奪生活的那些民族或種群就受到了壓制，被迫處於落後地位。

轉變到掠奪文化以後，生存競爭的性質在一定程度上發生了改變，由集體對非人類環境的鬥爭轉化為集體對人類環境的鬥爭。這一轉變使集體中各個成員之間的對立以及對立意識不斷增強。這時集體的生存條件以及在集體內取得成功的條件都出現了某種程度的變化；集體主要的精神態度也逐漸有了變化，從而使一類不同的秉性和習慣在公認的生活方式中處於正統的優勢地位。就這類古老的性格特徵來說，種族團結的本能被視為和平文化階段的遺存，這種本能也被稱為道德意識，其中包括誠實和公正的觀念，以及在純樸與歧視性表現下的工作本能。

在近代生物學與心理學的指導下，人類性格應當用習慣這個詞來表示，這似乎是唯一一個適當的詞語。這類生活習慣在性質上極為廣泛和普及，以致不能歸因於後期或短期教化的結果。這些生活習慣很容易在近現代生活的特有要求下受到暫時的抑制；這一點說明，這類習慣是上古時代教化的遺存，在以後改變了的形勢下，人們通常會被迫在一些細節上違背教化的意向。一旦這類特有要求的壓力被解除，原有習慣就會死灰復燃，這種情況無處不在。這一點表明，使這類性格特徵趨於穩固並融入人們精神結構的過程，必然經過了很長的時間，而且沒有發生過嚴重的中斷。至於這究竟是一個習慣（陳舊意義上）形成的過程，還是一個種族的淘汰適應過程，對這裡的論點不會產生嚴重的影響。

從掠奪文化到現在，在這個期間，與個人、階級對立的身份制始終存在。這種制度下的生活，其特點和要求涉及一些氣質特徵，這些氣質特徵絕不會在這個期間出現，也絕不會在這個期間得到鞏固。這類特徵很可能起源於更早期的生活方式，在開始廢棄或者至少是接近廢棄、若斷若續的情況下，經過掠奪與準和平文化時期依然有所殘留，而不是在這個後期文化階段中出現並穩定下來的。這類特性像是種族的遺傳特性，在掠奪階段及後期的金錢文化階段，雖然獲得成功的必要條件發生了改變，但這些特性仍持續存在。只要是遺傳的性格特徵，其經過傳承後就會具有一種韌性。每一個人類成員都在某種程度上具有這種韌性，因此它是以種族延續的廣泛基礎為依據的，上述這類性格特徵之所以能持久存在，靠的就是這種力量。

這裡所討論的性格特徵，即使在掠奪階段與準和平階段，經歷了極為殘酷而漫長的淘汰過程，也不會輕易地被消滅。這類和平的特徵在很大程度上與未開化階段的生活方式和基本態度格格不入。未開化文化的顯著特徵是，個人與個人之間以及階級與階級之間不斷的競賽和對抗。有些家族、個人幾乎不具有和平的原始秉性，對於他們來說，這種競賽訓練是十分有利的。這類平和秉性在這樣的訓練下有被消滅的趨勢；在受過這種訓練的人身上，這類秉性已經被明顯削弱。在某些地方，與未開化類型的氣質不符合不一定會遭到嚴厲的懲罰；然而即使在這樣的情況下，那些氣質上與主流氣質相左的個人和家族仍然受到了至少是有些一貫性的壓制。在有些地方，生活主要是集體內個人之間的鬥爭，這時，古老的和平特性將對個人的生活鬥爭造成嚴重阻礙。

在任何已知的文化時期，除了這裡所說假定的最初文化階段以外，或者在這個階段以後，那些善良、溫厚、公正、無差別的同情等先天稟性，不會明顯有助於個人生活的進展。具有這樣的稟性，可能對個人來說會保護他免受社會中多數人的苛刻對待，然而在居於多數地位的人看來，一個典型的正常人是不應當明顯具有這種品格的。但是，除了這樣的間接與消極的作用之外，這類稟性沒有其他可取之處。

在競爭制度下，個人在這種先天的秉性上越是薄弱，事業的成功機率越大。在金錢文化下，如果一個人不會良心不安，沒有誠實的信念，沒有同情心，在生活上沒有關懷與同情的概念，那麼這將在很大程度上促進其事業的成功。任何時期，在事業上能獲得高度成功的，通常都是這種類型的人；那種在財富或權勢方面經爭取而沒有取得成功的人是例外。「誠實是最上策」只不過在極小的範圍內有意義，而且只是表面上的、帶些詼諧的意義而已。

關於原始的、掠奪時期之前的野蠻人類特性，上面已試圖對其進行概括性的探討。在現代文明的情況下，從屬於西方文化文明社會的生活觀點來看，那種野蠻時代的人類特性並不能取得很大成就。野蠻時代人類的性格類型是在那種假定的文化階段下得以鞏固的；就那個文化階段而言，即使就和平的野蠻群體的目的而言，這種原始人固然有其經濟上的成就，但也有同樣多的、顯著的經濟上的失敗。這一點對任何人來說都是顯而易見的，只要他不在由憐憫之情而生的仁慈驅使下。一個原始人充其量也只是「一個聰明而無用的傢伙」。這種假定的、原始型的性格上缺點是軟弱無能、溫厚懶散、缺乏主動性和創造才能、具有強烈而沒有條理的萬物有靈的觀念。與上述性格同時存在的還有一些其他的性格特徵，這些特性在集體生活的過程中有一定的價值，因為它們可以促進集體生活的便利。這些特徵包括誠實、善良、溫順、和平、不重視競爭、對人對事不存在歧視性的利害關係。

掠奪階段的生活一開始，對於成功者性格上的要求就有了變化。人類的生活習慣必須與新的人類關係模式下的新要求相適應。同樣活動力的發揮，以前是在野蠻生活的一些上述性格特徵中表現出來的，現在必須改弦更張，遵循新的活動路線，在對改變了的刺激的另一套習慣反應中表現出來。從為生活謀便利的角度來看，那些極為適應早期情況的方式方法已不再適應新情況。幾乎不存在利害關係上的對立與分化現象是早期形勢下的特點，而競賽強度不斷提高，競爭範圍不斷縮小是後期形勢下的特點。掠奪階段及隨後的各文化階段特有的性格特徵，即在身份制下最適於生存的人性特徵，從其原始表現來說，是凶狠殘暴、陰險虛偽、自私狹隘和宗派觀念，是肆無忌憚地使用武力與欺詐手段。

在競爭制度長期的、嚴格的訓練下，對種族的淘汰使一些性格特徵居於相當顯著的優勢地位，而在這些性格方面具有較強稟賦的種族更適於生存。然而，那些更早獲得的、更為普遍的種族習慣，從未失去其在集體生活目的上的某種效用，從未處於嚴格意義上的中止狀態。

有一點值得強調，長顱金髮型的歐洲人之所以在近代文化中佔優勢並處於主導地位，是因為他們遺傳了大量掠奪階段的性格特徵。這類性格特徵，加上其在體力上的高度稟賦——這一點也許是各群體、各宗族之間淘汰的結果——足以使任何種族成分成為有閒階級或統治階級，在有閒階級制度發展的早期階段尤為如此。這並不是說，任何個人在性格傾向上達到與這裡所說完全同樣的圓滿境地，就一定可以出人頭地。在競爭制度下，個人勝利的條件並不一定與一個階級的勝利條件完全一樣。一個階級或一個黨派勝利的先決條件是強烈的團結意識、忠於領袖、對某種主義的堅持不懈；但對於競爭中的個人來說，如果他既有一個未開化者的精力、創造力以及虛偽、欺詐、自私等氣質，又有一個野蠻人所缺乏的忠誠與宗派觀念，能夠把兩者結合起來，那麼他就能在事業上一帆風順，達到勝利目標。順便一提，有些人以無偏頗的自私自利與良心上的無所顧忌為基礎獲得了輝煌的（拿破崙式的）勝利；但以這類人的體格特徵來說，其種族往往是短顱淺黑型的，而不是長顱白型的。但以個人利益為標準，那些能夠獲得適中成就的人，他們的體質往往屬於長顱白型的種族成分。

在競賽制度下，那些由掠奪的生活習慣所誘發的氣質，是有助於個人生活的持續與充實的；同時，如果把集體的生活作為一個整體來看，其生活如果也主要是與別的集體進行敵對競爭，那麼這種氣質同樣有助於集體的生存與勝利。但是在工業比較成熟的社會中，經濟生活的演進過程已經有了這樣的轉變，以致社會的利益與個人的競賽利益不再相同。這類工業發達的社會，就其團體的立場來說，在謀取生活資料或生存權利方面，其所處地位已不再是競爭者——除非其統治階級的掠奪傾向仍然保持著戰爭與劫奪的傳統。這些社會所處的環境與傳統的環境不同，已經不再受環境的壓迫而引起互相敵視。

這些社會的物質利益——至於集體榮譽方面的利害關係，可能是另一個問題——不但不再居於互相對立的地位，而且毫無疑問，任何一個社會的成就，對整體中任何其他一個社會生活上的充實將有所助益，這一點不但在眼前是這樣，在無限遙遠的將來也是這樣。任何一個社會如果要採取行動趕在任何其他一個的前面，已經沒有一個再能得到任何實際利益。但就個人以及人與人之間的關係而言，情形不完全相同。

任何現代社會的集體利益都集中於工業效能。個人對社會利益貢獻的大小，與他在世俗生產工作上的效能成比例。這時最有助於集體利益的性格特徵是誠實、勤奮、溫和、親善和大公無私，是對因果律的慣常認識和理解，是對一切事物進程的看法不摻雜萬物有靈信念，是不存在對超自然的干預方面的倚賴觀念。這類性格特徵還包括美感、德行的優美，一般的功德和高曠的意志這類平凡的人性，這是毋庸置疑的；如果這類特徵普遍存在，完美無缺，將給集體生活帶來怎樣的影響，也是毋庸深論的。這些都是題外話，總之，如果這類特徵能夠同時存在，並且發展到這樣的程度，使這類特徵的存在成為人類性格的突出現象；那麼對一個現代工業社會來說，算是獲得了最大的成就。為了能適應現代工業形勢下的環境，在一定程度上存在這類特徵是非常必要的。所有這類特徵，或其中的大部分，如果能在盡可能高的程度下存在，那麼這對現代工業社會那個複雜的、廣泛的、實質上是和平的、高度組織下結構的順利前進，是十分有利的。有些人在性格上是屬於掠奪類型的，從適應現代集體生活的目標來說，這些人所具有的上述特徵，顯然還不夠要求。

另一方面，在競爭制度下，人們最容易透過精明狡猾的買賣作風和蠻橫霸道的經營方式來獲得直接利益。上文提到的一些性格特徵固然對社會有利，對個人卻是有害的。具有這樣性格特徵的人，會把精力轉向除金錢利益外的其他目的；當他追求利益時，這類特徵將引導他到工業中間接而無實效的方面去尋求，而不是大刀闊斧、堅定不移地沿著生財大道去鑽營。對個人來說，傾向於工業的性格，始終是一個相當大的障礙。

在競賽制度下，現代工業社會中的成員，彼此之間是相互競爭的對手。就個體成員來說，那種性格特別剛戾，他們對一切都肆無忌憚，一有機會，就會欺騙或傷害他的同伴。對於這一切處之泰然、毫無良心自責的人，能最充分地追求並獲得個人的直接利益。

上面已經提到，現代經濟制度大體上可以分為兩個範疇——金錢制度和工業制度。工作方面也是同樣的情形。前者是與所有權或營利有關的工作；後者是與作業或生產有關的工作。上文在制度的發展方面所談到的，也同樣適用於工作方面。有閒階級的經濟利益在於金錢性質的工作；而工人階級的經濟利益則與兩類工作都有關係，不過主要在於工業類的工作。想躋身有閒階級的行列，就要從事金錢性質的工作。

這兩類工作所要求的性格特徵在實質上有差別，在兩類工作中得到的訓練也循著兩條不同的路線進行。金錢工作的訓練發揮了保持並培養某些掠奪傾向和掠奪意志的作用，其作用方式有兩種：一是對從事這一類工作的個人和階級進行教育；二是對不適合這一類工作的個人和家族進行淘汰、抑制和排除。只要人們的思想習慣是在營利與財產佔有的競爭過程中形成的，只要其經濟職能包含在以交換價值表現的財富的佔有範圍內，包含在經由交換價值來進行對財富的管理和融通這個範圍內，其經濟生活中的經驗，就一定會有利於掠奪氣質與掠奪思想習慣的存在和加強。在現代和平的經濟結構下，營利生活所形成的，當然主要是和平範圍內的那類掠奪習慣和掠奪傾向。也就是說，透過金錢工作使人日益精通和熟練的，是屬於欺詐的一般實踐，而不是屬於比較古老方式的掠奪式的一般活動。

這些傾向於保持掠奪氣質的金錢工作，是與所有權有關的工作；而與正式有閒階級的直接職能有關的恰恰是所有權，與其輔助職能有關的則是營利和累積。在經濟過程中，金錢工作所涉及的那一類人和那一類職責，與從事競爭工業的企業的所有權有關，尤其與列入金融活動的那些經濟管理的基本行業有關；此外，大部分的商業工作也可以列入這一範圍。這類職責得到了最充分的發展，成為「工業巨頭」的經濟職責。一個工業巨頭與其說是一個機敏幹練的人，不如說是一個狡猾奸詐的人，一個巨頭的職能是金錢性質的而非工業性質的。他對工業進行的管理，往往具有一種隨意獨斷的性質。至於生產與工業組織方面機械性的具體事務，則委託給頭腦不那麼「偏重實際」的下屬，也就是那些擅長實際操作而不擅長經營管理的人。還有一些非經濟的活動——政治、宗教和軍事方面的活動，就其日常進程中的教育與淘汰在塑造人類性格方面的趨向來說，也應當與金錢工作歸為同一類。

金錢工作帶有榮譽性，其榮譽程度大大超過工業工作。這樣就使有閒階級的榮譽標準，對適應歧視性目的的那些性格傾向的可貴，發揮了積極作用。因此，有閒階級禮儀方面的生活方式也促進了掠奪特性的持續和培養。於是，在榮譽性上，各種工作被分成了高低不同的等級。在各類經濟工作中，那些大規模的、直接與所有權相關的工作是最富於榮譽性的。其次是直接有助於所有權與金融活動的工作，例如銀行業和律師行業。銀行工作本身就帶有巨大所有權的意味；這一行業之所以具有聲譽，毫無疑問是基於這一事實。法律專業本身不含有巨大所有權的意味；但是律師行業除用於競爭的目的外，沒有任何實用性的色彩，因此它在傳統結構中居於很高的等級。一個律師要應付有關掠奪性欺詐的具體活動，有時推波助瀾，有時戳穿騙局。因此，人們把這種職業的成功看作在未開化的狡詐氣質方面天賦異稟的標誌，而這類氣質卻總是令人們敬畏的。

商業行為的榮譽性並不完整，除非它涉及的所有權成分較大、實用性較低。商業行為等級的高低大致上由它所滿足的需要是屬於高級的還是低級的來決定；因此經營大眾生活必需品的零售行業，只能與手工業和工廠工作相提並論。至於體力勞動，即使是管理直接操作的工作，是否包含榮譽性的成分，也是令人懷疑的。

對於在金錢工作中受到的訓練，有必要再進行一些補充說明。隨著工業企業規模的日益擴大，在金錢管理的具體工作中含有的欺詐和激烈競爭的特徵，已不像以前那樣明顯。也就是說，隨著與經濟生活中的這一面接觸的人逐漸增多，這類工作已經轉化為日常工作，對競爭者進行欺詐或侵奪的意味不再像以前那樣明顯。但得以擺脫掠奪習慣的那些人，大多數是企業僱傭的下級從業人員。由此可見，這裡的補充說明與所有權和管理的職責是沒有任何關係的。

至於直接從事生產技術工作和體力勞動的個人或階級，情況則有所不同。對工業中金錢方面的競賽與歧視性的動機、策略而言，這些人的日常生活並不是在同等程度上的這樣一個習慣過程。他們不斷接觸的是對機械狀況和程序的不斷了解和調整，是對它們在人生目的上的評價和利用。這些人所直接接觸的工業操作的教育作用和淘汰作用，足以使他們的思想習慣適應集體生活的非歧視性目的。因此，對這部分人來說，上述的那種教育作用和淘汰作用，加速了純掠奪習性與掠奪傾向被摒棄的過程，而這些習性與傾向是種族從未開化時代傳承而來的。

由此可見，社會中經濟生活的教育作用，並不是在一切表現上都完全相同的。與金錢競爭直接相關的經濟活動，具有保持某些掠奪特性的傾向；而與商品生產直接相關的工業工作，則大體上有一種相反的傾向。但是對於後一類工作的評判，應當注意，這類工作的從事者，幾乎都在某種程度上與金錢競賽事務有關（例如，決定工資與薪水時的爭執，購買商品時的討價還價等）。因此這裡對各類工作所做的區分，絕不是對各種類型的人也做了嚴格意義上的區分。

有閒階級在現代工業中承擔的工作，足以保持某些掠奪習性與掠奪傾向。那些參與工業操作階級的成員，他們所受的訓練足以使他們保留某些未開化的氣質。但是也應當注意到另一方面的情況，那些處境優裕、免於辛苦勞作的人，在體格和精神結構方面與一般人差別很大，也仍然可以使他們的特徵存在並傳承下去。在那些可以遠遠避開環境壓力的階級中，返祖遺傳特徵存在與流傳的可能性最大。有閒階級在某種程度上避開了現代工業形勢的壓迫，因此它應當能夠保存更多遺留下來的和平的或野蠻的氣質。這種異於常態的或具有返祖遺傳特徵的人，在按照掠奪期之前的傾向來展開生活活動時，不至於像下層階級那樣很快受到抑制或排擠。

事實上，這種情況似乎確實存在。例如上層階級中有不少人熱衷於慈善事業，熱情支持並積極參與各種改革和改良活動的，也同樣大有人在。他們為這類慈善和改革活動所做的努力，往往帶有一些原始野蠻人特有的「溫厚」和「散漫」的痕跡。但這類事實是否可以證明，上層階級比下層階級更有返祖遺傳傾向，仍然存在疑問。即使貧困階級在這方面具有相同程度的傾向，也很難找到表現的機會；因為，貧困階級沒有把這方面的意向轉化為事實的手段，也沒有時間和精力。根據事實的表面證據，是不能使人確信無疑的。

在做進一步的討論時還應當注意，今天有閒階級的成員是那些在金錢標準方面取得成功的人，由此推斷，他們所具有的掠奪性特徵應當在一般水準之上。要躋身於有閒階級的行列，就得從事金錢方面的工作。而這類工作經過淘汰和適應過程，只接受在掠奪的考驗下、在金錢的立場上適於生存的那些後裔。這些人達到了高水準以後，一旦顯示出像掠奪時期之前的人性復歸的傾向，就不免要被排除出去，重新降到較低的金錢等級。要保持有閒階級的地位，一個家族就得保持金錢氣質，否則其資產將化為烏有，其社會地位也將喪失。這樣的事例俯拾皆是。

有閒階級的組成成分處於持續不斷的淘汰過程中，那些與積極的金錢競爭格外適應的個人或家族，會從下層階級中脫穎而出。要爬上較高的金錢等級，一個有抱負的人不但必須在金錢氣質上達到相當高的程度，而且必須在這類稟賦方面達到足以克服其上升過程中巨大困難的突出程度。將偶然的意外情況撇開不談，暴發戶總是從千萬人中挑選出來的。

自從金錢競賽開始之後，或者說，自從有閒階級制度確立以來，對富人隊伍的選擇淘汰過程就在不斷進行。不過，淘汰的真正依據並非一成不變，淘汰過程的結果也不盡相同。在早期的未開化階段或純掠奪階段，是否適應淘汰的檢驗標準是勇猛（按照這個詞語的本義來說）氣質。那時，要想躋身有閒階級，一個有志於此的人就必須具有魁梧健壯、凶猛殘暴、蠻橫霸道、意志頑強等天賦和特質。要想累積並持續享有財富，這類稟賦必不可少。無論在哪個時期，有閒階級的經濟基礎都是對財富的保有，但在早期掠奪文化以後，積累財富的方式方法和保有財富所須具備的特質，在某種程度上發生了變化。

由於淘汰的結果，處於早期未開化階段的有閒階級，其主要特徵是勇敢地採取攻勢、保持清醒的身份意識和肆無忌憚地使用欺詐手段。在那時，有閒階級的成員透過勇猛的氣質來保持自己的地位。到了未開化文化的後期，在準和平的身份制下，人們逐漸有了固定的謀取和保有財富的方式。

直接的進攻和不受限制的暴力，在很大程度上已經被精明、狡詐和欺騙的手段所代替；後者成為累積財富最有效的方式。於是，一個有閒階級的成員需要有另一套不同的秉性和性格傾向。這時，蠻橫的攻勢態度以及與此相關的健壯體格、頑強的身份觀念，仍然是這個階級最突出的特徵。在我們的傳統觀念中，這些特徵仍然是典型的「貴族品格」。但是跟這類品格相關聯的，還有些在性質上不那樣咄咄逼人的金錢品格，例如深謀遠慮、謹小慎微和狡猾奸詐。隨著時間的推移，隨著金錢文化的現代和平階段到來，就適應金錢上的目的來說，上述後一類秉性和習慣的有效性在不斷提高。這時，要想躋身有閒階級之列，保持在有閒階級中的地位，就必須具有在淘汰過程中日益居於重要地位的這類品格。

時至今日，淘汰的依據已經發生了改變。現在，要想取得進入有閒階級的資格，所必需的品格只是金錢方面的品格。現在依然存在未開化的掠奪特性是意志的頑強和目標的始終如一，這個特性是掠奪時代成功的未開化者與被他所取代的和平野蠻人之間的區別。但是，不能說這一特性是在金錢方面成功的上流社會人士與工業階級的普通群眾之間的區別。普通群眾在現代工業生活中所受的訓練和淘汰，使這一特徵同樣具有重要的決定性意義。

意志頑強，可以說是使這兩個階級跟另外兩種類型的人——一種是沒有任何技能的廢物，一種是下層階級中的無賴——有所區別的標誌。在天賦資質方面，金錢工作者與無賴之間的對比，類似於工業工作者與善良無能的寄食者之間的對比。一個典型的金錢工作者正如一個典型的無賴一樣，把財力和人力肆無忌憚地拿來達到自己的個人目的，毫不顧及別人的心情與願望，也不顧及他的舉動所造成的更深遠影響；不同的只是，金錢工作者的身份觀念較強，在努力達到更為遠大的目標時，意志更加堅定，目光更加深遠而已。這兩個類型在氣質上的另一個相同之處是愛好「比賽」和賭博，喜歡從事無目的的競賽。典型的金錢工作者，在掠奪性格的一種併發變化方面，也奇妙地表現出與無賴的相似之處。無賴總是帶有濃厚的迷信色彩，對於命運、定數、預兆、預言以及占卜、符咒之類深信不疑。當處境順利時，這種習性容易表現為一種奴性的虔誠，他在表示這種虔誠時，往往偏重形式，注意形式上的一些細節；這類表現與其說是宗教信仰，不如說是對某種信念的熱情表現。就這一點來說，在氣質上與無賴有較多相似之處的是金錢階級和有閒階級，而不是工業生產者或無能的寄食者階級。

現代工業社會的生活，或者說，在處於金錢文化下的生活，經過淘汰過程發揮作用，促進某一範圍內的秉性和習性的保持和發展。當今這種淘汰過程的趨向，並不只是復歸到某一種特定不變的種族類型。它的趨向是使人類性格發生變化，變化的結果，在某些方面，和過去遺留下來的任何種型或變體都有所不同。進化的目標並不是單一的。在進化過程中確定為正常的那種氣質不同於古代變體的任何一種性格，不同之處在於較強的意志單一性和為目標努力時具有更強的堅定性。從經濟理論上來說，淘汰過程的目標在這一限度上總體來說是單一的；雖然在有重要意義的枝節傾向方面與這一發展路線有所背離。總之，除了這一總的趨向以外，發展路線並不是單一的。經濟理論在其他方面的發展是沿著兩條不同的路線進行的。從個人的才能或秉性的淘汰選擇上來看，這兩條路線可以稱為金錢路線和工業路線。從習性、精神態度或意志的保存來看，可以稱前者為歧視性的或自私的路線，後者為非歧視性的或經濟的路線。從智力和認識力在兩個方向的發展來看，前者是關於意向、定量關係、身份或價值的個人觀點，後者是關於因果、定量關係、直接效能或效用的非個人觀點。

金錢工作主要為使前一類秉性和習性活躍起來，經過淘汰作用使它們保存在人們中間。另一方面，後一類秉性和習性主要在工業工作中獲得保持並發展。透過詳盡的心理學分析可以看出，在這兩類秉性和習性中，每一類都只是某一氣質傾向不同形式的表現。由於個人是一個統一體，包含於前一類的那些秉性、意志和興趣，結合起來成為某一變型的性格表現。後一類的情況也是如此。上述兩種類型可以被視為人類性格表現的不同方面，對某一特定的人來說，他總是要一貫堅決地傾向於這一類或那一類的。

一般來說，金錢生活的傾向是保持未開化的氣質，但不是簡單重複，而是以欺詐、謹慎或管理才能，來取代早期未開化時代所特有的那種對於人身傷害的偏愛。這種以欺詐手段代替傷害行為的現象並不十分明確。在金錢工作的範圍內，淘汰作用非常堅定地沿著這個方向發展；但在利益競爭範圍外，金錢生活教化的效果卻不一定是相同的。現代生活中關於時間與財物消耗方面的教化，並不是為了斷然消除貴族品格或助長資產階級品格。那些早期的未開化特徵，在優越生活的慣有方式下是大有發揮餘地的。關於這種傳統生活方式的具體細節，與這一點有關的，在前幾章涉及有閒問題的內容中已經有所涉及，在下面幾章裡也要討論更多細節。

從已經談到的內容可以看出，有閒階級的生活和有閒階級的生活方式有助於保存未開化氣質，被保存的主要是那些屬於準和平的或資產階級的變體，但在某種程度上也保存掠奪變型的未開化氣質。因此，如果不存在干擾因素，就有可能發現社會各階級在氣質上的差異。在上層階級中應當看到貴族和資產階級的品格，也就是破壞性的和金錢的性格特徵；而在從事機械工業的階級中，應當發現的則是工業的性格，也就是和平的性格特徵。

總的來說，在不確定的情況下，情況確實如此；但這一檢驗標準並不能適應所有情況，也不像人們想像的那樣確定無疑。為什麼會這樣，有幾種可以指出的原因。任何階級多多少少都要參與到金錢鬥爭中：個人的成功或生存有賴於金錢的性格特徵得具備，對所有階級來說都是如此。不論何處，只要是金錢文化主導的地方，塑造人們的思想習慣和決定對立的各宗族生存命運的淘汰過程，大致上是在適於獲利的基礎上進行的。因此，如果沒有金錢效能總體上與工業效能互不相容這一點，那麼由於一切工作的淘汰作用，金錢氣質會居於絕對優勢。這樣的淘汰結果會把所謂的「經濟人」確立為人類性格的正常或確定典型。但「經濟人」只顧自己的私利，其唯一特徵是謹小慎微，因此，這種人對現代工業說來是沒有什麼用處的。

現代工業要求人們必須對現有工作具有非個人性質的、非歧視性的興趣。假使沒有這一點，精細的工業操作就不可能存在，實際上這樣一個操作制度也不會被構想出來。工作中的這種興趣，一方面使工人不同於罪犯，另一方面又使工人與工業巨頭有所不同。為了使社會生活能夠持續下去，勞動是必要的，於是某些職業範圍內發生了有限度的淘汰作用，這對崇尚勞動的精神傾向是有利的。但是也應當承認，即使在工業工作的範圍內，金錢性格特徵的淘汰也是一個不確定的過程。因此，即使在這一範圍內，未開化氣質也明顯存在。正是由於這一點，現在有閒階級的特性與一般民眾的特性在這方面並沒有顯著的差別。

社會的各個階級中存在著某些後天的生活習慣，這些習慣對遺傳的性格特徵的模仿十分逼真，所類比的特徵在整個民族中還獲得了發展，這就使關於精神結構方面的階級差別問題更加模糊不清。這類後天的習性，或模仿而來的性格特徵，絕大多數屬於貴族特性。

有閒階級一直處於榮譽的示範地位，其以下各階級接受了有閒階級的生活理論的許多特徵，以致整個社會堅定不移地不斷培養這類貴族特徵。由於這個緣故，這類性格特徵在廣大民眾中有了較好的生存機會；假如不是有閒階級的訓導和示範，這類特徵是不會有很好的機會生存並發展的。家庭僕役階級是這類貴族的人生，以及古老的性格特徵得以不斷流傳的重要管道。這類人透過和他們的主人階級的不斷接觸，耳濡目染，形成了美和善的觀念，然後他們把這樣的先入之見傳播給同樣出身卑微的同伴們，上層階級的思想觀念就這樣被傳播到整個社會；如果沒有這種媒介，觀念不會傳播得如此迅速。常言道「有其主必有其僕」，這句話的意義比字面上要深刻得多，上層階級文化中的許多因素之所以會如此迅速地為民眾所接受，原因就在於此。

還有一類現象，足以縮小金錢品格遺存中的階級差別。金錢鬥爭產生了一個在人口中占很大比重的營養不良的階級。這個階級缺乏生活必需品，或者說缺乏體面消費專案中的必需品。無論是哪一種情況，都為了獲得用來滿足日常需要的資料而加強了鬥爭，不論這種需要是物質層面的還是更高層面的。這時，個人為了避免不幸遭遇而辛勤勞作，竭盡全力以實現自己的歧視性目的，狹隘的利己主義色彩越來越濃厚。在這種情況下，工業的性格特徵由於沒有表現機會而日趨退化。因此，有閒階級制度，透過強制實行一種金錢禮俗方案，儘量從下層階級那裡汲取生活資料，由此發揮了使金錢的性格特徵得以在廣大人民中保存的作用。結果是，下層階級同化於原來只是為上層階級所獨有的那些性格類型。

因此，在氣質上來看，上層階級與下層階級之間並沒有多大的差別。但是，之所以沒有很大差別，還是因為有閒階級一貫的示範作用，因為有閒階級制度所依據的明顯浪費和金錢競賽的普遍原則為人們所廣泛接受。這個制度的作用足以降低社會的工業效能，阻礙人類性格適應現代工業生活要求。這個制度從保守的方面影響著一般的或有效的人類性格，主要有兩種方式：一種是由階級內部的傳承或有閒階級血統向階級以外的滲透，直接傳播古老的性格特徵；另一種是保存並強化古老制度的傳統，從而在有閒階級血統的滲透範圍之外，增加未開化性格特徵遺存的機會。

上述特徵在現代人類性格中是存在還是消失，人們在收集和分析與這一具體問題相關的重要資料方面，簡直一無所獲。因此這裡所持的觀點，除了對一些日常事實的散漫觀察以外，無法獲得具體資料的支援。要追求論證的完整性，就不得不求助於對日常事實的這類散漫觀察，即使像這裡所做的那樣略舉概要，在這方面的敘述似乎也難免平淡和繁瑣。在以下幾章裡還要進行一種片斷敘述，在這裡先請讀者見諒。

—第九章—

遺留到現代的尚武精神

有閒階級與其說是生存在工業社會裡的，不如說是依靠工業社會而生存的。它與工業的關係是金錢性質的，而非工業性質的。人們之所以能躋身這個階級，是由於金錢秉性的發揮，這種秉性不是關於適用性的，而是有關於營利性的。因此，構成有閒階級的人類素質，存在一個持續進行的淘汰更換過程，淘汰的依據是對金錢工作的適應程度。但這個階級的生活方式大部分是由過去遺傳而來的，其中包含許多早期未開化階段的習慣和觀念。這種古老的、未開化的生活方式，經過一種較為緩和的方式對下層各階級產生強制性的示範作用。這種生活方式和習慣經由淘汰和教育發揮作用，又反過來影響人類素質的結構，其作用主要是使早期未開化時代——即重視與掠奪生活的時代——的性格特徵、習慣和觀念得以保持。

關於那種掠奪時期所特有的古老人類性格，其中最直率、最明顯的表現是純粹的好戰傾向。當掠奪活動作為集體的生活方式時，這種傾向往往被人們稱為尚武精神（the martial spirit），或者像在近代那樣，稱之為愛國精神（patriontism）。在歐洲的文明國家裡，傳統的有閒階級與中產階級相比，更具有尚武精神；這一說法大概無須論證就可以得到人們的贊同。實際上，有閒階級也引以為豪，這無疑是有理由的。在一般人心中，戰爭是光榮的，英勇作戰具有無上的榮耀；而讚美這種英勇作戰的精神，本身就是好戰者掠奪氣質的最好證明。對戰爭的狂熱是掠奪氣質的指標，這在上層階級，尤其在傳統的有閒階級中最為盛行。此外，有閒階級表面上最重要的職務是從事政治事務，而就其起源和發展的內容來說，這也是一種掠奪性事務。

對於具有習慣性的好戰心理這一榮譽，唯一能勉強與傳統有閒階級抗衡的是下層無賴階級。在平常時期，廣大工業階級的作戰興趣比較單薄。這部分普通民眾構成了工業社會的實力，他們在沒有受到鼓動時，實際上對防禦戰爭以外的任何戰爭都是反感的；甚至當受到挑釁，不得不採取防衛態度時，他們的反應也是有些遲鈍的。在比較文明的社會裡，或者更確切地說，在工業已經達到高度發展的那些社會裡，普通民眾崇尚戰爭的進攻精神在逐漸退化。但這並不意味著，工業階級中含有不可遏制的尚武精神的人已經為數不多，也不是說，廣大民眾在一時的挑撥之下，不會燃起使用武力的熱情，正如今天在歐洲不止一個國家和美國出現的情況一樣。但是，除了出於一時衝動的情況，除了賦有掠奪類型的古老氣質的人，除了上層階級和下層階級中有類似稟賦的人，任何現代文明社會的一般群眾在這方面都具有相當大的惰性，以致除了遇到實際侵犯時的反抗以外，不可能實現其他戰爭。現在一般普通人的習慣和秉性傾向是，使人們的活動力往不如戰爭那樣驚心動魄的其他方面發展。

這種氣質上的階級差別，部分是因為各個階級在後天性格特徵的遺傳上存在差異，但在一定程度上也是因為與種族起源相一致的差異。有些國家的人口在種族上比較單純，而在另一些國家，構成其社會各階級的種族成分之間存在明顯差異；關於上述氣質上的階級差異，前一類國家不如後一類國家那麼明顯。關於這方面還可以注意到一點：在後一類國家中，與世襲貴族的上流社會代表人物比起來，有閒階級中的後起分子在尚武精神的表現上略遜一籌。這些不久前才從普通民眾中脫穎而出的暴發分子，之所以能躋身有閒階級的行列，是因為他們發揮了某些與古代意義下的尚武精神所不同的秉性和習性。

除了正式的戰爭活動以外，決鬥制度表現出一種高度的好戰性；而且決鬥是一種有閒階級制度。決鬥實質上是解決意見分歧的最終手段，是一個相當慎重的武力措施。在文明社會，只有當傳統的有閒階級存在時，決鬥的風行才能算作一個正常現象，並且只流行在這個階級範圍之內。但也有例外的情況：

（一）陸軍和海軍軍官，他們通常是有閒階級成員，同時經過特殊訓練以形成掠奪的習性；

（二）下層階級中的無賴，他們由於遺傳或教化，形成同樣的掠奪傾向和掠奪習慣。只有出身高貴的紳士和粗暴的莽漢，才會以打鬥作為解決意見分歧的正常手段。一個普通人，只有當一時被激怒或酒後失常，以致抑制了對挑釁刺激的習慣反應時，才會毫不猶豫地訴諸武力。這時他退回到了自決本能更為簡單、較少差別的表現形態，也就是說，他在一時之間不假思索，回歸到了古老的習性。

決鬥制度本是解決爭端和嚴重問題的最終方式，後來漸漸變成了一種義務性的、無故的私鬥，成為一種保持個人聲譽的社會職責。關於有閒階級的這類習俗，在德國學生中風行的決鬥就是一個典型的例子，這是好戰騎士風度的一種奇特的殘餘。下層階級中的無賴，或者說假冒有閒階級的暴烈分子，也有著類似的、雖然在性質上不那麼正式的社會責任——為了保持他的男子氣概，他有義務與他的同輩們進行無故的格鬥。社會各階層的男孩中，都盛行著類似的風氣。男孩在與其夥伴們日復一日的相處中，非常清楚地瞭解到彼此之間是如何以個人的相對戰鬥力來評定等級的；在孩子們的團體中，除非例外，否則不願或不能受邀參加格鬥，是無法保有榮譽的可靠基礎的。

這裡所說的情況適用於某種不十分明確的成熟限度以上的男孩。至於小孩，當他在日常生活中還未能脫離母親的懷抱，需要密切的監護時，這裡所說的一切都對他不大適用。在這樣的幼年時期，他還沒有顯露出進攻和對抗的性格傾向。由這種和平的性格轉變到男孩的攻擊傾向，在極端情況下甚至轉變為惡意的頑皮，是一個漸進的過程；完成這一過程，在某些情況下會比在其他情況下達到進一步的完整程度，包括範圍更廣的個人秉性。

在兒童成長的最初階段，不論是男性還是女性，這種積極的和攻擊性的自決態度都比較少見，那種要使他自身以及他的利益與他的家族利益相分離的傾向也並不顯著，他對於譴責、害羞和膽怯卻表現得比較敏感，需要與友好的人接觸。通常情況下，男孩的這種幼年特徵會逐漸而又相當迅速地消失，這種早期氣質會轉變為純粹的男孩氣質；儘管也有例外情況，即男孩生活中的掠奪特徵根本沒有出現，或者至多是細微、隱約地有所顯露。

對女孩來說，這種向掠奪階段的轉變，很少會達到男孩那樣的完整程度；而且在多數情況下，根本不會經歷這一轉變。在這樣的情況下，從幼年到青年和成熟階段的轉變，就只是一個從幼年時代的目的和傾向轉變到成人生活的目的、職能和關係的過程，是漸進的、無間斷的。總之，在女孩的成長中，很少存在掠奪間隔期；即使存在，女孩在這一期間的掠奪傾向和疏離態度也不像男孩那樣明顯。

對男孩來說，這種掠奪的間隔期是明顯存在的，而且要持續一段時間，大多在成年時結束（如果當真算是結束的話）。這個說法也許需要多加考慮。有些人並沒有發生從男孩氣質到成人氣質的轉變，或者僅僅發生部分轉變；類似的情況是很常見的。這裡所謂的「成人」氣質，指的是在現代工業生活中成年的個人所具有的一般氣質，這些人在集體生活過程的目的上具有相當的適用性，因此可以說是工業社會中有效的、普通的組成部分。

歐洲民族在人種結構上是多種多樣的。在某些情況下，即使是下層階級，也大部分由擾亂安寧的長顱金髮型白種人構成；而在另一些情況下，含有這一種族成分的主要是傳統的有閒階級。與上層階級或前一類民族中的各階級的孩子們相比，後一類民族中的工人階級的男孩們，其好戰習性似乎薄弱一些。

上述關於工人階級男孩氣質方面的推論，如果經過進一步充分與嚴密的考察後可以斷定是正確的話，將為好戰氣質是一個相當明顯的種族特徵這一觀點提供有力論據；由此看來，存在更多好戰氣質的，是構成歐洲各國的統治階級或上層階級的種型，即長顱金髮型白人，而不是那些國家裡的普通民眾，即構成被統治階級或下層階級的種型。

人們也許會認為，男孩的氣質與社會中不同階級所具有的尚武精神的強弱沒有什麼聯繫，但至少它可以證明這種好戰衝動的歷史根源非常悠久，比工業階級一般成人所具有的習性起源更早。在兒童生活中表現的這種氣質，以及許多其他特徵，暫時地、具體而微地再現了成人性格發展的某些狀態。按照這種理解，男孩對侵佔的偏好以及把自己的利益與他人相隔離的意向，應被看作是某種性格一時的復歸傾向，因為在早期未開化文化下、也就是純掠奪文化下，這類性格是正常的性格。在這一點上和其他方面一樣，有閒階級和無賴階級的性格表明，繼續存在於成人生活中的那些性格特徵是童年時代和青年時代的正常特徵，也就是早期文化階段正常的或慣有的特徵。除非能完全在種族根源上找到依據，否則將一無所長、狂妄自大的無賴和講求虛文、拘泥細節的君子與一般群眾區分開來的性格特徵，應當被看作精神發展處於停頓狀態的一種表現。與現代工業社會中普通成年人達到的精神發展階段相比，可以說這是一種未成熟狀態的標誌。我們馬上會看到，上層階級和最下層階級的代表人物這種幼稚的精神狀態，除表現為殘酷的侵佔與隔離傾向外，還表現在其他古老的性格特徵方面。

在正式的少年時代到成人時代的過渡期間，也就是在年齡稍大的學生中，流行著擾亂安寧的搗亂行為，這是一種無目的的、遊戲性的行為，帶有幾分組織性和計劃性，這毫無疑問可以說明好戰氣質的未成熟本質。一般來說，這類搗亂行為只限於青年時期。隨著年齡的增長，由少年逐漸轉入成人生活後，這類行為的發生頻率和劇烈程度均逐漸降低；這就使一個集體在個人的生活過程中，大體完成了從掠奪的生活習慣轉變到比較安寧的生活習慣的一次重現。在很多情況下，在個人還沒有脫離這種幼稚的狀態前，他的精神發展就陷於停頓，不再繼續演進，這使他的好戰氣質始終存在。因此，在精神發展上終於達到成人狀態的個人，一般都要經過一個暫時的、古老的性格階段，而這類性格特徵是和那些戰爭、比賽愛好者永恆的精神水準相一致的。當然，每個人在成年以後在這方面達到的精神成熟程度和健全程度參差不齊；有些人沒有達到一般水準，就成為現代工業社會中無法消解的天然人性的沉渣，成為進一步提高工業效能和集體生活充實程度的淘汰適應過程中的落伍者。

這種精神發展上的停滯狀態，不但表現在成年人直接與年輕人共有的那種凶暴的侵佔習性上，而且會間接地鼓動年輕人進行這類搗亂動作，促進凶暴習性的形成，並使之在年輕一代後來的生活中繼續存在；這就阻礙了社會向更為和平的氣質上進一步發展。如果富有這種侵佔習性的人處於在社會中引導年輕成員習性發展的地位，那麼他對保留和復歸尚武精神所產生的影響是極其深遠的。例如，近來有很多牧師和其他「社會支柱」，對於「少年軍」（The Boys' Brigade）以及一些類似的擬軍事組織的教導，就含有上述意味。近來竭力在高等教育機構中發展「大學精神」和大學體育運動等，也具有同樣的意味。

所有掠奪氣質的表現都應當被列入侵佔一類。這些現象部分是爭強鬥狠態度的簡單、直率的表現，部分是為了博取勇猛的聲譽而進行的有目的活動。一切運動比賽都屬於同類的一般性質，包括田徑運動、射擊、鬥牛、釣魚、職業拳賽、快艇競賽等，甚至不以消耗體力為明顯特徵的競技比賽也不例外。各種比賽活動，在對抗競賽的基礎上，使用各種手法，逐漸演變為以機巧與詭詐為依據，但這種轉變是無法在任一點上劃出一條明確的界線的。對比賽活動的喜愛，是基於一種古老的精神素質，是由於具有比較強烈的掠奪競賽習性。在一般稱為運動比賽或競技的活動中十分顯著的是，冒險侵佔和損害對方的那種強烈傾向。

人們在各種競賽中所流露的氣質，實質上是一種兒童時代的氣質，上面提到的各種掠奪競賽都帶有這種氣質，運動比賽與其他競賽相比更是如此，或者至少更為顯著。因此，對比賽活動的偏愛，是人們在精神特質的發展處於停滯狀態的顯著標誌。在一切比賽活動中，總不免帶有很大的偽裝因素，如果我們注意到這一點，那些運動愛好者的童年氣質就會格外明顯。兒童，尤其是男孩子們習慣進行的各種比賽和侵佔活動都帶有偽裝的性質，而成人的運動比賽也同樣帶有偽裝性質。這並不是說所有比賽活動都含有同等比例的偽裝成分，而是說一切這類活動中都明顯存在著偽裝的成分。在真正意義上的體育活動和運動競賽中，這一成分的存在比在戶內的技巧競賽中更為明顯，儘管這個通則不是在任何情況下都完全適用。

在各種戶外運動中，普遍存在著偽裝成分，例如我們會看到，即使是非常溫和、誠實的人，外出遊獵時也會攜帶過量的武器和其他裝備，目的是滿足他們完成想像中的任務這樣一種虛榮情緒。他們進行狩獵時，總會擺出些戲劇性的誇張姿態，昂首闊步，神氣十足，不論是潛行還是突擊，總不免帶些裝腔作勢的動作。體育運動的情況與此相同，總是帶上幾分囂張和做作，在表面上帶幾分神祕色彩；這些足以表明這類活動的戲劇性特徵。當然，這一切都會使人想到那種孩子氣的偽裝現象。此外，體育運動中的行話，大部分是帶有殺氣的詞語，是從戰爭術語中模仿而來的。要知道，在任何活動中使用特種行話，除了用作祕密聯繫的必要工具以外，也可以用於任何活動；這可以視為一種跡象，表明所說的這類活動實際上具有偽裝的性質。

比賽活動還有一個與決鬥以及類似擾亂安寧的活動不同的特徵，那就是除了侵佔與凶猛的衝動以外，其間還可以容許其他動機的存在。雖然就任何特定事例來說，其間很少有其他動機，但是沉迷於這類活動的人時常會舉出其他理由作為藉口，這說明其他動機有時候也可以附帶存在。喜歡從事戶外運動的人，諸如打獵、釣魚的人，往往以熱愛自然或需要精神調劑等作為他們嗜好這類活動的動機。無疑，這類動機是存在的，它們是這類戶外運動令人喜愛的原因之一；但這些不是主要誘因。這類表面的要求可以透過其他更便捷、充分的方式得到滿足，不必借助蓄意的行動來奪取生物的生命——這些生物是為戶外運動者們所喜愛的「自然」的主要點綴。實際上，這些人的活動產生的最明顯效果，就是把他們能力範圍內的所有生物置於死地，使自然景色長期地陷入一片荒涼。

然而這些戶外運動者們認為，在現在的習慣制度下，要接近自然並獲得精神上的調劑，只有遵循他們的做法才能獲得最大的滿足；這個說法是有依據的。過去的掠奪性有閒階級，已經透過示範作用樹立了某些禮儀準則，現在這個階級的代表人物仍煞費苦心地保持著這些準則。按照這些準則，他們是不能以其他方式接近自然的，否則就要受到非難。從掠奪文化時期流傳到現在的漁獵等活動，一向被認為是光榮的，是日常有閒生活中的最高形式，結果它們逐漸成為在禮俗上獲得充分認可的唯一戶外運動方式。

就打獵和釣魚這類活動的直接動機來說，也許確實存在精神調劑與戶外生活的需要這類動機。在蓄意屠殺藉口的掩蔽下使追求這些目標成為必要的、深層次的起因的，是一種舊的習慣勢力；除非甘願冒著損傷聲譽和自尊心的風險，否則是不可以違反這個習慣勢力的。

其他活動的情況也大致相似，其中體育比賽是最好的範例。按照榮譽生活的準則，那些活動、運動和娛樂的方式是被認可的，當然這裡也存在這方面的傳統習慣。那些體育運動的愛好者或欣賞者認為，這些活動是消遣和「發展體育」的最恰當方式；傳統習慣也支持這種看法。凡是不能列入明顯有閒的活動，都被榮譽生活準則排除在有閒階級的生活方式之外；因此，這類準則也傾向於透過習慣勢力把這些活動排除在一般社會的生活方式以外。同時，無目的的體育運動則被認為是單調乏味、令人生厭的。因此，像上文已經提到過的那樣，即使是其所提出的目標只是出於偽裝的某種活動方式，也要求助於在表面上說得過去的某種藉口。各種體育活動能滿足這一要求，因為這類活動在本質上是無用的，同時有一個表面的、偽裝的目的。

除此之外，它們還提供了展開競賽的餘地，因此具有吸引力。一種活動，為了符合禮儀上的要求，必須要與有閒階級的榮譽浪費準則相一致；然而，任何活動，作為一種習慣的——即便是部分的——生活表現，若要持續下去，就必須達到某種適用性的客觀目的。有閒階級準則要求嚴格而普遍的無用性，工作本能則要求有目的的活動。有閒階級的禮儀準則在於，把一切實用性或目的性的活動方式從已有的生活方式中逐漸淘汰出去；而工作本能的作用在於，一往直前地傾注於一個可能獲得暫時滿足的直接目的。工作本能發揮作用是比較遲鈍的，只有當某一特定行動中內含的無用性，已經反映到意識複合體，成為一個與生活中正常的、有目的的趨向相抵觸的要素時，才會對行為者的意識產生干擾和制止的作用。

個人的思想習慣構成了一個有機複合體，這個複合體必然趨向於生活過程的便利與適用。如果把不求實際或系統地浪費作為生活的目標，把它納入這個有機複合體並將其同化，那麼不久就會出現一種劇烈的反應。但是如果能把注意力局限在動作靈敏或競賽努力這些直接的、不必做深入思考的目的上，那麼有機體的劇烈反應也許可以避免。諸如打獵、釣魚、體育競賽等戶外活動，提供了發揮掠奪生活中動作靈敏和競賽性的凶猛與狡猾等特徵的機會。只要個人的反思能力相當薄弱，或者對自己動作的最終目的認識模糊，或者他的生活實際上受自然衝動的支配；那麼各種戶外活動暫時的、不加思考的目的性，就可以經過優勢的表現，大體上滿足他的工作本能。如果他的主要衝動，屬於掠奪氣質那種不作深刻思考的競賽性性格傾向，那麼情況更是如此。同時，禮儀準則將使他認識到，上述的各種戶外活動是在金錢方面無可指摘的生活表現。任何一種活動，之所以能成為正派消遣中傳統的、習慣的方式並保持這一地位，是因為它能同時適應內含的浪費性與表面的目的性這兩種要求。對於敏感的、有良好教養的那些人說來，由於其他消遣方式和運動方式在道義上是不被允許的，因此各種競賽運動成為了當今最適當的消遣方式。

但是，那些提倡體育競賽的上流社會成員，對他們自己和所接觸到的一些人證明他們在這方面的態度正確時，一般總是說，這類競賽是促進各方面發展的一個寶貴手段。這類競賽不但可以增強參加者的體格，而且能夠培養參加者和旁觀者的尚武精神。對於體育競賽的適用性問題，大概每個人首先想到的一種競賽就是足球；無論人們對體育競賽有助於體格或精神發展這一點表示贊成還是反對，在他們心頭首先浮現的都是這種體育競賽的形式。因此這一典型的體育活動可以作為一個範例來說明體育活動與參賽者身心發展的關係。有人這樣說，足球與體育的關係好比鬥牛與農業的關係；這個說法未嘗沒有理由。要保持這類消遣方式的適用性，需要勤勤懇懇的訓練和培養。所使用的資料，不論是畜類還是人類，必須經過審慎的選擇和訓練，以便保持並加強某些在野生狀態下所特有的秉性和習性，這類特徵在馴養狀態下會逐漸退化。

這並不是說，在畜類和人類兩種情況下，結果都是對野生的或未開化的身心習慣進行全面而徹底的恢復。實際上這是對未開化性格或野生性格的單方面恢復；也就是恢復和加強偏於破壞和損害方面的野生特徵，至於有助於在野生環境中自我保存和生活充實的那些特徵，則並不作相應的發展。對足球這類活動進行訓練，其結果是加強了凶暴和狡詐這類外來的習性。早期的未開化氣質在這種訓練中得到鼓勵與發揚，而氣質中的某些部分則受到抑制，從社會要求和經濟要求方面來看，這些部分卻是野蠻特性中的優點。

從體育競賽的訓練中獲得的體力——如果這種訓練能夠取得這種效果的話——有利於個人和集體，因為這種訓練有助於經濟的適用性。隨著體育運動而產生的精神特徵，與對集體利益發生的作用對比起來，情況截然不同，它在經濟上也是對個人有利的。在任何社會中，只要居民在一定程度上具備這類特徵，情況都是如此。現代的競爭，大部分是以這類掠奪的性格特徵為基礎的自決過程。這類性格特徵以非自然的形式滲入到現代的和平競賽中，而對一個文明人來說，具有一定程度的這類特徵幾乎是一個必要條件。但對競爭的個人來說，這類特徵雖然是不可或缺的，卻對社會沒有什麼直接用處。

就個人對集體生活目的的適用性而言，競賽效能即使有用也是間接性的作用。在不與其他社會進行敵對的時候，凶暴和狡詐這類習性對社會沒有用處。而且，它們之所以對個人有用，只是由於有很大一部分的這類性格特徵活躍地存在於他所處的人類環境中。任何個人，如果在這類特徵方面沒有一定的稟賦，就會像一隻沒有角的小牛在有角的牛群中一樣，處於不利地位。

之所以要擁有和培養掠奪的性格特徵，除了經濟上的原因以外，還有其他原因。在審美或道義方面，對未開化秉性也普遍存有偏好，而上述一些特徵可以十分有效地滿足這種偏好；因此，這些特徵在審美或道義方面的適用性，也許可以抵消它們可能產生的經濟方面的非適用性。但就這裡的討論目的來說，這一點是與本題無關的。因此，從整體上來看，關於運動競賽的價值或適當性，或者關於它在經濟依據以外的價值方面的問題，這裡不準備進一步討論。

在一般人的心目中，運動生活培養的那種剛毅的氣質是值得讚揚的。用泛泛的口語來說，這類值得讚揚的品格是含有自信自強、親睦友好等成分的。但是從不同的角度來看，這樣值得稱道的品格通常也可以說成是凶狠殘酷或黨同伐異。一般人之所以認可和讚揚這類勇猛的品格，之所以把這類品格稱為勇猛，完全是因為這類品格對個人有用。社會中的成員，特別是那些在愛好準則方面可以起示範作用的階級，在這類習性方面擁有大量稟賦。在他們的影響下，一旦別人缺少這類習性，就會被看成是一個缺陷，而在這類習性方面具有一定稟賦則成為一個了不起的優點。掠奪者的性格特徵沒有在現代普通民眾中絕跡。這類特徵依然存在，任何時候以任何原因在情感上有所觸發，就能使它們極其鮮明地表現出來——除非感情上的這種觸發，與構成我們日常工作並有助於日常一般利益的那類活動相衝突。

從經濟方面來看，任何工業社會的普通民眾之所以能擺脫這類頑強習性的束縛，並不是因為這類習性已不復存在，而只是因為它們部分地、暫時地廢棄不用，退居下意識動機的隱藏狀態。這類習性仍然以不同的強度存在於每個人的意識中，在積極形成人們的動作和情感方面具有活躍力量，只要受到的刺激超過了日常的強烈程度就會發動。在任何情況下，只要個人沒有從事與掠奪文化格格不入的工作，其日常的興趣與情感沒有被這類工作所剝奪，上述一類習性就會體現出來。有閒階級及其附屬階級的某部分人就處於這樣的情況。新加入有閒階級行列的人很容易愛上運動競賽活動；因此，任何工業社會如果累積了大量的財富，足以使很大一部分人免於從事生產工作，那麼各種運動競賽和愛好這類活動的熱情就會得到迅速發展。

有一個極其平凡而常見的現象，也許足以說明，掠奪衝動並非均衡地存在於一切階級中。例如攜帶手杖的習慣，如果僅僅作為現代生活中的一個特點來看，充其量也不過是一件日常瑣事；但對這裡的論點來說卻具有重要的意義。這個習慣在各階級中廣為流行，特別是在有閒階級、運動競賽愛好者和下層階級的無賴階級中——也就是說，在一般的理解中，手杖是和那些階級聯繫在一起、不可分割的。此外或者還可以加上那些從事金錢工作的人們。而一般從事工業工作的人則沒有這樣的習慣。還需要指出，婦女們照例是不攜帶手杖的；除非她們體弱多病，而那是另一種不同的用途和情況。當然，這種習慣在很大程度上是一個禮俗問題；但是禮俗的依據，依然是在禮俗上起示範作用的那個階級的傾向。手杖有助於達到自我表現的目的，它表明持杖者的雙手在做有用勞動以外的事情，可以證明其有閒。但手杖也是一種武器，可以適應未開化時代一個男子的切身需要。任何人只要有一點凶暴的氣質，他手裡握著這樣一件具體的原始攻擊武器，就會感到莫大的安慰。

由於文字表達方面的關係，這裡所討論的一些秉性、習性和生活表現，在字裡行間無法避免一種不以為然的語氣。然而，對於所提到的各種人類性格或生活過程的任何一面，這裡並沒有加以反對或表揚的意思。這裡只是從經濟理論觀點的角度，來討論一般人類性格方面的各種因素，並依據其對於集體生活過程、便利性的直接經濟關係來對我們討論的一些性格特徵進行衡量並劃分等級。

也就是說，這裡是按照經濟的觀點來理解這類現象的；對於這類現象的評價依據是，當人類集體對環境以及對集體的目前與將來的經濟形勢要求下的制度結構做進一步調整時，這類現象在這個調整過程中產生的阻礙或者促進作用。對於這些目的來說，從掠奪文化階段遺留下來的那類性格特徵已經不那麼適用了。

即使在這個方面，有一點也不能忽視：掠奪者那種奮發的進取態度和持之以恆的精神，是一筆擁有很大價值的遺產。這裡試圖分析這類秉性和習性的經濟價值，同時也略微涉及其比較狹義的社會價值，而不再討論它們在其他觀點下的價值。對於這類比較原始的尚武精神的殘餘，如果以公認的道德標準來評價，或者更進一步，以審美的或詩意的標準來評價，則與現代工業生活方式的平淡無奇相對照，可能會獲得與這裡截然不同的價值。但所有這些都無關於這裡的研究主題，那麼沒有必要就這些問題發表意見。

這裡只需注意一點：所有不符合當前研究目的的其他標準，對於我們對人類性格的這類特徵，或對於有助於這類特徵發展的一些活動所作出的經濟評價，絕不能有所影響。不論是那些積極參加運動競賽的人，還是那些對於運動競賽只持旁觀欣賞態度的人，這個說法都是適用的。這裡就運動競賽傾向所提出的觀點，同樣適用於隨後要談到的關於宗教生活的種種評述。

上一節附帶提到了這樣一個事實：用日常用語來討論一類秉性和活動，不免會帶上些反對或辯解的意味。這一點具有重要意義，它說明了一個胸無成見的普通人，對運動競賽以及一般侵佔活動中表現出來的一些習性所持有的習慣態度。一些長篇論著在維護或讚揚體育運動以及主要屬於掠奪性的其他活動時，不免充滿一種隱約的反對語氣；關於這一點，如果以這裡的內容為討論依據，也許是同樣方便的。關於從未開化生活階段遺留下來的多數其他制度，在一些代表著作中，也可以看到同樣的辯解態度。這裡可以舉幾個人們認為有必要加以辯解的古老制度：有關財富分配的現有制度以及由此形成的身份制度和階級差別；屬於明顯浪費項下的所有或幾乎所有的消費方式；族長制下的婦女地位；關於傳統教義和信仰方面的特徵，尤其是在教義方面以及對公認教義的直接理解下的那些通俗表現。因此，這裡要說的關於讚揚運動競賽以及競賽特性時所採取的辯解態度的一些話，只要在措辭上進行適當變換，也同樣適用於我們的社會遺產中其他有關因素所提供的那些辯解論調。

通常人們總認為運動競賽以及作為競賽特性基礎的掠奪衝動和思想習慣是不完全與常識相切合的。雖然辯解者本人表達這種感覺大都比較含糊，一般不是明確地說出來，但是通常可以從他的語氣當中體會得到。「就大多數的行凶者來說，他們是十分下流的人。」在道德家的觀念中，這一格言表明了對掠奪氣質及其公開表達和運用的訓練效果的評價。掠奪性格對集體生活的有效程度，思想成熟的人經過冷靜的觀察究竟會持有怎樣的看法，從這句格言裡似乎可以找到一些線索。人們總是對牽涉到習慣性掠奪態度的一切活動都抱有反感，因此那些為復興掠奪習性而辯護的人，那些為加強這類習性的活動而辯護的人，就有了舉證的責任。社會上存在贊成上述這類消遣方式和冒險行為的強烈感情，但是同時也存在認為這種感情缺乏正當依據的想法。人們通常會以以下看法來作為必要的正當理由：雖然運動比賽這一活動實質上具有掠奪性，發揮著分化社會的作用；雖然在其直接影響下導致的一些與現代工業社會不相適應的習性的恢復，是與工業不太適應的；但是間接的、更深一層的來看——經由一種不大容易理解的對立歸納法（polar induction）或對抗刺激法（counter-irritation）——卻可以認為運動比賽培養了一種有利於實現社會目的或工業目的性格和思想習慣。也就是說，運動比賽雖然實質上具有歧視的侵佔性質，但由於某種間接的、未知難解的原因，結果卻促進了一種有益於非歧視性工作氣質的發展。人們試圖依據經驗來證明這一切，或者把它看作經驗歸納的結果，任何人只要留心關注就必然會明白。在對這一論點進行論證時，人們故意精明地避開了做出由因到果的推論時站不住腳的依據，只是表明運動比賽有助於養成上面提到的「勇敢品格」。但是需要在經濟理論上加以解釋，證明其正當性的，也恰恰是這些勇敢品格；於是應當在這裡開始的種種證明，卻在這裡中斷了。用最籠統的經濟術語來說，這種辯解努力表明的是，無論事理上的壓力是如何不可抗拒，運動比賽實際上促進了可以寬泛地叫作「作業」的事物發展。這就是運動比賽的效果——在這一點上，如果思想豐富的辯護者沒能夠說服自己或者別人相信這一點，他是不會感到滿足的；而一般來說，也應當承認他是得不到滿足的。他對自己在這個問題上辯護的不滿情緒，通常表現在他進行辯解時急躁蠻橫的語調，以及渴望他人同情和支持其觀點時的急切心情。

但是，為什麼需要辯解呢？如果支持運動比賽的感情在民眾中間普遍而有力地存在，為什麼這一事實不能算作充分而正當的理由呢？人類在掠奪文化與準和平文化下經受了尚武精神的長期教化，已經把一種表現為凶暴和狡詐的氣質遺留給現代的人們。既然如此，為什麼不承認這類活動是正常和健全的人類性格的正當表現呢？除了表現在這一代人情感當中的、包括剛勇這一遺傳性格在內的一系列習性所構成的規範以外，究竟還有什麼別的規範呢？我們說，人們要進一步訴求的一個隱藏規範就是工作本能，這是一種比掠奪的競賽習性更基本、更古老的本能。雖然絕對地說，掠奪的競賽習性也是極其古老的，但它只是工作本能的一個特殊發展，一種變形，相對來說是後起的，經歷的時間比較短暫；競賽性的掠奪衝動——或者完全可以說成是運動比賽本能——是從原始的工作本能演化和分化而來的，與作業本能相比，其本質上是不穩定的。掠奪競賽，因此也就是運動競賽生活，是經受不住這個生活隱藏規範的考驗的。

有閒階級制度有助於運動比賽和歧視性侵佔這類活動的持續存在，但這一促進作用用三言兩語是無法解釋清楚的。從已經列舉的例證看來，有閒階級與工業階級相比，前者在感情和意向上似乎更傾向於好戰的態度和精神。關於運動比賽，情況似乎大體相同。但是對於有關運動比賽生活的普遍情緒，有閒階級制度主要經過禮儀生活準則間接地發揮作用。這種間接效果幾乎毫無疑問地表現在促進掠奪氣質和掠奪習慣的持續存在上，甚至對於高級有閒階級的禮法所排斥的那類競賽生活的變體，如職業拳擊、鬥雞以及在競賽習氣下的其他粗俗表現也是如此。不管最近確證的詳細禮儀規範怎麼說，有閒階級制度已經認可的禮法準則，總是絕不含糊地表明，競賽和浪費是正當的，而與之相反的事物是不光彩的。處於社會下層中陰暗角落的人們，不可能充分理解或完全掌握禮儀準則的全部細節，因此，他們便在不假思索的情況下運用那些顯著的基本禮儀準則，而對準則的適用範圍，或得到認可的詳細例外情況，卻不去深究。

酷愛運動比賽是有閒階級一個非常突出的特點，這不但表現在有閒階級成員的直接參與上，而且表現在他們對體育活動在感情和精神方面的支持上；這是有閒階級與下層社會中的無賴階級所共有的特徵，也是整個社會具有強烈的掠奪氣質，也就是具有返祖遺傳性格的那些人所共有的特徵。在西方文明國家的民眾中，缺乏掠奪本能並對一切體育運動和競技都不感興趣的人是很少見的；但工業階級中的普通人，他們對運動比賽的愛好不是那麼熱烈，還沒有達到可以恰當地稱為具有運動習慣的程度。對這類工業階級說來，運動競賽是偶爾的消遣，而不是生活中的一個顯著特徵。因此，不能說這部分普通民眾促進了運動競賽這一性格傾向的形成。在工業階級中的普通成員中，甚至可以說在絕大多數的成員中，愛好運動比賽的傾向不是完全不存在的，一般說來普通工業階級對運動競賽的愛好帶有潛意識的性質，多少只是把它作為偶爾寄興的消遣，而不是把它作為生活興趣中一個不可或缺的、持續存在的愛好，更不能把它作為構成思想習慣有機複合體的一個主要因素。

這種表現在今天的運動競賽生活中的性格傾向，也許看起來並不是一個具有重大影響的經濟因素。僅就其本身而言，這種性格傾向對工業效能，或者對一個人的消費，並沒有什麼重大的直接影響；但是，以這一傾向為典型特徵的人類性格類型的廣泛流行和發展，卻是個具有一定重要意義的問題。不論在經濟發展的速度方面，還是在這種發展所產生的結果的性質方面，這種性格類型都會影響集體的經濟生活。無論如何，既然大眾的思想習慣在一定程度上受這種性格類型的支配，這一事實必然會對集體經濟生活的範圍、趨向、標準和觀念以及集體生活對環境的適應程度，產生重大影響。

應當指出的是，構成未開化性格的一些其他特徵也有類似的影響。從經濟理論上來說，可以把其他未開化特徵看作掠奪氣質的伴生變異，尚武精神就是這類性格的表現。這類特徵在很大程度上根本不是經濟性質的，也沒有多少直接的經濟意義；但是它們有助於表明具有這類特徵的個人所適應的經濟演化階段。因此，其重要意義在於它可以作為一種檢驗含有這類特徵的性格對當今經濟要求的適應程度的外在標準。但其自身作為眾多秉性中的一種，對增加或減少個人的經濟適用性具有一定程度的重要意義。

在未開化階段，尚武精神主要表現在兩個方面——暴力和欺詐。這兩種表現形式，也在不同程度上存在於現代的戰爭、金錢工作和運動競賽中。這兩類秉性都是在運動生活和嚴肅的競賽生活中被培養和加強的。謀略或狡詐是運動競賽的必要因素，這一因素同樣也存在於戰爭和狩獵中。在這些活動中，謀略往往發展為奸險和欺詐。在任何體育比賽或一般競賽的程序方法中，欺詐、做作和恐嚇總是佔有穩固的地位。每種競賽都要聘請裁判員，制訂許多精密的技術性規則，以控制可容許的欺詐手段和謀略優勢的限度和細節。這些都充分說明，用陰謀詭計來戰勝對手的做法並不是競賽中偶然存在的特點。必然的是，進行這類競賽活動會導致欺詐習性的進一步發展。如果那種促使人們愛好運動競賽的掠奪氣質在社會中流行，那就意味著狡詐風氣也會盛行，人們會漠然不顧他人的利益——無論是個人利益還是集體利益。無論用什麼藉口，也無論是否在法律和習慣的掩護下，欺詐都是一種狹隘的自私心理的表現。關於運動競賽的這一特徵，其經濟價值已經顯而易見，這裡沒有必要再進行詳述。

還應當指出，從事體育和其他競賽的人，最容易感染到的外貌特徵是極度的機敏狡黠。因此，不論在推動競賽活動方面，還是在賦予機敏狡黠的參賽者在同伴中的聲譽方面，尤利西斯（Ulysses）的天賦和功績絕不比阿基里斯（Achilles）遜色。當一個少年，經過了入學考試，踏進了任何一所著名的中學或大學後，要使其性格同化於一個職業的運動選手，第一步通常是使他養成一種狡黠的姿態。凡是對體育比賽、競技活動有強烈興趣的人，總喜歡保持這種機敏狡黠的姿態，作為一個外貌特徵，他們在這方面是從來不肯放鬆的。在下層懶漢階級的成員中，這種狡黠姿態也往往表現得非常突出，那種戲劇性的誇張態度，與一個謀求體育榮譽的年輕選手常有的態度非常相似，這裡再一次表明了這兩類人在精神上是一脈相通的。順便指出，有人粗俗地把這類年輕人的態度叫作「無法無天」，而上述性格表現正是這方面最明顯的標誌。

可以說，一個狡猾或乖巧的人對社會沒有什麼經濟價值，除非是在與其他社會打交道時使用欺詐手段。他的功用並不在於能對一般的生活過程有所推進。就其直接經濟意義來說，這種品格所發揮的作用，充其量是對集體的經濟實質有所轉變，使之向與集體生活過程背道而馳的方向發展。這與醫學上良性腫瘤的情況十分相像，其變化的趨向超過了劃分良性與惡性的那個不確定界線。

凶暴與狡黠這兩種未開化的性格特徵，構成了掠奪氣質和掠奪的精神態度。兩者都是狹隘的自私心理的表現，使個人在生活中追求歧視性成就變得得心應手。兩者也都具有很高的審美價值，因為它們都是金錢文化的結果。但兩者在集體生活的目的上是一無是處的。

有閒階級論　The Theory of the Leisure Class

第十章

相信命運

賭博習性是未開化氣質的另一個附屬特徵，是性格的伴生變化，普遍存在於熱愛運動、戰爭以及競賽活動的人們中。這一特徵有直接的經濟意義。一般認為，它的過分發展對任何社會來說都是實現總體最高工業效能的一個障礙。

如果將賭博習性看作完全屬於掠奪型人類性格的一個特徵，是不太準確的。賭博習性中的主要因素是相信命運，從本質上來看，這種信念應當可以追溯到人類進化過程中的掠奪文化階段以前。對命運的信賴，大概在掠奪文化時期就已經發展到目前的形態，從而成為在運動比賽氣質中賭博傾向的主要因素。它之所以在現代文化中以這樣的形態出現，主要是因為掠奪階段的薰陶。但相信命運實質上是比掠奪文化更古老的一種習性，是萬物有靈觀念的一種表現形式。這種信念似乎是更早時期的一個特徵，這種文化的實質從那個時期流傳到了未開化文化階段，然後經過那個階段的變化，在掠奪訓練所賦予的那種形態下，流傳到了人類發展的後期階段。但無論如何，應當把它看成是一個古老的性格特徵，從非常久遠的過去流傳下來，多少與現代工業操作的要求有些不相適應，而且對實現集體經濟生活的最高效能來說，多少是一個障礙。

相信命運雖然是賭博習性的基礎，但並不是賭博習性所包含的唯一因素。人們對力量與技術上的競爭還有一個更深層次的動機；如果沒有這一動機，相信命運決不會成為競賽生活中一個顯著特徵。這個更深層次的動機是一種期望，是預期可以獲勝者，或預期可以獲勝的那一方的參加者，他們希望以失敗者為代價來增進自己這一方的優勢。下的賭注越大，金錢上的得失也越大，強者一方所獲得的勝利越顯著，失利一方在失敗中所遭受的痛苦和恥辱也越大；儘管賭注本身也是一個不容忽視的重要因素。但事實不止如此，下賭注時一般還有這樣的目的——賭注本身就足以幫助下注者取勝，雖然這並不用言語來表明，甚至也沒有被明確認識到。賭博參與者還存在一種感覺，即為了這個目的所花費的物質和提心吊膽的心情，也會對結局產生影響。這裡有工作本能的一種特殊表現，支援著這種表現的是一種更為明晰的感覺，即基於萬物有靈觀念下的事物的一致性。當強烈的意向和能動力量調和並加強了事物內在的習性時，獲得這種意向和力量支持的一方必然能獲得勝利。我們在競賽中會支持自己認為會獲勝的那一方，直率地表現著這種下注的動機和心情，而這一點無疑具有一種掠奪特徵。表現在賭注上相信命運的態度，是隨著原有的掠奪衝動而來的。因此可以確定，就相信命運的態度表現為下賭注這一形式而言，應當把這種表現視為掠奪性格類型中的一個主要因素。本質上來講，這種信念是一種古老的習性，實際上是早期的、未經分化的人類性格；後來，這種信念被掠奪的競賽衝動推進，分化為賭博習性的特有形態，這種信念在這樣高度發展的特有形態下，應當被視為未開化性格的一個特徵。

相信命運是現象的順序關係中，一種「偶然的必然性」感覺。這種信念的多種多樣的變化和表現，一旦在任何社會中流行到了相當顯著的程度，就會對社會的經濟效能產生非常嚴重的影響。因此，這種信念的起源和內容，它的各種派生表現與經濟結構、職能的關係，都需要進行進一步詳細的探討；同時也要深入分析有閒階級與這種信念的成長、分化與持續存在的關係。從掠奪文化下的未開化民族那裡，或者是從現代社會中一個運動競賽者那裡，可以非常容易地看到這種信念充分發展的完整形態，其中至少含有兩個可區別的成分。這兩個成分應當被看作同一基本思想習慣的兩個不同狀態，或者在其演變過程中兩個連續狀態下的同一心理因素。

這兩個成分是信念在同一發展過程中的連續狀態，這一事實並不妨礙兩者共同存在於一個人的思想習慣之中。兩者之中比較原始的形態，或者說比較古老的狀態，是一種早期的萬物有靈信念，或者是對各種關係和事物持有的一種萬物有靈的意識，這種信念使人們將類似於人的性格賦予各種事物。在古代人的眼中，在他們所處的環境中，一切突發的或明顯是相因而生的事物，都具有一種類似於人的個性；他們認為一切事物都有意志力，或各種習性，這種習性滲入了起因的複合體並成為它的部分，從而不可思議地影響著事態的發展。運動競賽者對於命運和機遇，或者說偶然的必然性的觀念，是一種模糊不清或不太完整的萬物有靈觀念。這種觀念常常以非常模糊的方式與事物和局勢發生聯繫；但通常也具有一定程度的明確性，因此，涉及到技巧或機遇競賽中所使用的器具和附屬物時，這種觀念對於構成這類物品的固有習性的傾向，往往產生調和、哄騙和誘導的作用，有時候甚至是擾亂。在比賽中，那些運動競賽者幾乎都有隨身佩帶符咒或護身符之類的習慣，他們認為這些東西或多或少會有些效用。此外還存在一些同樣普遍的情況：在比賽中，人們一旦在下了賭注的那些選手或比賽用具上發現了不祥的預兆，就會本能地感到恐懼；對某一選手或某一方下了賭注後，會認為這確實而且應當會增強那個選手或那一方的力量；在他們看來，他們對某一方「吉星高照」的祝願或相關舉措是有實際意義的，不僅僅是玩笑而已。

這種相信命運觀念的簡單形態，就是對事物和局勢不可思議的目的性傾向的本能感覺。各種事物和局勢都有一種歸結到某一特定目的的傾向，無論人們認為這個目的是偶然產生的還是蓄意追尋的。從這個簡單的萬物有靈觀念出發，這種信念經由不被察覺的演進過程，逐漸轉變到上面提到的第二個派生形態，這就是對於一種不可思議的超自然力十分明確的信念。超自然力與之聯繫在一起的有形事物發揮作用，但在個性特徵上，是不能把超自然力與普通物體混為一談的。這裡使用「超自然力」這個詞語，並不在所謂超自然力量的性質方面含有更深層次的意義，只是指萬物有靈信念的進一步發展。這裡所說的超自然力，並不一定要視為完全意義上的人格化的動力，而是帶有一定程度上人格屬性的一種動作力，在比較隨意的狀態下影響所有冒險事業、尤其是競賽活動的結果。例如，人們對「哈民雅」（Hamingia）或「吉普塔」（Gipta）的廣泛信從，使冰島的英雄故事、也為德國早期的故事增色不少；這個例子證明了超自然傾向這一觀念對事物發展進程的影響。

信念的這種表現或形態，在習性傾向是很少被人格化的，儘管在不同程度上也被賦予了個性，而且有時候人們會認為這種個性化的習性傾向會屈服於環境——主要是精神的或超自然的環境。決鬥的斷訟法就是這類信念的一個顯著例證，在這種情況下，這類信念在這裡處於十分深入的分化階段，當人們懷著這類信念並求助於超自然力的時候，這種超自然力就已經在神人同形的觀念下人格化了。這裡將超自然力視為被邀請來的公斷人，要按照某種約定的依據，如參與者各方的公正或合法，來裁決競賽的結果。當前流行著一種信念，舉例來說，這種信念可以透過公認的一句格言來說明——「凡是知道自己理直氣壯的人，就會有加倍的力量」；即使在現代的文明社會裡，這句話仍然對一個不作深入思考的普通人具有重要意義。這裡存在著一種與上述類似的觀點，即在事態的演進中存在一種不可預測但勢必如此的趨向；作為一個晦澀難懂的因素，這一點可以在當前信念的某些跡象中追根溯源。對「哈民雅」的信徒或者認為冥冥之中自有神力主宰的這類信念，在現代人的潛意識中是模糊不清的，或者說是不確定的；並且在任何情況下，似乎總是與不明顯屬於萬物有靈性質的心理動因混合在一起。

上述對習性傾向的兩種萬物有靈理解，後者是由心理過程或種族遺傳由前者轉化而來的；這裡出於研究目的，沒有必要對這方面的心理演變過程以及種族遺傳問題作進一步深入的探討。在民族心理學或宗教教義和教派演變的理論研究中，這個問題也許是非常重要的。對於一個更具基本性的問題，即兩者在發展順序上是否作為相繼發生的狀態而相互關聯，情形也是如此。這裡提到了這些問題的存在，其目的是要說明，這裡的討論興趣並不在這些方面。就經濟理論而言，關於相信命運或事態的超因果趨勢或事態的習性傾向，這些方面的這兩個成分或狀態實際上屬於同一性質。它們作為思想習慣，會影響到個人對於其所接觸到的一些事物之間關係的習慣看法，從而影響個人對工業目的的適用性，因而具有經濟上的重要意義。由此可見，除了任何萬物有靈信念下有關美感、價值或仁慈的問題之外，它們在個人適用性方面所具有的經濟意義，涉及個人作為一個經濟因素，尤其是作為一個工業的動因，有其值得討論的地方。

上文中已經提到，在今天複雜的工業過程中，個人要獲得最高的適用性，就必須具有隨時從因果關係方面來理解事實並使之相互關聯的秉性和習慣。不管從整體還是細節上來看，工業過程都是一個定量的因果關係過程。對工人或對一種工業過程的指導者所要求的「智慧」，不是別的，只不過是對於從量上來理解和適應因果關係，必須具備一定的熟練程度。拙劣的工人缺少的正是這種理解與適應上的熟練程度；如果對工人的教育目的在於提高他們的工作效能，那麼這種教育所追求的目標就是增進這種熟練程度。

如果工人先天的稟賦或後天的培訓，使他無法依據因果關係或事實來瞭解事態和事態的演變，那麼他的工業效能或工業適用性就會降低。這種因喜歡按照萬物有靈的觀點來理解事實而使效能降低的情況，如果從整體來看，即將具有萬物有靈傾向的某一民族作為一個整體，就尤為明顯。與其他制度相比，萬物有靈的觀點對經濟的妨礙，在現代大工業制度下更加明顯，其影響也更為深遠。在現代工業社會中，工業是由互相制約的機能和作用構成的一個整體系統，這一傾向日益明顯；因此，從事工業的人要想提高效能，就必須完全擺脫偏見的影響，從因果關係上來理解各種現象。在手工業制度下，一個工人如果具有熟練的技巧與充沛的體力，並且刻苦耐勞，那麼這些優點就會在很大程度上抵消他在細心習慣上存在的偏見和弱點。

傳統式的農業與手工業有著類似的情況，兩者對勞動者的要求在性質上非常接近。在兩種產業中，勞動者自身都是它們主要依靠的原動力，而可利用的自然力量則被認為是不可捉摸的、偶然的動力，它的運作方式超出勞動者所能控制或自由處理的範圍之外。在一般的理解中，這類生產方式不同於工業過程。在工業過程中，必須依據因果關係來理解整個過程的決定性趨向，工業的進行與工人的動作必須與之相適應；而在這類生產方式中，則較少出現這樣的情況。隨著工業方法的發展，手工業者的那些長處越來越難以抵消其所存在的智力不足或接受因果關係時的遲疑不決。工業組織越來越顯示出一種機械結構的性質，工業人員的職能是辨別和選擇那些會產生有用效果的自然力量。工人在工業中的地位發生了變化，從肩負原動力變為抉擇和評價量的關係和直接事實。他要對其所處環境內的因果現象有迅速理解和公正評價的能力，這方面的經濟意義越來越重大；任何存在於他思想習慣複合體中的成分，如果摻入了與上述能力不相容的偏見，將越來越成為一個重大的干擾因素，足以降低他的工業效用。如果不以量的因果關係為依據來觀察日常事態而是存有偏見，那麼即使偏差非常輕微或並不明顯，這種偏見也會對民眾的習慣態度產生累積性影響，從而明顯降低一個社會集體的工業效能。

萬物有靈的心理習慣，可能以一種初始的萬物有靈信念的早期未開化形態出現，也可能以後期較為完整的形態出現，從而對事物的性格傾向加以神人同形觀念下的人格化。不管是這種活躍的萬物有靈觀念，還是那種求助於超自然力或神力指引的習慣，在工業上大體具有同樣的意義。就個人的工業適用性受到的影響來說，在這兩種情況下受到的影響是屬於同一類的。但是，當個人處理所處環境中的事物，習慣應用萬物有靈觀念或基於神人同形觀念的那一套定則時，在直接、迫切或專一程度上有所差別，因此這種思想習慣能控制或塑造個人的思想複合體到什麼程度，是以上述差別為依據的。在各種情況下，萬物有靈的思想習慣使人們對於因果關係的瞭解陷於模糊狀態，但是與神人同形觀念的較高形態相比，早期比較膚淺、不明確的萬物有靈觀念，對個人智力過程的影響也許更加廣泛、深入。當萬物有靈習性只是以原始而樸素的形態存在時，其應用範圍和限度是不明確的，或者說是沒有明確的界限的；因此，凡是在個人能夠接觸到生活中物質資料的地方，這一習性就會在個人生活的方面深刻地影響他的思想。萬物有靈觀念的後期、較為成熟的發展形態，經過神人同形觀念的雕琢而明確界定後，其應用範圍已經相當明確地局限於那類虛無縹緲的事物，於是那些範圍不斷擴大的日常事實，不再借助於表現萬物有靈觀念的那個超自然力來解釋。要借助於高度完整的、人格化的超自然力來理解和處理日常生活中的各種瑣碎事件，並不是一個便利的手段，因此很容易形成一種習慣，即以從因果關係的角度來解釋許多瑣碎或世俗的現象。但是，由此得到的臨時解釋，只是因為對瑣碎的事件漫不經心，才得以明確存在，個人一旦受到了特殊刺激或產生了困惑，就會恢復他對原有觀念的忠誠態度。當出現了特殊要求，也就是說，當特別需要充分而直接地求助於因果規律時，他如果具有神人同形的信念，就往往會求助於超自然力，把它作為一個萬能的解釋方法。

這種超越因果的傾向或動作力，作為一個解釋疑難的手段是非常有效的，但這種效用完全屬於非經濟性質。如果它在一致性和專門化方面達到了很高的程度，並具有了神人同形的神性，它就成了一個避難所和安樂窩。當一個人遇到一些難以用因果關係解釋的現象而感到困惑時，神力就會為他提供一個擺脫困難的手段；但除此之外，神力觀念還有許多長處。從審美、道德或宗教利益的觀點來看，甚至從政治、軍事或社會政策比較直接的觀點來看，神力有許多明顯、公認的優點；然而這些都不是這裡應當討論的。這裡要討論的問題是，把對這種超自然力的信念，視為影響信仰者的工業適用性的一種習慣時，它並不是那麼迷人，也不具備迫切的經濟意義。而且，即使在這個狹隘的經濟範圍內，也不得不把討論局限於這種思想習慣對信仰者在工業上適用性的直接影響，而不是擴展開來，將其較為深遠的經濟效果也包含在討論範圍內。

如果與這種神力進行接觸，能使生活提高到怎樣的程度，這是一個問題；這類更深層的經濟效果是很難探究的，當我們試圖對深遠的經濟效果進行探討，從而論證其經濟價值時，勢必會糾纏於當前的一些偏見，以致使探討在當前一無所獲。

萬物有靈的思想習慣對信仰者的直接影響是降低他的有效智力，而這方面的智力對現代工業具有極其重要的意義。不管人們信仰的超自然力或超自然傾向屬於較高的形態還是較低的形態，總是會在不同程度上產生影響。對未開化者和運動競賽者的命運觀念和習性傾向來說，情況確實是這樣的；對這類人通常具有的、在高度發展形態下的、對神力的信仰來說，情況也是這樣。發展較為充分的神人同形的信仰，迎合了宗教觀念比較濃厚的文明人的心理，對這些信仰來說，上述說法也必然是適用的；但是這一推論的可靠程度難以肯定。人們普遍堅持較高形態的神人同形信仰，會造成工業的效能下降，也許是比較輕微的下降，但也是不能忽視的。即使在西方文化中，那些高級形態的信仰，也絕不是超因果傾向這一人類意識的一個最後殘餘狀態。除了這類信仰形態之外，同樣的萬物有靈意識還表現在各種淡化了的神人同形信仰上，如十八世紀對自然秩序與天賦權利的訴求，如屬於現代典型的、關於進化過程的修正傾向表面上算是後達爾文主義的概念等。以萬物有靈來解釋各種現象是一種謬論，理論學者將其稱為「有理性的愚蠢」。從工業的或科學的角度來看，這樣的觀點對於理解和評價事實是一個莫大的障礙。

萬物有靈的思想習慣，除了在工業上的直接影響以外，對經濟理論也有某種重要意義。

一、這一思想習慣可以非常可靠地證明，還有其他一些經濟上具有實際重要意義的古老性格特徵同時存在，甚至在某種程度上相當有力地存在著。

二、基於萬物有靈習性而獲得發展的神人同形信仰，構成了宗教上的禮俗，這類禮俗所產生的結果有兩個方面的重要意義：（一）影響了社會對商品的消費和一般的愛好準則，這一點在上面的章節中已經提到；（二）引起並保持了對上級關係的習慣性認可態度，從而強化了流行的身份和效忠方面的觀念。

就上面（二）項提到的兩個方面來說，那些構成個人性格的思想習慣，從某種意義上算是一個有機統一體。在生活習慣的表現上，如果某一方面發生了顯著的變化，則在這類表現的其他方面，或在其他各類的活動中，也會隨之發生併發性變化。這些不同的思想習慣或生活習慣體現了個人單一生活過程中的所有方面；因此，由於回應某種刺激而形成一種習慣，必定會影響到對其他刺激做出反應時的性格。人類性格上的任何轉變，都是人類性格整體上的轉變。基於這個原因，或者在更大的程度上還基於一些這裡難以深入探討的、更模糊晦澀的理由，人類性格的不同特徵之間就出現了這些關聯性變化。例如，雖然未開化民族的生活屬於充分發展的掠奪型，一般也具有強烈而普遍的萬物有靈思想、完整的神人同形信仰和強烈的身份意識。另一方面，在未開化文化以前或以後的各文化階段，關於神人同形的信仰和對有形事物的萬物有靈傾向的現實意識，在各民族的生活中表現得並不突出。總的來說，和平社會裡的身份意識也比較薄弱。還應當注意的是，在掠奪期之前或野蠻的文化階段，活躍而略帶專門化意味的萬物有靈信念，存在於即使不是全部也至少是大部分民族中。與未開化人民或已經過蛻化的蠻族相比，一個原始的野蠻人對於萬物有靈的信仰似乎沒有那麼認真。在他那裡，萬物有靈的信仰演化成一些稀奇古怪的神話創造，而沒有演化成頑固的迷信思想。未開化文化所表現的，則是運動比賽精神、身份制度和神人同形的信仰。在當今的文明社會裡，在個人的氣質中，也可以看到這方面的變形。那些賦有掠奪性未開化氣質的現代代表人物是運動競賽的重要組成部分，他們大多相信命運的主宰，至少對事物具有強烈的萬物有靈意識，正是因為這一點，他們才會熱愛賭博。這類人關於神人同形信仰的情況也是如此。這類人信從某種宗教，通常信從的是在神人同形觀念上樸素而連貫的那類教派；只有為數不多的運動競賽者，才會從神人同形觀念比較淡薄的那些教派中，如「唯一神教」或「宇宙神教」，去尋求精神上的慰藉。

神人同形觀念和尚武精神是相互關聯的，與這一點密切相關的事實是，神人同形信念即使不足以發動也至少足以保持有利於身份制的那種心理習慣。就這一點來說，在這種信念下的訓練效果究竟以何處為終點，以及在這種遺產特徵下的併發性變化的跡象究竟以何處為開端，都是無法斷言的。那些掠奪氣質、身份意識和神人同形的信念，在其最充分發展的形態下，都是屬於掠奪文化的；當這三種現象出現在那個文化水準的社會時，它們彼此之間存在著某種互為因果的關係。當這類現象在當今個人和各階級的秉性與習慣中相互關聯地重新浮現時，其情況足以表明，它和屬於個人性格特徵或習性的那些心理現象之間，存在著同樣的因果關係或有機關係。上文已經提到，身份關係作為社會結構的一個特徵，是掠奪性生活習慣的結果。就其來源而言，身份關係實質上是掠奪態度經過加工後的表現。另一方面，對有形事物中不可捉摸的超自然習性傾向，神人同形信念為這一概念附加了一個詳細的身份關係準則。因此，就這一信念起源的外在事實而言，可以把這種信念視為在古代人中普遍流行的萬物有靈觀念的產物，是透過掠奪的生活習慣而明確界定，並有了一定程度的改變，結果形成的是一種人格化的超自然力，這種超自然力經過充分補充，有了掠奪文化下的人們所特有的全部思想習慣。

在這裡進行討論的、與經濟理論有直接關係的、較為顯著的心理特徵，可以概括如下：（一）

掠奪性競賽性格，前一章中已經討論過，這裡我們稱之為尚武精神，這種思想習慣只是人類所共有的工作本能的未開化變體，這一特殊形態是人們在作歧視性對比的習慣支配下逐漸形成的；（二）身份關係，這是在這樣的歧視性對比下按照公認標準加以品評與分級的一種形式表現；（三）神人同形信念，至少在其最初生氣勃發的時候是一種制度，其特有因素是一種身份關係，在這個關係中人類居下，而人格化的超自然力居上。

記住這一點，在認識人類性格與人類生活中這三種現象之間存在的密切關係時就應當不存在什麼困難；對其中某些主要因素而言，彼此的關係可以說是等同的。一方面，身份制度與掠奪性生活習慣是工作本能在歧視性對比習慣下所採取的形式的一種表現；另一方面，神人同形信念和宗教信仰習慣，是人類對有形事物性格傾向所持有的萬物有靈觀念的一種表現，這種表現是在本質上屬於同一歧視性對比習慣的支配下逐漸加工、完成的。因此，競賽生活習慣和宗教信仰習慣這兩個範疇，應當被看作人類性格的未開化類型和它的現代未開化變形的補充因素。兩者都是對各種不同類型的刺激發生反應時，形成的基本上屬於同一類型的那種秉性的表現。

有閒階級論

The Theory of the Leisure Class

一第十一章一

宗教信仰

隨意列舉幾項我們現代生活中的某些事態，就足以說明神人同形的信念與未開化文化、氣質之間的有機關係。同樣還可以說明，這類信仰的存在和功效及其禮儀形式的盛行，是如何與有閒階級制度以及作為這個制度基礎的動力產生聯繫的。這裡在談到宗教信仰或透過這類信仰而表現的一些精神特徵和智力特徵時，沒有任何對這方面的行為予以褒揚或貶損的意圖；屬於神人同形信念的現有教派的一些日常現象在經濟理論上是有意義的，因此可以從這個觀點進行討論。這裡將深入探討關於宗教禮儀的一些可以感知的外在特徵。而關於宗教生活在精神和道德上的價值，則不在目前的研究範圍之內。當然，關於那些信仰所依據的教義的真理和美感問題，這裡也不進行討論。甚至那些比較深遠的經濟意義，這裡也無法討論，這類問題過於深奧，含義過於深沉，是無法在如此簡短的篇幅中容納的。

在前一章裡，我們已經談到了金錢的價值標準對於一些評價過程所產生的影響，這種評價過程是根據與金錢利益無關的標準來進行的。這種關係並不完全是單方面的。經濟的評價標準或評價準則，也會受到經濟以外的價值標準影響。我們對各種事物的經濟意義的評價，在一定程度上是由那些較為重大而顯著存在的經濟利害關係所構成的。甚至有這樣一種觀點，即經濟利益只在它有助於這些更高層次的、非經濟的利益時，才有其重要意義。因此，出於這裡的研究目的，必須考慮如何把經濟利益與屬於神人同形信念的各教派的各種現象的經濟意義隔離開來。要使自己擺脫比較通行的觀點，盡可能地撇開與經濟理論無關的那類更高層次的利益關係所造成的偏見，是需要花費些工夫的。

上文在討論運動競賽氣質時曾指出，有形事物或事態具有一種萬物有靈習性傾向的觀念，為運動競賽者的賭博習性提供了精神基礎。以經濟的觀點來看，這種觀念，與萬物有靈信念及屬於神人同形信念的各教派在各種形態下所表現的，實質上是同樣的心理成分。就經濟理論必須討論的那些顯著的心理特徵而言，那些充斥在運動競賽習性成分中的賭博精神，經過難以辨別的發展，逐漸轉變為在宗教信仰中獲得滿足的心理。也就是說，從經濟理論的角度來看，愛好運動的性格已經逐漸轉變成宗教信徒的性格。如果一個賭博者的萬物有靈觀念能夠獲得一貫性傳統的支持，那麼這樣的觀念就會發展成對超自然力或超物質力的一種非常明確的信念，其中還含有一些神人同形的觀念。在這種情況下，通常存在一種明顯的意向，即透過某種親近的、調和的有效方式來達成與超自然力的妥協。這裡的調和與誘導成分，與較為粗淺的信仰方式很多共同之處——即使不是在歷史根源方面、也至少在心理內容方面存在很多共同之處。顯而易見，賭博者的那種信念慢慢變成了迷信的活動和信念；這就可以斷言，這種信念與那些較為粗陋的神人同形的信念之間存在著密切的聯繫。

由此可見，在運動競賽氣質或賭博氣質中，包含著構成一個宗教信徒或宗教儀式奉行者的主要心理要素；其中一個主要的共同點就是，相信在事態的演進中有不可思議的習慣傾向或超自然力的干預。對賭博這類行為而言，對於超自然力的信仰，可能且通常不那麼有條理性；對於歸因於超自然力的思想習慣和生活方式，換句話說，對於它的品性和干預事態時的意志，情況尤其如此。一個運動競賽者所覺察到的，有時候會因此感到恐懼而盡力避開的時運、機會、凶徵、吉兆等，在他看來是超自然力的表現，而他對這種超自然力的個性或人格的見解，卻並不是那麼明確和完整的。他賭博活動的根據，很大程度上只是一種本能的感覺，即感到在事物或局勢中存在著一種無處不在的、超物質的、獨斷隨意的力量或習慣傾向，而那種力量很少被看作人格化的主要動因。一個賭博者往往既是這一樸素意義下的命運信從者，又是某一公認教派非常虔誠的信徒。與神不可思議的力量和主觀獨斷的習性相一致的那個部分，往往是他非常容易接受的教義內容，而神恰恰也是經過這一點來博得他的信賴。在這種情況下，他的萬物有靈信念有兩個、有時不止兩個可以區分的形態。實際上，在任何運動競賽團體的精神氣質中，都可以找到一整套連續不斷的、屬於萬物有靈信念的狀態。這一連串的萬物有靈觀念包含了各種形態，一端是屬於運氣、機會和偶然的必然性的最原始形態，另一端則是神人同形的神力的充分發展形態，介於這兩端之間的是處於不同階段的各種綜合形態。與這種超自然力的信念並存的有兩種意識，一種是出於本能要使行為與所推想的幸運要求相符合，另一種是對神不可思議的意旨抱有相當虔誠的順從態度。

在這方面，在運動競賽氣質與無賴階級氣質之間存在著一種關係，兩者都與傾向於神人同形的氣質有關。與社會中的普通民眾相比，無賴和運動競賽者，這兩類人更容易成為某種公認教派的信徒，也具有更為顯著的宗教信仰傾向。另外，值得注意的是，與社會中沒有宗教觀念的人比起來，這兩類人物中沒有宗教信仰的成員，更容易成為某一公認教派的皈依者。那些運動競賽的代言人並不否認這一顯而易見的事實，尤其是在為比較質樸的掠奪性體育競賽進行辯解的時候。經常參加體育運動的人，在某種程度上特別熱心於宗教事業，甚至有些人十分堅決地把這一現象視為競賽生活的一個優點。我們還可以看到，運動競賽者和掠奪性的無賴階級所遵循的信仰，或這些階級中新的皈依者所遵循的信仰，一般都不是那種所謂的高級宗教，而是與純粹的神人同形觀念有關的教派。古老的掠奪性人格不能滿足一些宗教上深奧難解的概念，在這類概念中，人格化觀念逐漸消失並轉變為定量的因果關係概念，以造物主、萬能之神、宇宙之靈或心靈之主為歸屬的、純理論的、深奧難懂的基督教教義，就是這方面的例子。與一般運動員和無賴階級的心理習慣相投的那種性質的教派，這裡也可以舉出例子，如屬於激進教會（church militant）的一個支派的「救世軍」（The Salvation Army）。組成這個團體的成員，在某一程度上是從下層階級的無賴中招募來的，有些人過去從事運動競賽活動，這類人在這個團體的軍官級別中所占的比例，要遠遠超出他們在社會總人口中所占的比例。

關於大學中的體育運動情況，這裡可以提供一個恰當的例子。有些研究大學生活中宗教活動情況的人堅持認為，任何學生團體中最優秀的體育運動人才都是篤信宗教的，至少跟那些對體育運動或其他競賽活動較不感興趣的學生比起來要略勝一籌。對於這種看法似乎沒有爭論的餘地，這也是根據理論可以得出的結論。順便指出，從某種觀點來看，這種情況也給大學中的運動比賽生活、一般的體育競賽活動以及這類活動的參與者增添了光彩。大學運動員致力於宣傳宗教，並以此作為一種職業或副業，這種現象並不罕見。人們還可以觀察到，他們在從事這類活動時，往往宣傳的是神人同形色彩比較濃厚的某種教義。他們在宣傳教義時，也往往強調存在於神人同形信念中的神與人之間的個人身份關係。

在大學生活中，體育活動與宗教信仰之間存在著密切的關係，這是眾所周知的一個事實；但還有一個非常明顯的特點沒有引起人們的注意。在愛好運動競賽活動的學生中普遍存在的那種宗教熱忱，非常容易表現在對不可思議的神力的絕對虔誠和衷心順從上。因此，這種熱忱非常容易與那些世俗的宗教組織結合在一起；而這類組織，如基督教青年會（Young Men's Christian Association）或基督教青年奮進會（Young People's Society of Christian Endeavour），是致力於傳布通俗教義的。這些世俗的宗教團體，似乎是為了加強以上的論點，要牢固地確立運動競賽氣質和古老的宗教熱忱之間的密切關係一樣，它們花費很大一部分精力來專門提倡體育競賽以及性質相近的憑機遇、憑技術的各種競賽。這類運動競賽活動甚至被看作取得上天恩寵的有效手段。因為，這類活動顯然可以作為教會招募新成員的一個手段，以及使之在皈依後保持宗教虔誠的一個途徑。也就是說，經由運動競賽這類活動來促進萬物有靈的習性和競賽的習性，有助於構成並保持一種性格，而這種性格與比較通俗的宗教信仰在精神上是彼此適應的。因此，在一些世俗的宗教組織中，這類運動競賽成了引導皈依者更加充分地發展宗教意識的手段，而這一點卻是一個真正的基督教信徒才可以享有的光榮。

競賽和低級的萬物有靈習性的訓練實際上有助於達到宗教目的；一個使這種說法毋庸置疑的事實是，許多教派的負責人也開始模仿一般世俗的宗教組織在這方面的榜樣。有些宗教組織，特別是那些在信仰生活實踐方面與世俗的宗教組織最接近的，在與傳統教義有關的方面，已經某種程度上採取了這類措施或與之相似的措施。我們可以看到，在教會的認可下人們組織了「基督少年軍」和其他同類組織，目的是培養青年教會成員的競賽習性和身份觀念。這類假性的軍事組織足以使競賽和歧視性對比的習性得以強化，從而使青年成員對人與人之間主奴關係的認識和贊同，在原有基礎上進一步鞏固。要知道，虔誠的信徒最懂得如何服從，最清楚如何心悅誠服地接受懲戒。

但是，經過這種做法養成並保持下來的思想習慣，只能構成神人同形信仰內容的一半。還有一個萬物有靈的觀念，它是宗教生活中的補充因素，是由教會認可的另一系列活動來進行培養和保持的。這就是含有賭博性質的一類活動，比如教會市場或用抽籤來銷售貨物的方法，就是這類活動的典型例子。這類憑抽籤取貨的方法以及類似很小的賭博機會，似乎更能迎合宗教組織中普通成員的心理訴求，其效果似乎超過那些宗教觀念比較淡薄的人；由此可以看出這類活動對於宗教信仰本身的恰當程度。

這一切似乎都在表明：一方面，使人們傾向於運動競賽和使人們傾向於神人同形信仰的是同一種氣質；另一方面，運動競賽習慣、也許特別是體育運動習慣，有助於那些從宗教信仰中得到滿足的習性的發展。反過來說，養成宗教信仰的習慣，似乎也有利於體育運動以及一切競賽活動習性的發展，這類競賽活動使歧視性對比和相信命運的傾向得以發揮。實際上，屬於同一範圍的習性傾向在精神生活的這兩個方面都可以表現出來。在掠奪本能與萬物有靈觀點主導下的未開化人類性格，通常傾向於這兩個方面的表現。掠奪性心理習慣必然會加強人們的個人尊嚴意識和個人的相對地位觀念。只要一種社會結構的制度以掠奪習性為主，那麼就可以說這種社會結構是以身份制為基礎的結構。上與下、尊與卑、主與奴以及各個階級之間統治與服從的關係，是普遍存在於掠奪社會生活方式中的規範。神人同形的信仰就是從那個生產發展階段遺留而來的，是在相同的經濟分化——分化為消費者和生產者——方式下塑造的，其中也滲透著統治與服從這個強有力的原則。這些教派把某些思想習慣歸之於神，而這些思想習慣卻是與這類信仰形成時的經濟分化階段相適應的。這種想像中的神人同形的神，被認為在一切涉及先後順序的問題上都是非常嚴謹的，是要堅決地居於主宰地位，任意行使其權力的，是習慣於訴諸武力已成為最後的仲裁者的。

在後來進一步成熟的神人同形教義中，神威靈顯赫且擁有無邊的權力，神所具有的統治習性在思想表達上更為簡練，因而產生了「天父」（Fatherhood of God）這類說法。超自然力在人們的想像中具有的精神態度和習性傾向，仍然屬於身份制度的範圍，但是已經披上了準和平文化階段所特有的那種家長的色彩。還需要注意的是，即使在這種高級的信仰形態下，人們藉以表達虔誠之心的那些宗教儀式，其一貫目的仍然是經由頌揚神力的偉大和光榮並表白自己的忠誠和順從，來求得神的恩寵，獲得罪孽的赦免。人們普遍認為，他們企圖接近的那種不可思議的權力是有身份意識的；上述向神邀寵或禮拜的行為，其目的就是迎合這種意識。現在最流行的祈禱方式，仍然含有一種歧視性對比的意味。皈依者們如此忠誠地愛戴著一個具有古老性格特徵的、神人同形的神，其用意就是要表明皈依者自己也有相似的古老性格特徵。從經濟理論的角度來看，凡是人對神的這種以下對上的效忠關係，都應當被看作個人奴性的一種變體，而這種奴性卻是掠奪的與準和平的生活方式的重要組成部分。

在未開化者的意識中，神似乎是個好戰的領袖，具有統治一切的傲慢態度；由於從早期掠奪階段到現在這段文化時期所特有的生活方式變得更溫和、更沉靜了，於是關於神的觀念也變得更加柔和了。但是，儘管對神的想像經過了這樣的改變，儘管通常歸之於神的那些比較粗暴的行為特徵和性格特徵因已被大大減少，對於神的性格和氣質的一般理解，現在仍然存有未開化概念的大量殘餘。於是就出現了這樣的情況：例如，當描繪神的情況以及神與人類生活過程的關係時，一般的演說者和作家現在仍可以有效地使用一些詞彙和語法作明喻，而這些詞彙和語法是從有關戰爭和掠奪的生活方式的詞彙以及有關歧視性對比的語法中模仿而來的。即使在一些不那麼好戰的現代聽眾面前——他們信從比較溫和的教義變體，演說者也可以使用這類詞語，並取得良好的效果。一般的演說者可以有效地使用帶有未開化意識性質的形容詞和比喻詞，這說明現代人仍然熱烈地讚賞屬於未開化特徵的品格和優點，也表明宗教思想與掠奪性心理習慣之間具有某種程度的一致性。現代的信徒，看到人們把殘暴行動和復仇情緒歸於他們所崇拜的對象時，會產生反感情緒；如果確有這樣的情況發生，也只是在深思熟慮後才引起的。我們通常看到的情況是，用血腥的形容詞來描述神，往往被認為有很高的審美價值與光榮意義。也就是說，在我們未加深思理解其含義的情況下，這類形容詞所帶來的聯想是非常合我們的胃口的。

我的眼已看到主降臨的榮光，

他正要踏平存有憤怒葡萄的地方，

他的快劍已釋放出致命的寒光，

他的真理在前進！

一個宗教信徒的主導思想習慣是在古老的生活方式下運行的，對現代集體生活的經濟要求來說，這種生活方式已經基本上沒有用處了。現代經濟組織要與現代集體生活的要求相適應，就這一點來說，身份制已經消亡，個人奴役關係也已經失去了它原有的效用和地位。就社會的經濟效能來說，個人效忠的情感以及基於這一情感的一般習性是古老性格特徵的殘留，它阻礙了人類制度對當前環境所做的適當調整。最能與和平的工業社會相適應的是實事求是的氣質，在這種氣質的支配下，人們把有形事物作為序列中的各環節來認識其價值。正是因為有了這樣的態度，認識事物時才不會本能地產生萬物有靈的習慣傾向，對於一些錯綜複雜的現象，才不會求助於超自然力來進行解釋，不至於依賴冥冥之中不可預測的神力來左右事態的進展，以適合人類的使用目的。要想滿足現代形勢下最高度經濟效能的要求，就必須習慣於以定量的、不帶絲毫感情色彩的動因和關係，來理解世界的進程。

從現代經濟要求的立場來看，或許在任何情況下都應當把宗教信仰看作早期群體生活狀態的殘存，看作精神發展陷入停滯狀態的一個標誌。當然，這一點也是無可厚非的；當社會的經濟結構在本質上仍屬於身份制時，當社會上一般人的心理態度仍然是個人統治與個人服從的關係所構成，並不得不與這種關係相適應時，或者出於任何其他原因，如傳統關係或遺傳秉性，整個民族都有強烈的宗教傾向時——在這種情況下，任何個人宗教心理習慣，如果還在社會平均水準的範圍內，就只能被視為一般生活習慣中的一個項目。由此看來，我們不能把一個虔誠對待宗教的社會裡一個虔誠對待宗教的個人，看作一個古老性格特徵復歸的例子，因為他的步調是與普通人相一致的。但是，從現代工業形勢的角度來看，對宗教格外的虔誠，以致明顯超越社會中一般篤信程度的宗教熱情，那麼不妨把它看成是一種隔代遺傳特徵。

當然，從其他一些不同的立場來看待這些現象，結果也是同樣合理的。這類現象可以從多個角度來解釋，從而使這裡的推論轉變方向。站在宗教利益或信教愛好這方面的立場，也可以說，現代工業生活培養的精神態度不利於宗教精神的自由發展，這個論點同樣具有說服力。理直氣壯地對工業操作的近代發展提出反對的理由也未嘗不可，例如工業操作的培訓有促進「實利主義」的傾向，虔誠的信仰之心將受到摧殘。從審美的角度也可以提出大致相似的論點。但這裡討論的唯一目的是以經濟觀點對這類現象進行評價；不管上述這些看法以及其他一些類似的見解在各自的立場上多麼正確、多麼有價值，在這裡都沒有必要進行討論。

在我們這樣一個宗教氛圍還十分濃厚的社會裡，把宗教信仰作為一個經濟現象來討論，必然會引起人們的不快；但神人同形觀念和宗教信仰熱忱有其重大的經濟意義，那麼不妨以此作為一個請求諒解的理由，對該問題進行深入的探討。宗教信仰之所以具有重要的經濟意義，是因為把它作為氣質上的一種附屬性變化的標誌帶有一定的掠奪性，這表明在工業上存在著一些有害的性格特徵。宗教信仰表明了人們持有的精神態度，這種精神態度會對個人的工業適用性產生影響，因此其自身就有了一種經濟意義。但宗教信仰還有更直接、更重要的經濟意義，那就是它可以引起社會經濟活動的改變，特別是在商品的分配和消費方面。

我們可以從商品和勞務的宗教方面的消費，看到宗教信仰最顯著的經濟意義。任何宗教崇拜所需的在儀式設施上的消費，例如廟宇、教堂、聖墓、祭品、法衣、紀念日的華麗服裝等，並不直接服務於物質生活的目的。因此這些物質設施，不含有貶損的意味，大體上可以看作是明顯浪費的項目。在這方面所消耗的個人勞務，如教士教育、教士服務、聖地朝拜、齋戒、禁食、宗教節日生活、家庭祈禱等，其情況大體上也是如此。此外，宗教信仰——上述的消費就是在舉行宗教儀式時產生的——足以使神人同形信仰所依據的那些思想習慣的傳播得以擴展和延續；也就是說，宗教信仰對於身份制下人們所特有的那些思想習慣有推動作用。對現代環境下最有效的工業組織來說，宗教信仰在某種程度上成了一個障礙；對現代形勢要求下經濟制度的發展來說，宗教信仰是處於對立地位的。對這裡的研究目的來說，這一類消費直接和間接的影響，都具有削弱社會經濟效能的性質。因此，從經濟理論方面來看，從其直接後果來考慮，在侍奉神人同形的神時所產生的物質與勞力上的消耗，意味著社會活力的降低。至於這類消耗在深層的、間接的和道義的方面可能產生什麼影響，在此不能做出直截了當的回答，對這一問題不進行深入的討論。

這裡應當注意的是，宗教信仰上的消費與其他目的上的消費對照時的一般經濟特徵。指出進行宗教信仰方面商品消費的一般動機和目的，有助於瞭解這種消費本身的價值，也有助於瞭解與之相適應的一般心理傾向的價值。用來供奉一位神人同形性質的神的消費，和用來供奉未開化文化階段屬於上層階級的有閒紳士——如酋長或族長——的消費，即使二者的動機不完全相同，也極為相似。那些富麗堂皇的建築物，無論對一位酋長還是對一位神靈來說都是必需的。這類建築物及其附帶的裝潢、設施，其品質和等級都必須不落俗套，顯示出極大且明顯浪費的成分。我們還可以注意到，宗教建築物在結構和裝飾方面必須帶些古風。僕從的情況也是如此，不論是侍奉酋長的僕從還是侍奉神的僕從，在其主人面前都必須穿著那種特製的裝飾性外衣。這類服裝的經濟特徵是超出一般水準的明顯浪費；另一個從屬特徵是，這類禮服必然要帶有些古老的風格。就這一點來說，與未開化文化階段君主的僕從或朝臣相比，教士的服裝表現得格外突出。此外，神靈的聖殿與君主的朝堂有明顯相似之處。在這些場合，人們的服裝必須具有某種禮儀上的嚴肅性；從經濟的角度來看，其主要特徵就是，在這些場合穿著的衣服應當儘量消除任何生產工作的痕跡，也要儘量消除平時慣於從事的實用性工作的痕跡。

每到宗教節日——也就是專為上帝或超自然有閒階級中某些較低等級的成員設立的紀念日，明顯浪費和不帶有生產勞動跡象的禮儀上要求，不僅擴展到服裝方面，而且小範圍地擴展到飲食方面。宗教節日是為了紀念上帝和一些聖徒，一切禁忌都是為他們實行的，節日期間免除實用性勞動也是為他們的榮譽性考慮；因此，在經濟理論上，顯然應當把宗教節日看成是為他們執行代理有閒的日子。在這些日子裡執行的宗教性代理有閒的典型特徵是，嚴格禁止一切對人類有用的活動。每逢齋戒的日子，那些有助於消費者生活上的享受和充實的消費，都會受到嚴格控制。受到進一步控制的是營利性的工作，以及足以（在物質上）促進人類生活的一切活動。

這裡可以順便指出，那些非宗教性的節日也具有同樣的來源，不過在性質上比較間接。它們是從真正的宗教節日逐漸演化而來的。節日所紀念的首先是神，後來有些帝王和偉人在某種程度上被歸到聖徒的行列，他們半神聖性的誕辰也就成了群眾的節日，隨後又推廣到一些重大事件或突出事蹟，旨在對這些事件表示推崇，加以紀念，使其盛名永垂不朽。以代理有閒作為增加某一現象或某一事蹟的榮譽的手段，在使用這種手段的方式上進一步演進，似乎在最近達到了極點。有些社會特意把執行代理有閒的日子規定為勞動節（Labor Day）。設立這個節日的目的是，借助強制停止生產性勞動的那種古老的、掠奪性的方式，來增加勞動這一活動的光彩。脫離勞動顯然是金錢力量的表現；由於這樣的舉措，一般勞動也染上了金錢力量的榮譽。

宗教節日和一般節日，其本質都是向一般民眾徵收的一種獻禮。獻禮用代理有閒的形式來提供，因為節日是為了某個人或某件事的榮譽而專門設立的，所以獻禮產生的榮譽效果當然要歸於那個人或那件事。這樣少量的代理有閒，是超自然有閒階級的所有成員的一種慰勞品，對他們的榮譽來說，這一點不可或缺。一個一點供養都得不到的聖徒，確實是一個倒楣的聖徒。

除了由一般人執行這種少量的代理有閒以外，特殊階級的人士，包括不同等級的教士和獻身於神的聖役，也要把全部時間都貢獻給類似的業務。教士階級不但要摒棄一切世俗勞動，特別是那些有利可圖的、對人類有貢獻的、今世的、幸福的活動；而且應當更加嚴格地執行清規戒律，在執行禁止謀取塵世利益這一禁令時，即使在不涉及生產工作的情況下，追求財富也是不被允許的。一個教士追求物質財富或關懷世俗事務，是與上帝奴僕的身份不相稱的，或者說得更直白些，是與他所侍奉的上帝的尊嚴不相稱的。「披著教士的外衣去謀求自己的名譽和財富，是一切可恥行為中最可恥的。」

有些動作和行為有利於充實人類的生活，有些動作和行為有利於增進神人同形的神的榮譽，一個對與宗教信仰有關的事物懷有高尚情趣的人，不難在這兩者間劃出一條清楚的界線；在典型的未開化體系中，教士階級的活動完全屬於上述的後一類。經濟範圍內的任何事物，在一個德行極高的教士看來，都是不值得顧及的。但這一規律好像也有例外的情況，比如某些中世紀教團的成員從事某些具有實用性的工作，但從實質上來講，這一事實並沒有打破這一規律。因為這些教團成員的地位處於教士階級的邊緣，不算名副其實的教士。還有一點值得指出，這類教團的教士，其純潔性十分可疑，因其暗中縱容其成員從事謀生性質的活動，背離了它們所處社會的禮俗而聲名狼藉。

教士不應當染指機械生產工作，而應當大肆消費。不過必須注意，教士採取的消費方式不應明顯地利於他自身的享受或本身生活的充實，而應符合有關代理消費的通則，這類通則已經在前面的章節中有所說明。如果一個教士吃得肥肥胖胖、滿面紅光，是有失體統的。實際上，許多比較嚴肅的教派都禁止教士階級執行除代理消費之外的其他消費，甚至實行禁欲，要求清苦修行。即使在現代工業社會裡，那些依照教義的最新結構組織起來的現代教派，也認為不能對一切輕浮行為和人世享樂懷有高度熱情，這些都是與正派的教士生活不相容的。這些上帝的僕人，如果其生活目的不是宣揚上帝的光榮，而是滿足自己的私欲，就會使人感到非常不愉快並被視為一個根本的、絕對的錯誤。這些人雖然屬於奴僕階級，但他們的主人是至高無上的，借其主人的光，他們才能有很高的社會地位。他們的消費是代理消費；在高級的宗教崇拜中，他們的主人不需要任何物質利益，因此他們的工作就是純粹的代理有閒。「你吃也好，喝也好，不論你做什麼，都是為了主的光榮。」

還有一點，俗人也可以成為神的奴僕，他們在這一點上與教士階級沒什麼不同。因此，在這個限度內，他們的生活也附上了代理消費的性質。這個推論的應用範圍十分廣泛，特別適用於宗教生活中那些態度比較嚴肅認真或帶有禁欲主義傾向的改革或復興運動，這類運動的參加者認為人類是在其所信從的神的奴役下生活的。也就是說，在教士制度日趨衰微，或關於人世生活中神力無所不在的那種感覺特別活躍的地方，一般的俗人被看作神的奴僕，其生活是為了增進其主人的榮譽而執行的代理有閒的生活。在這樣復歸傳統的情況下，人們與神的關係復歸為直接奴役的關係，並把這種關係作為宗教態度中的主要因素。這時人們著重強調的是一種嚴肅的、不舒適的代理有閒，甚至是忽視了明顯浪費的代理有閒，人們把它作為博得恩寵的手段。

這種關於宗教生活方式的闡述是否完全正確，也許是存在疑問的，因為在許多具體細節上，大部分現代教士的生活方式與這裡所描述的並不相同。有些教派的信仰或奉行的儀式已經在某種程度上背離了舊有的方式，那麼這裡所描述的生活方式就不適用於這類教派中的教士。至少在表面的或沒有限制的情況下，這類教士關心一般俗人以及他們自己的現世福利。他們表現在家庭內部，甚至往往表現在大庭廣眾之下的生活方式，不論是在其表面的嚴肅上還是在其使用設備的古老作風上，都與世俗中人沒有非常明顯的差別。對那些處於最邊緣地帶的教派來說，情況更是如此。針對這類反對意見，我們需要指出一點，這類反對意見涉及的不是宗教生活理論上的矛盾，只是這部分教士的行為不完全符合那種生活方式而已。這類教士只是全體教士中部分有缺點的代表人物，他們的生活方式不能代表全體教士的生活方式。我們可以把屬於這類教派的教士看作性質雜陳、不純的教士，或者是處於轉化或改造過程中的教士。教士中這一非正規部分所屬的組織，其宗旨除了萬物有靈和身份觀念這類因素之外，還有一些不穩定的因素。因此，可以想像得到，這類教士在宗教職務上所表現的一些特徵必然是不純淨的，必然是與相異的動機、傳統混雜在一起的。

為了避免受到非難，一個教士應當做什麼，不應當做什麼，這可以取決於在宗教禮儀方面有高雅意識、有辨別力的人的愛好，也可以取決於任何社會中習慣在這個問題上進行思考和批評的那部分人的看法。即使是極度世俗化的教派，對於如何區別宗教的生活方式和俗人的生活方式，也是有主見的。如果某教派的教士背離了傳統習慣，行為不夠嚴肅、穩重，服飾不夠簡潔、古樸，那麼任何一個敏感的人都可以覺察到，他們已超出了正派生活方式的範圍。就可容許的放任限度來說，在職的教士要比普通的教外人士嚴格得多，大概一切社會或一切屬於西方文化的教派都是如此。如果教士本人在宗教禮法上沒有明確地意識到這個限度，那麼社會上流行的宗教禮法觀念就會強制他遵從，否則他將難以繼續擔任自己的職務。

這裡還需要補充一點，任何教士團體中的成員，都很少為自己的利益而公然要求增加薪水；如果一個教士公開做出這樣的表示，他的教眾就會認為這是一個有違禮儀的舉動，從而感到極度不快。另外，如果有人在莊嚴的講道壇上戲謔玩笑，那麼除了對宗教持有嘲諷態度的人和非常愚昧的人之外，大概所有人都會本能地感到痛心；假如一位牧師在生活中露出了輕佻浮滑的形跡，除非這種舉動是無傷大雅、戲劇性的，否則一定會受到鄙薄。在聖所中，在教士職務中，應用的詞語應當有所選擇，與日常生活有關的話語越少越好，應當儘量避免那些涉及現代工商業的詞語。同樣，如果一個說教者非常詳盡、津津有味地談論生產問題，或其他純粹的俗世問題，會被人們認為是不雅觀的，因為這很容易觸犯人們的宗教禮俗觀念。一個有良好教養的教士，對於涉及塵世幸福的問題，只能在一定限度內進行泛泛的討論；超出這個限度，做出過於深入的討論，是不被宗教禮法允許的。佈道者在處理這類涉及人事和世俗意義的問題時，應當帶有一定程度的籠統和超然的態度，這樣可以暗示，佈道者是代表他神聖的主人發言，而神聖的主人對這類俗務的態度至多只是默許。

還應當注意到，這裡談論的教士是屬於一些非正規教派的，這些教派自身的生活符合典型的宗教生活的程度，是參差不齊的。一般來說，在這方面差得最大的是那些比較新興的教派，特別是那些成員主要為中下層階級的民眾的教派。這些教派的動機並不單純，其中大量地混有人道主義、博愛或其他不能算作宗教表現的動機；例如，這類組織的成員往往顯示出對求知的欲望和尋歡作樂的欲望的極大興趣。這類非正規的或別派的運動，通常都含有各種不純的動機，其中有些動機與教士職務所依據的身份觀念相抵觸。有時候，這種動機甚至和身份制度大相逕庭。在這種情況下，教士制度遭到破壞，至少已經受到部分破壞而日漸衰微。這樣一種組織的代言人，最初只是該組織的僕人或代表人，而不是某一特殊教士階級中的成員，也不是一位神聖主人的代言人。只有經過接連幾代的、逐漸專業化的過程，這樣的代言人才能重新獲得教士地位和宗教上的正式職權，他的生活才能與那種嚴肅的、古老的、代理性的生活方式相符合。宗教儀式，在這樣的轉變後由衰弱而復原時，也是類似的情況。當人類的宗教禮法觀念在有關超自然的興趣問題上重新獲得首要地位時，教士的職務、宗教生活的方式以及宗教儀式的規格也逐漸地、不經意地恢復了原貌，只是在細節上多少有些變化。此外，還有一個附帶的現象，這樣的組織在財富上有了增長之後，會染上更多有閒階級的觀點和思想習慣。

依照上升的宗教階級系統排列，在教士階級之上，還存在一個超人類的代理有閒階級，如聖徒、天使等——或者是屬於其他信仰中的同等神明。以精密的身份制為依據，這類神明還可以被分成不同的等級。身份原則貫穿塵世和靈界的整個宗教系統。宗教體系中屬於超自然等級的成員，為了他們的榮譽，一般也需要代理消費和代理有閒方面的貢獻。在許多情況下，次一級的成員相應地成為他們的侍從者或從屬者，為他們執行代理有閒，其代理方式與上面所說的組長制下的從屬性有閒階級相似。

這裡談到的關於宗教信仰及其所含的氣質上的特點或對商品和勞務的消費，與現代社會的有閒階級之間存在怎樣的關係，又與以這一階級為代表的現代生活方式下的經濟動機之間存在怎樣的關係；如果不經過深思熟慮，這個問題似乎很難解釋清楚。因此，這裡簡要評述與這一問題有關的某些事實，希望能對讀者有所幫助。

上文提到，就現代集體生活目的來說，特別是涉及現代社會的生產效能時，那類屬於宗教氣質的特徵只能帶來阻礙而不能有所幫助。也應當看到，現代工業生活，足以促使那些直接進行工業操作的階級，將這類性格特徵從他們的精神結構中有選擇地排除出去。大體上可以這樣說，在屬於所謂實際工業界的那些成員中，宗教的熱情正在衰退，或者說已處於逐漸消失的狀態。同時也應當看到，不作為一個工業因素、直接或全面地參與社會生活過程的那些階級，情形會有所不同，在那些階級中，上述的秉性或習性顯然活躍地存在著。

如同前面已經指出的那樣，上述後一類階級依靠工業操作生存，但並不生存在工業操作中。這些階級大體上有兩種類型：（一）正式有閒階級，他們不會受到經濟形勢的壓迫；（二）貧困階級，包括下層階級中的無賴，他們面對來自經濟形勢的巨大壓力。

就前一階級來說，那類古老的性格特徵和心理習慣之所以依然存在，是因為沒有強大的經濟壓力，迫使這個階級的思想習慣去適應正在變化的新形勢；而後一類階級是因為其成員營養不良，缺乏調整思想習慣所需要的那種剩餘精力，也因為其缺乏取得和適應現代觀點的機會。淘汰過程在這兩類階級中基本上是按同一方向前進的。

按照現代工業生活的觀點，事物和現象通常被習慣性地納入順序的定量關係中。貧困階級的成員，不但缺乏必要的餘閒，來充分瞭解和吸收這個觀點所涉及的最新科學知識從而被同化，而且他們通常處於對財力雄厚者的依附或從屬地位。這一事實阻礙了他們從身份制下所固有的一些思想習慣中解放出來。其結果是，這些階級在某種程度上保留了某些一般習性，這類習性的主要表現是強烈的個人身份觀念，而宗教信仰是這類觀念的一個明顯特徵。

在屬於歐洲文化比較古老的國家裡，只要存在著一個勤勞的中產階級，傳統的有閒階級和窮苦的人民大眾就會比這個中產階級更有宗教熱忱。但是某些國家是由上述性格偏於保守的兩類人組成的。當這兩個階級在數量上佔有絕對優勢時，他們的性格傾向就塑造了民眾的普遍習性，從而完全壓制了弱小的中產階級在性格方面可能存在的分歧，篤信宗教的態度將有力地普及到整個國家。

當然，這裡並不是說，某些社會或階級的強烈宗教信仰，往往與我們所熟悉的這一或那一宗教信條的任何道德準則的具體規範高度一致。宗教心理習慣在很大程度上，未必含有嚴格遵守摩西《十誡》（Decalogue）或習慣法（common law）的禁令的這種意義。如果說那些罪犯與普通人有什麼不同，那就是他們在宗教信仰上更加虔誠，在這方面的表現也更加明顯——這一點對研究歐洲罪犯生活的人們來說，已成為老生常談。宗教信仰只有在財力處於中等地位的階級，和遵紀守法的廣大民眾中才比較淡薄。有些人極度重視高級的教義和教派的優點，看來他們不會同意這裡所說的一切，他們認為下層無賴階級的宗教信仰只是一種虛偽的虔誠，最多是一種迷信性的虔誠。這個說法無疑是正確的，而且是完全切中事理的。但是，問題不在於此，就這裡的研究目的來說，不論這些經濟學、心理學範圍以外的差別如何鑿鑿可據，也必須先將它們放在一邊。

近來有些牧師抱怨說，教會正在失去技術工人階級的同情，而且正在失去對這個階級的約束力量；這種抱怨反映了一個階級從宗教信仰習性中解脫出來的實際情況。人們還認為，通常被稱為中產階級的那個部分，特別是其中的成年男性，對教會的熱忱也在逐漸衰退。這些都是公認的現象，只需簡單一提，就足以證明這裡的基本論點。這種埋怨情緒一般存在於教會的普通成員中，這一點足以使這裡提出的論點更具說服力。但是在現代比較發達的工業社會中，其精神態度發生轉變，那就有必要對事態發展的過程，以及造成這種變化的主要力量進行比較詳細的分析。由此可以說明，經濟力量對人們思想習慣世俗化發揮了怎樣的作用。在這方面，美國社會可以作為一個特別有說服力的例證；因為，就同等重要的工業體系來說，美國社會遭受到來自外界環境的約束是最少的。

除了偶爾脫離常態的例外情況，這個國家當前的宗教情況，可以簡單地談一談。在這個國家，一般來說，有些階級的經濟效率或智力水準很低，或兩者都很低，他們的宗教信仰傾向非常顯著——如南方各州的黑人，下層階級外來人口中的大部分，鄉村居民的大部分，特別是教育、工業發展比較落後的地區，或者與國內其他地區在工業上接觸較少的那些地區。此外還有一個特殊化的或遺傳的貧困階級，或者是被隔離的罪犯分子或邪惡分子，這些人也具有上述的傾向；雖然後一類人的宗教心理習慣往往表現為天真的萬物有靈的信仰形態，即信從命運和薩滿教（Shamanism）式的功效，而不一定信從某些公認的教義。另一方面，眾所周知，技工階級對於已經存在的神人同形教義及一切宗教信仰，一般總是很疏遠的。這個階級在很大程度上，直接處於現代有組織工業所特有的智力和精神的雙重壓力之下；這種壓力要求不斷瞭解和認識各種非個人性質的、事實演進過程中的真實現象，無條件地適應因果規律。與此同時，這個階級既不至於缺衣少食，也不至於過度疲勞，以致毫無餘力從事適應新形勢要求的精神活動。

美國下層的或有疑問的有閒階級——一般稱為中產階級——的情況有些特殊。在宗教生活方面，這個階級與歐洲的同類階級有所不同，但這種差別只是程度或方式上的差別，不是實質上的差別。教會仍然可以獲得這個階級在金錢上的支持；雖然，這個階級最容易接受和堅持的教義，在神人同形的內容方面卻是比較貧乏的。同時還存在一個或許不是十分明顯的現象：在很多情況下，在由中產階級所組成的會眾中，婦女與未成年人的比例越來越大。中產階級的成年男性顯然缺乏宗教熱忱，不過他們對於公認的教義是有很深的淵源的，因此對於教義的綱要，他們仍在很大程度上持有相當滿意和贊同的態度。因為他們就是在這樣的教義下成長起來的，他們的日常生活是在與工業操作的密切接觸中度過的。

之所以會在宗教信仰方面出現這種奇特的性別分化，之所以會把宗教信仰這一任務委託給婦女和兒童，至少部分是因為這樣一個事實：中產階級婦女在很大程度上是（代理性的）有閒階級。下層技工階級的婦女也是如此，不過沒有那麼明顯。她們生活在早期生產發展階段遺留下來的身份制之下，因此保留著那樣一種心理習慣和思想習慣，從而使她們傾向於用古老的觀點來看待現代的一般事物。工業操作傾向於強烈地破除那些對現代工業來說已經過時了的思想習慣，而她們與工業操作沒有直接的有機關係。也就是說，文明社會中的婦女，在很大程度上由於其所處的經濟地位而具有了一種保守性，她們特有的虔誠信仰就是這種保守性的突出表現。對現代男性來說，族長制下的身份關係絕不是他們生活的主要特徵；婦女的情況則不然，特別是上層中產階級的婦女，她們被習慣和經濟環境局限在「家庭範圍」之內，因此對她們來說，這種身份關係是最真切、最現實的生活因素。於是就形成了一種心理習慣，這種心理習慣與宗教信仰相適宜，與以個人身份為依據來解釋的一般生活事實相適宜。在日常家庭生活中，婦女們對事物的邏輯和推理過程，轉入了超自然的領域；於是她們所熟悉並感到滿意的一系列觀念，對男性們來說，在很大程度上是模糊不清、難以理解的。

中產階級的男子不是沒有宗教信仰，雖然他們一般不以一種積極的、熱情洋溢的形態表現出來。和技術工人階級的男子相比，上層中產階級的男子通常對宗教信仰持有一種比較自得的態度。也許可以這樣解釋其中的原因：中產階級婦女所處的情況與中產階級的男子所處的情況類似，只是在程度上稍有差別而已。他們在很大程度上是免於受到新形勢壓迫的一個階級，而且家長的身份關係依然存在於夫婦生活中，存在於使用僕役的習慣中，這種身份關係或許足以使他們保持古老的心理習慣，在其思想習慣與宗教分離、逐漸世俗化的過程中，這種身份關係或許會發揮一種阻礙作用。美國中產階級的男子和經濟社會的關係通常是密不可分的，雖然作為補充還要提到，他們的經濟活動在一定程度上往往也帶有族長制的和準掠奪的性質。金錢職業是在這一階級中有榮譽的、與這個階級本身的思想習慣的形成有很大關係的職業；這一點在前面的章節中已經提到。在這類職業中，有很多關於強迫命令和強制服從的地方，其中類似掠奪性欺詐的狡猾做法也不少。這些都屬於掠奪的、未開化的生活階段，而宗教信仰對這樣的生活狀態是最習以為常的。除此之外，出於榮譽方面的原因，這個階級對宗教信仰也很有興趣。關於信仰上的這一動機值得深入探究，這一點將在下文展開。

在美國社會裡，除了南部各州以外，不存在任何有影響力的傳統有閒階級。在南部的這一階級對宗教信仰是比較熱衷的，在這一點上，他們與其他地區處於同等金錢地位的任何階級相比，都表現得更為明顯。眾所周知，與北方同等地位的人相比，南方人信從的教派一般比較舊式。南部的宗教生活也帶有更濃厚的古風，與此對應的是，南部地區的工業發展也比較落後。目前，特別是到最近為止的這一段時間，與美國全國的一般情況比起來，南方的工業組織方式是比較古老的。那裡的機械裝備貧乏而簡陋，生產情況接近於手工業，比較明顯地存在統治與服從的關係。還需要注意一點，由於那個地區獨特的經濟環境，當地的居民，不論是白人還是黑人，都具有比較濃厚的宗教熱忱，這一點與他們的生活方式有很大關係——他們的生活方式在許多方面不免使人想到未開化階段的工業發展狀態。那些富有舊時代作風的惡習，如酗酒、爭吵、決鬥、賭博、鬥雞、賽馬、家族仇恨、男性的縱欲（眾多的黑白混血兒就是一個證明）等，那個地區比其他地區更盛行，也很少受到責難。那裡的榮譽觀念也比較強烈；這是運動比賽習性的一種表現，是掠奪性生活遺留下來的。

很難說北方比較富裕的階級——也就是美國真正的有閒階級——具有傳統的宗教信仰態度。這一階級是最近才成長起來的，存在的時間較短，在宗教方面還不具備完整的遺傳習性，甚至還沒有來得及形成本國獨特的傳統信仰方式。但是，這個階級中仍然有一種，對某一已有教派明顯的信從傾向，至少表面上看來是這樣，有時顯然是誠心地信從。此外，在這個階級中，每逢舉辦婚禮、喪禮或其他類似的隆重典禮，人們總喜歡以某種宗教儀式來增進莊嚴的氣氛。這種對某一教派的信從態度，也許是對宗教習慣的一種復歸傾向，也許是出於一種「保護性擬態」作用，其目的是在外表上同化來自外來觀念的榮譽準則；至於更偏向哪一方，這裡無法斷定。從上層階級所信從的教派在儀式上的特殊發展過程來推斷，這裡似乎存在著一些真正的宗教信仰傾向。上層階級的信徒比較願意加入那些重視宗教儀式和豪華壯觀的宗教陳設的教派，這種傾向是比較明顯的。同時，在以上層階級成員為主的教堂裡，也存在著這樣一種重視宗教儀式的傾向，而不看重宗教儀式和器物設備中所包含的智力特徵。即使是在儀式和設備方面發展較差的那些教派所屬的教堂，情況也是如此。毋庸置疑，之所以在儀式方面會有這樣的特殊發展，部分是因為對屬於明顯浪費性的那些壯麗場面的偏愛，部分也是因為信徒們對宗教信仰的虔誠態度。如果後一點是可信的，那麼這裡所表現的就是一種形式比較古老的宗教習性。當社會處於原始的文化階段，智力上的發展不健全時，所有社會都可以看到這種在宗教信仰方面重視壯觀場面的現象。這是未開化文化一個十分突出的特徵。在宗教信仰中，那個時候相當普遍地存在著這種經過感官接觸、直接訴諸感情的現象。在今天上層階級的教派中，也明顯存在著對這種質樸的、感情的誘導方式的復歸傾向。在信從者主要為下層有閒階級和中產階級的教派中，也可以看到這類現象，只不過沒有那麼顯著而已。宗教儀節上的復古表現是各式各樣的，例如，應用富麗堂皇的場面，大量使用彩色燈光、交響樂隊、香料等象徵符號，在進場和退場時列隊歌頌，禮拜時使用豐富多變的跪拜動作，這些都可以看到對神聖舞蹈之類的古老崇拜儀式的一種初步復歸傾向。

不只上層階級的教派對壯觀的宗教儀式場面有復歸傾向，最重視這一點的，是在金錢上和社會地位上處於較高水準的那些階級。社會中的下層階級，例如南方的黑人和落後的外來分子，他們信從的教派也明顯存在高度重視外表儀式、象徵和壯觀場面的傾向；從這些階級的前身及其文化水準來看，這種情況是可以預料到的。就這些階級來說，宗教儀式和神人同形信念的盛行，主要不是古老習性的復歸，而是這一習性的不斷發展。宗教儀式及其相關特徵在發展方向上不是一成不變的。在美國社會中，早期流行的一些教派，一開始是注重儀式和道具使用方面的嚴肅和樸素的；但是大家都清楚，隨著時間的推移，這些教派在不同程度上採用了許多曾被他們拒絕的、營造壯觀場面的措施。大體上來說，這方面的發展與信徒們財富的增長、生活的改善是同時進行的，那些在財富和榮譽上處於頂峰的階級，在這方面表現得最明顯。

關於宗教信仰在金錢上分層次的原因，在上文談到思想習慣的階級差別時，已經大致進行了闡述。宗教信仰上的階級差別，只是普遍現象中的一個特殊表現。下層中產階級宗教信心的鬆懈，或許可以籠統地說成是這個階級宗教熱情的缺乏，這一點在從事機械工業的城市市民中表現得最明顯。就現在的一般情況來講，職業與工程師或機械師相接近的那類人，不再有對宗教完整無缺的虔誠心。這類機械工作可以說是一個現代事實。早期的手工業者所適應的生產目的，與機械工人當前所適應的生產目的，在性質上是相似的；但前者在宗教信仰的薰陶下不像後者那樣倔強執拗。自現代工業的操作方式流行以來，各部門工作從業者由於經受智力方面的訓練，其思想習慣已經發生了很大的變化；機械師在日常工作中所受的訓練，也改變了他們思考日常工作範圍以外事物的方式和標準。人們一旦與完全非個人性質的、高度組織的工業化過程渾然一體，萬物有靈的思想習慣就會被打亂。

工人的任務越來越集中在對一系列機械的、沒有感情色彩的程序進行考察和管理上。只要個人在工業過程中是主要的、獨特的原動力，只要手工業者個人的技巧和力量是這個過程中不容否認的一個特徵，那麼依據個人動機和習性來解釋各種事物和現象的習慣，就不會因為連續不斷的嚴重干擾和破壞而趨於消失。但是在近代工業發展的過程中，工業操作所依賴的機械設備和原動力，是非人格化的、非個人性質的；這時在工人意念中通常存在的概念依據，以及他們通常理解各種事物的觀點，都是對事實順序關係的強制性認識。這時，就工人的宗教生活而言，由此發生的結果是，傾向於沒有敬神意識的懷疑主義。

這樣看來，虔誠的信心是在比較古老的文化下得到充分發展的。這裡當然只在神人同形信念的意義上使用「虔誠的信心」這個字眼，並不含有涉及宗教信仰之外的任何特有的精神態度的意義。可以看到，這種虔誠的信心足以代表人類性格的一個類型，與這種性格比較符合的是掠奪性的生活方式，而不是近代發展的、更為調和的、更為組織化的工業生活方式。這種性格特徵在很大程度上是個人身份——統治與服從關係——這個古老習俗觀念的表現，因此與掠奪文化和準和平文化下的生產結構相適應，與現代生產結構則不相適應。還有一點，在現代社會裡，有些階級的日常生活遠離工業的機械操作，他們在宗教信仰和其他許多方面都是最保守的，因此這種性格得以極其頑強地持續存在於這類階級中。而有些階級經常直接接觸現代工業過程，他們的思想習慣受到工藝要求上約束力的支配，因此，對這些階級而言，那種對現象的萬物有靈的解釋，以及進行宗教信仰活動所依據的個人身份關係，都在衰退和消亡。還需要指出一點，這一點與這裡所做的研究格外有關，現代社會裡，有些階級在財富和有閒這兩個方面都有極為明顯的增進；對這些階級來說，宗教信仰習性在範圍方面和精緻程度上都在不斷發展。在這裡和在其他關係上一樣，有閒階級制度的作用是，保持並不斷發揚那種古老的人類性格，以及社會近期的生產發展中要加以排斥的那些古老的文化因素。

—第十二章—

非歧視性利益的殘存

由於經濟要求的壓迫和身份制的衰退，神人同形教派以及屬於這類教派的宗教信仰禮俗，有越來越多的部分，隨著時間的推移而逐漸趨於瓦解。在這個瓦解的過程中，某些其他動機和衝動開始逐漸與宗教信仰態度混合在一起，而這些動機和衝動的來源不是神人同形的信仰，也不是個人的服從習性。這些在後期信仰生活中與信仰習慣混合在一起的附屬性衝動，並不都與信仰態度或對現象演進中的神人同形信念的理解完全一致。

它們的來源不同，在不同方向上對信教生活方式產生影響。它們在許多方面侵犯了個人服從或代理生活的基本準則，歸根結底，那種基本的準則乃是宗教禮俗與教會及教士制度的實際基礎。正是由於這些異質的動機存在，社會的、工業的身份制逐漸瓦解，個人服從準則失去了來自傳統的持續支持。外來的習性和傾向侵入了這個準則佔有的活動領域，於是不久就出現了這樣的情況：教會和教士組織被部分轉用於其他目的，而這類用途與過去教士制度全盛時代的宗教生活旨趣，在某種程度上是相互抵觸的。

這類異質性的動機影響到宗教信仰方式後期的發展，其中值得一提的包括仁愛、社會和諧或歡樂，或者從更寬泛的意義上來說，是人類團結與同情觀念的種種表現。即使有些人已經準備放棄宗教結構的實質；但由於這種外來使用方式的存在，宗教結構得以在名義上和形式上持續存在。那些動機中還有一個更為特殊、更為普遍的相異因素，足以在形式上支持宗教生活方式，這個因素就是不帶有宗教意味的、對環境美的調和觀念，在消除了其中神人同形概念的內容之後，這一觀念作為近代崇拜行為中的殘餘被保留下來。由於這一觀念與服從動機相混合，因此對教士制度的維持很有幫助。衝動或是美的調和這一觀念，在本質上是屬於經濟性的，但是在工業發展的後期，很大程度上對塑造個人經濟目的上的心理習慣產生了影響。

它在這方面最顯著的影響是，非常明顯地減輕了利己主義傾向，而上述利己的傾向是從早期的、比較強盛的身份制傳統遺留下來的。由此可見，美的調和這一觀念的經濟意義在於它對宗教信仰觀念的阻礙作用：前者經過消除自我與非我之間的對立，足以減輕——即使不是消除——利己主義傾向，而後者作為個人統治與服從觀念的表現，足以加強這種對立，從而堅決主張個人利益和人類生活的整體利益之間存在差異。

宗教生活中的這種非歧視性殘餘——與環境或與人類生活過程相和諧的觀念——以及仁愛或友好交往的衝動，足以在普遍意義上塑造人們實現經濟目的的思想習慣。但這類習性產生的作用是模糊不清的，難以對他們的效果進行詳細的研究。不過可以確定的是，這類動機或傾向的作用，往往與上文中提到的有閒階級制度的一些基本原則格格不入。

歧視性對比這一習性是有閒階級制度的基礎，同時也是在文化發展中與那種制度混合在一起的、神人同形信仰的基礎，而這一習性與這裡所說的一類性格傾向是不相容的。有閒階級生活方式的實際準則是，在時間與物質上的明顯浪費和脫離工業操作；而這裡所提到的性格傾向，在經濟方面反對的是浪費和不求實際效果的生活方式，不論在經濟方面還是其他方面，都有積極參與並投入生活過程的願望。

很明顯，這類習性，以及當環境有利於它們的表現時，或它們居於主導地位時所形成的生活習慣，是與有閒階級的生活習慣背道而馳的；但不那麼明顯的是，有閒階級的生活，在其發展的後期，是否有持續抑制這類性格傾向或消除這類性格所表現出的思想習慣的趨勢。有閒階級生活方式下的積極訓練，在破壞這類性格傾向方面發揮了很大作用。它的積極訓練，經過規範和淘汰作用，在生活的各種場合，都有利於浪費準則和歧視性對比準則占主導地位並普遍盛行。但有閒階級的訓練也存在消極效果，其趨向並不是非常明確地背離他自己的基本準則。有閒階級準則為了達到金錢體面上的目的而規範人類活動時，它堅持的是脫離工業操作。也就是說，按照這個準則，使社會中貧困成員全力以赴的那類活動是被禁止的。對於婦女，特別是工業發達社會中的上層和中層階級的婦女，這一禁令達到了極端嚴格的程度，即使是經過準掠奪方式下的金錢職業參與競賽性的累積，也決不被允許。

金錢文化或有閒階級文化，最初只是作業衝動下的一種競賽性變體，但在其最近發展中，由於排除了有關效能、甚至有關金錢地位的歧視性對比的習性，逐漸破壞了它自己的根據。有閒階級的成員，不論男女，在某種程度上不需要與其同類進行競爭而謀求生存。這就使這個階級的成員，即使不具備可以讓他們贏得競爭的資質，不但可以繼續生存，而且可以在一定限度內隨心所欲地生存下去。也就是說，在有閒階級制度最近的、充分的發展下，這個階級的成員無須具備並不斷運用掠奪時代的勝利者所特有的那類資質就可以生活下去。因此，對於不具備這類資質的個人來說，上層有閒階級的成員與處於競爭制度下的廣大民眾相比，生存機會更大。

上文討論古老性格特徵的遺存情況時，我們看到，有閒階級的特殊地位，為早期古老文化階段所特有的那類性格特徵的保存，提供了極為有利的機會。這個階級避開了經濟要求的壓力，因此在某種程度上也避開了迫使人們適應經濟形勢的那些力量的無情衝擊。關於在有閒階級中以及在其生活方式下存在的那些與掠奪文化有關的性格特徵和類型，上面已經進行了討論。有閒階級制度對這類秉性和習性的存在十分有利。

不但有閒階級的、處於保護狀態的金錢地位形成了一種有利形勢，使那些不適應現代工業過程的人得以生存，而且有閒階級的榮譽準則還要求人們明顯地運用某些掠奪性的習慣秉性。使掠奪秉性得以發揮的那類職業是有證明作用的，它們所證明的是財富、門第和免於參加工業操作。在有閒階級文化下，掠奪的性格特徵是從消極的和積極的這兩個方面發揮促進作用的，消極的方面是有閒階級脫離生產活動，積極的方面是有閒階級禮儀準則認可這類性格特徵。

在掠奪時期之前，野蠻文化下性格特徵的遺存情況與上述有所不同。有閒階級處於受保護的地位，有利於這類性格的存續；但是那些和平與親善秉性的發展，並沒有得到禮儀準則的充分認可。有些人具有掠奪時期之前的文化遺留下來的那類氣質，如果他們屬於有閒階級，那麼與這個階級之外具有相同稟賦的那些人相比，他們處於比較有利的地位，因為他們無須在金錢壓力下破除這類有助於非競爭性生活的秉性。但是這樣的個人難免受到一種精神束縛，這種精神束縛促使他們忽視這類秉性，因為禮儀準則要求他們接受以掠奪秉性為依據的生活習慣。只要身份制依然完整缺損，只要有閒階級除了從事無目的的、徒勞無益的、消磨時間的活動外，還從事其他方式的非生產性活動，就不會產生顯然背離有閒階級榮譽的生活方式。

此時如果這個階級內部出現了非掠奪氣質，就會被人們看成是一種偶發性的返祖遺傳現象。但是，由於經濟的不斷發展和進步，大型野生獵物逐漸絕跡；戰爭活動的日趨減少，專制政體的廢除，教士職權的沒落等，使人類習性得以表現的那些榮譽性和非生產性的出路逐漸被堵塞。出現了這種情況以後，局勢漸漸發生了變化。人類生活如果不能在這個方面表現出來，必然會在另一個方面表現出來；如果不能以掠奪方式表現出來，必然要經過其他方式求得安慰。

上文已經指出，在工業發達的社會中，就脫離金錢壓力這一點來說，有閒階級的婦女比其他團體的人們表現得更徹底。因此婦女對於非歧視性氣質的復歸傾向，或許比男子表現得更加明顯。但是，在有閒階級的男性中也可以看到一些活動的範圍在明顯擴大，這類活動以某些習性為出發點，這些習性不能列入利己主義的範圍，其目的並不是歧視性差別。例如，某些人從事企業金錢的管理工作從而與工業產生聯繫，其中大部分人看到事業有成、工業效率提高，都會感到一種興趣，從而產生一種自豪感；這種感受，與由於這樣的改進能夠獲得更豐厚的利潤，甚至沒有一點關係。許多商業俱樂部和工商業者組織都致力於提高（不帶有任何歧視性意義）工業效能，它們在這方面的貢獻也是眾所周知的。

目前，許多組織開始致力於生活中歧視性目的以外的其他方面，它們的意向是從事某種慈善工作或社會改良工作。這類組織通常是半宗教或者擬宗教性質的，參與者有男性也有女性。這方面的例子不勝枚舉，為了說明與此相關的一些習性傾向的範圍及其特徵，這裡可以舉一些較為明顯的具體例子。比如提倡禁酒運動以及類似的社會改革，提倡改良監獄，普及教育，禁止不道德行為，呼籲使用仲裁、裁軍或其他手段來避免戰爭；還有一些在一定程度上具有上述意向的組織，例如大學安置服務中心，鄰里協會，基督教青年聯合會和青年奮進會之類的團體、組織，婦女義縫俱樂部，藝術俱樂部，甚至商業俱樂部；還有一些略帶這種目的的其他組織，例如那些屬於半公共性質的慈善、教育或娛樂基金會，其資金不論來自富有的私人，還是來自資力較差者的集體捐助，只要不屬於純宗教性質的機構，就在我們所列的示例範圍內。

這裡的意思不是說，這類努力完全是出於無關乎利己主義的其他動機。可以斷定的是，在一般情況下其他動機是存在的，不過在現代工業生活環境中，上述一類努力顯然比在完整無缺的身份制之下，更加普遍地流行；這種情況說明，在現代生活中，人們普遍懷疑競賽的生活方式是否完全適當。另一方面，我們也可以看到，在這類工作的誘因中，通常存在著一些不純的動機，特別是涉及歧視性差別的動機；這一人盡皆知的事實，已成為時常被人談起的話柄。甚至也有這樣的情況，許多事業表面上是為了無私的公共利益而創辦和進行的，但其實別有用心，其根本目的無疑是為了提高發起人的榮譽，甚至是為了增進這些人的金錢利益。

有許多這類的組織或機構，無論其宣導者還是贊助者，主要動機顯然都是這種帶有歧視意義的動機。透過巨額、明顯的支出來增加支出者榮譽的那類事業，格外符合這裡的評論，例如為大學、公共圖書館或博物館提供巨額資金；此外，這一評論或許也適用於比較平凡的行為動機，諸如參加顯然屬於上流社會組織的一類機構或運動。由此可以證實這類組織會員們的金錢榮譽；還可以說明，這些會員與改良工作——比如目前流行的大學公社中的對象、那些低一等的人之間存在明顯的差別，這也使前者的身份高貴，使較低等級的人們出於感謝而銘記於心。但是，儘管如此，這裡依然還是存在一些非競賽性的動機。經過這種途徑來獲取榮譽或聲望，這一事實本身就足以證明，非競賽性和非歧視性利益，作為現代社會思想習慣的一個構成因素，人們可以普遍地感受到它的存在及其存在的正當性。

應當指出的是，在非歧視和非宗教利益的基礎上進行的、屬於近代範圍的有閒階級活動中，女性參與者比男性更為積極，也更為堅持不懈——當然，除去那些需要支出大量資金的事業。婦女無法從事那類需要支出巨額資金的活動，因為她們在金錢上處於從屬地位。對一般的社會改良工作，那些樸素的、宗教氣氛不是那麼濃厚的、比較世俗化的教派教士，總和婦女階級聯合起來。從理論上來看，也應當如此。在其他經濟關係上，教士所處的地位不是十分明確，介於婦女階級與從事經濟活動的男子階級之間。按照傳統而普遍的禮俗觀念，教士和富裕階級的婦女均處於代理有閒的階級地位；對這兩個階級來說，構成代理有閒階級思想習慣的特有關係是服從關係，也就是說，是以個人為參考依據的經濟關係；因此在這兩個階級中，可以清楚地看到一種從個人關係而不是因果關係，來理解各種現象的特殊傾向；禮儀準則不允許兩個階級從事謀利的事業或生產性工作，因此它們參與當今的工業操作是不被道義允許的。

因為禮儀準則排斥這種世俗的生產活動，所以現代婦女階級和教士階級不得不把大部分精力轉移到其他不屬於利己性的服務上面。這時禮法沒能為他們提供可以表現出要從事目的性活動的那種衝動的途徑。有閒階級婦女一貫被禁止從事生產活動，於是她們努力在企業活動以外的其他方面來尋求滿足作業衝動的方式。

上面已經提到，與普通的男子、特別是與參與現代工業操作的男子的生活相比，富裕的婦女與教士，在這兩個階級的日常生活中含有更多的身份因素。因此，宗教觀念，以比現代社會的一般人保存得更好的形態，存在於這兩類人的觀念中。因此，可以想像，在這些代理有閒階級的成員中，對於非營利性事業活動表現出來的很大一部分精力，勢必都會投入到宗教信仰和宗教中。因此，如上一章所說，從某種程度上來看，婦女有了非常明顯的宗教信仰傾向。但這裡要格外指出的是，這種傾向在這裡所研究的非營利性運動和組織的行為以及形成其目的的適應方面產生的影響。如果有了這種宗教信仰的色彩，他們就會把力量集中在經濟目的的組織上，降低這類組織的經濟效能。

有許多從事慈善事業和改良工作的組織，我們不應只關注它們要增進哪一部分人的利益，同樣也要關注其宗教性的和世俗的方面。如果他們把同樣認真的態度、同樣重大的力量，集中在那些人的世俗利益方面，那麼其工作的直接經濟價值將會有明顯的提高，這是毋庸置疑的。當然，也可以這樣說——如果恰當的話——出於宗教目的這類改良工作，其直接效力在不受某些普遍存在的世俗性和目的阻礙的情況下，可能有所提高。

由於這類非歧視性事業中摻雜了宗教利益的因素，其經濟價值必然會有所削減。但是，還有一些其他相異的動機足以減低其經濟價值，這些動機十分明顯地阻礙著作業本能這種非競賽性表現的經濟趨向。如果從多方面進一步地考察就可以發現，事實不僅如此。這類事業的目的在於改善某些個人或某階級的狀況，如果這種改善指的是生活上的充實、便利並以此作為衡量的標準，那麼這類事業的經濟價值根本就是有疑問的。例如，目前在大城市中為改善貧困居民生活狀況而進行的種種努力，其中大部分負有文化上的使命，希望利用這種方式使上層階級文化中的某些因素，更快速地滲入下層階級的日常生活中。以「貧民救濟社」之類的組織為例，它們在某種程度上關注貧民工業效能的提高，教導他們如何更適當地利用現有的工具；但同時，它們經過告誡和示範，把上流社會的禮儀、習慣的一些具體細節傳授給他們。

經過進一步觀察不難發現，表現在這類禮節上的經濟實質，只不過是對時間與物品的明顯浪費。那些好心人在對窮苦人民進行教化時，總是在有關禮節和儀容方面的問題上認真細緻、小心翼翼、堅持不懈。他們往往在生活作風上值得人們仿效，在日常消費的具體細節上極為循規蹈矩。這種對於時間消費和商品消費方面的教導，怎樣估計其在文化上的效果都不過分；對於學到了這種高尚的、光榮的典範的個人來說，其經濟價值也是不可小覷的。在現代金錢文化環境中，個人的榮譽，也就是個人的成功，在很大程度上依賴於其消費態度和消費方式上符合標準的程度，由此可以證明其在時間和物品上的習慣性浪費。但是，應當指出，這種高尚生活方式訓練的深層次經濟意義，其產生的結果在很大程度上，只是用代價較高或成效較差的方法，來實現相同的物質效果，而經濟觀理論上，物質效果就是實際經濟價值的依據。

文化宣傳，在很大程度上只是灌輸一種新的愛好，或者不如說是灌輸一種新的禮儀方案的教育，在以身份原則和金錢禮俗原則為依據的有閒階級意識的指導下，這一禮儀方案適應了有閒階級的生活方式。這個新的禮儀方案源於生活在工業操作範圍以外，部分人精心設計的禮法，它們被硬塞進下層階級的生活方式中。不難想像，對這些下層階級來說，這個硬塞進來的方案，遠不如他們原有的那套方案適合生活的要求；尤其是與在現代工業生活的壓力下由他們自己構成的禮儀方案相比，硬塞進來的方案根本不可能在適應程度上超過這類方案。

從禮儀上看，上述的所謂新方案比它所要取代的方案要體面些，這裡所說的一切當然不是懷疑這一事實。這裡質疑的只是這種改良工作在經濟上的利益——也就是從改革的效果上來看、有相當把握可以確定的，在直接和物質的經濟意義下的那類經濟利益，並且不是從個人的角度而是從集體生活便利的角度出發的。因此，評價這類改良工作的經濟利益，不能僅僅從其實際工作的表面價值來考察，即使這類工作主要是為了達到經濟上的目的，而不含有利己主義或歧視性觀念。由此形成的經濟改革，在性質上主要是明顯浪費方法的變換。

但是，這類工作受到金錢文化下所特有的一些思想習慣的影響，關於這類工作中不存私意的動機和進行工作準則的性質，還需要作進一步探討，仔細觀察後，也許要對已經做出的結論進行斟酌。在前面的一章裡已經看到，金錢文化下的榮譽準則或禮儀準則，堅持把習慣性的徒勞無益，作為體面正派生活的標誌。這種情況不但養成了輕視實用性工作的習慣，而且會在指導追求社會聲望的屬於任何集體的人們的行為上產生更為明顯的後果。於是形成了一種傳統，這個傳統要求人們不應過於庸俗地熟悉，與生活方面的物質需要有關的任何操作方式或細節。我們可以經由捐助或救濟委員會之類的工作，在令人欽佩的情況下表示出對平民福利的關懷。我們不妨表示出對平民文化福利的熱情，包括一般性的或是某些具體方面的福利，我們可以利用各種方法來提高他們的愛好，或為他們提供精神改良的機會，從而博得人們的欽佩之情。但是對於平民生活的物質環境或平民階級的思想習慣，我們不應當公然地表示出非常瞭解，以免走入歧途，把這類慈善性機構的努力引向物質方面實用性的目的。這種不願意公開承認非常瞭解下層社會具體生活情況的態度，當然，在不同的個人身上，其明顯程度也是很不同的；但總的來說，這種態度普遍存在於在這裡討論的這一類機構中，深刻地影響著這類機構的行動方向。熟悉平民的生活是一件不體面的事，人們唯恐被冠以這樣的壞名聲，這種態度在這類機構的慣例和成規的構成中所發生的累積作用，使人們逐漸丟掉了這類機構成立的最初動機，甚至，人們最終傾向於以金錢價值為標準的原則。因此，歷史悠久的這類機構，其促進平民階級生活便利的最初動機，已逐漸演變為表面上的動機，為平民服務的實際工作也有名無實。

上述關於從事非歧視性工作的這類機構在功效方面的情況，適用於以同樣動機從事這類工作的個人，儘管，用於個人時，比用於有組織的機構時，要進行更多的斟酌。不論是在生產方面還是在消費方面，用浪費性支出和不熟悉粗俗生活的有閒階級準則來衡量價值的習慣，對於希望做一些公共福利事業的個人來說，必然是牢固存在的。如果有人忘記了自己所處的身份地位，致力於對平民生活實際有效的工作，那麼社會常識——也就是金錢的禮俗觀念——就會立刻否定他的工作，並把他糾正過來。

一些熱心公益的人，純粹（至少在表面上）是為了人類生活某方面的利益而捐獻出一部分遺產，在這類遺產的管理情況中就可以找到這方面的例證。目前，這類遺產捐贈的用途，最常見的是用於設立學校、圖書館、醫院和貧病者收容所。在這些情況下，捐款人的公開目的是在指定的用途下使人類生活有所改善；然而勢必造成的結果是，在工作的執行過程中會存在很多其他動機，往往與初始的動機相抵觸，由此從捐款中劃出的很大一部分資金，就在這種情況下決定了它的具體安排和用途。例如，某些捐款是專門用來建立棄兒教養院或病弱者休養所的，然而這一捐款在具體應用時就轉到了榮譽性浪費支出方面，這種情況並不少見，簡直令人驚訝，甚至覺得可笑。捐款中很大一部分會用來造一座大樓，外面使用的都是沒有絲毫藝術價值但價格昂貴的石塊，上面雕滿了千奇百怪、互不相稱的花紋，再加上城垛式的圍牆和角樓，高大的門面和堡壘式的入口，看起來彷彿未開化時代戰爭用的要塞。建築內部的情況也同樣表明，一切都是以明顯浪費和掠奪侵佔的準則為依據來進行的。我們沒有必要再深入下去，只要提出一點，例如，窗戶的佈置沒有高度符合其表面目的，為室內的受助者謀求便利或享受，而是便於使室外偶然到來的觀光客感受到室內金錢的奢華；因而室內一切細節上的佈置，都要盡可能地符合這種金錢美感的迫切要求。

當然，這一切並不是說捐款者本人會不滿於這樣的安排，也不是說，如果由他自己來主持，會有完全不同的舉措；即使不採取捐贈的方式，直接由捐贈者本人來指導，經過直接付款等方式來監管這類福利事業，其管理目的和方式也不會有什麼出入。此外，即使用不同於上述的方式來處理基金，也不會令受助者或其安樂與虛榮都未受到直接影響的局外旁觀者感到滿意。經營這類事業時，如果為了適應設置基金的最初實際目的，直接對現有資金作最經濟、最有效的使用，也不會符合任何人的要求。

一切與此有關的人，不論其影響是直接的和自私的，或只是處於旁觀地位，都認為很大一部分的支出應用於高層次的或精神上的需要，而這種需要起源於掠奪侵佔和金錢浪費下的歧視性對比的習性。這裡只是要說明，競賽準則和金錢榮譽準則對社會常識的滲入程度如此之深，以致即使表面上完全在非歧視性利益的基礎上進行的福利事業，也不能擺脫或抗拒。

情況甚至是這樣，正是因為假定的非歧視性動機的存在，才使這類公益性事業具有了榮譽的價值，成為增進捐款者榮譽的一個手段，但儘管如此，這一點並沒有妨礙歧視性利益對經費支出的指導作用。在上述的任何一種機構中都會充分而具體地顯示出，源自競賽或歧視的動機有效存在於這類非競賽事業中。在這樣的情況下，當顯露出這類榮譽性佈置的痕跡時，一般總要以各種名義進行掩飾，將這種佈置說成是屬於審美、倫理或經濟利益範圍的。這類源於金錢文化標準的特殊動機，會暗暗發揮作用，轉變非歧視性努力的有效服務方向；但主事者的良好用意不會因此而受到擾亂，也不會由於其工作在本質上徒勞無益而心煩意亂。這類動機的影響可以一直追溯到非歧視改革事業的整個範圍，而這類事業是富有階級公開的生活方式中一個非常重要和突出的特徵。關於這個現象的理論方面已經十分清楚了，沒必要再進一步舉例說明；而且對於這些事業之一——高級學術研究機構，將在另一章裡進行比較詳盡的探討。

在工業形勢的壓力下，有閒階級處於受保護的地位，似乎有復歸到掠奪期時期之前的野蠻文化所特有的那類非歧視性衝動的傾向。這種復歸傾向包含兩個層面，一方面是作業觀念，另一方面是懶散和親睦的習性。但是在現代生活方式中，以金錢的或歧視性的價值為基礎的行為準則，阻礙著這類衝動的自由發揮，並且因為這些行為準則的明顯存在，以非歧視性利益為依據的努力轉而服務於金錢文化所依據的那類歧視性利益。就這裡的研究意義來說，金錢禮儀準則本質上可以歸納為浪費、不求實際和凶暴的原則。如同存在於其他各種活動中一樣，禮儀上的要求牢固地存在於社會改良工作中，並對事業的管理、經營細節發揮著淘汰和監督的作用。禮儀準則透過在細節上對管理方式和方法進行指導和修改，在很大程度上使一切非歧視性願望或努力失去效力。這個不求實際的、普遍的、非個人性質的、冷酷的原則總是持續地存在並發揮妨礙作用，使許多殘存的、屬於作業本能的、掠奪時期之前的性格傾向，不能得到有效的表現；但是這個原則的存在並不能阻止這類性格傾向的遺傳，也不能阻止它們作為一種衝動而不斷再現，從而使他們得到表現的機會。

在金錢文化後期的進一步發展中，這種經過脫離工業操作來避免社會反感的要求，被執行得極其嚴格，甚至一切競賽性事務也在禁止之列。在這個進展時期，與工業或生產性職業相比，金錢文化對競賽的、掠奪的或金錢的這類職業價值的重視程度有所降低，因此它消極地促進了非歧視性格傾向的保持。上文已經提到，這種脫離對人類有實用價值的一切工作的要求，對上層階級婦女比對其他階級格外嚴格；某些教派的教士也許是這一規則的例外，但這種例外是表面上的而非實質上的。上層階級的婦女必須過不求實際的生活，其嚴格程度比金錢等級和社會等級相同的男子還要趨於極端；堅持這種生活習慣的理由在於，上層階級的婦女不僅是高等有閒階級，而且是代理有閒階級。對上層階級的婦女來說，她們要在雙重意義上徹底脫離生產勞動。

在社會結構和社會職能這一問題上，有些著名的作家和演說家的觀點足以反映社會上有識之士們的共同看法。他們曾反覆、恰當地說明：在任何社會裡，婦女所處的地位都是社會文化水準最明顯的指標，進一步說，婦女所處的地位是社會中任何一個階級在這方面所能達到的最明顯指標。這一說法，指經濟發展階段時，或許比指任何別的方面的發展時，更為準確。同時，在任何社會中或在任何文化下，婦女在公認的生活方式中被指定的地位，在很大程度上表現出了某些傳統，這類傳統在早期發展階段的環境中形成並發展，只能部分適應現在的經濟環境或現在人們的性格、思想習慣的要求，而生活在現代經濟環境中的婦女，她們的活動是受現在的性格和思想習慣影響。

在上文對經濟制度的發展作一般討論、對代理有閒和服裝問題作專門討論時，已經附帶提出這樣一個事實：在現代經濟結構中婦女所處的地位，與同階級的男子相比，更廣泛而徹底地和作業本能的刺激相衝突。但是在婦女的氣質中，含有較大成分的愛好和平、反對無所事事這一本能。因此，對於公認的生活方式與經濟局勢的要求這兩者之間的矛盾，現代工業社會中的婦女具有更為強烈的意識，這絕非偶然情況。

種種「婦女問題」可以清楚地表明，在現代社會，特別是在社會上層階級中，婦女被一系列常識的所支配，這類常識是在早期發展階段的經濟環境中形成的。對文化、經濟和社會關係來說，現在的人們仍認為，婦女的生活在本質上，並且在一切正常情況下是一種代理性生活，其體現的功過榮辱應當屬於對這個婦女居於佔有或保護地位的某一個人。因此，如果一個婦女的行動違犯了公認禮法的某一禁條，人們就會覺得，這將直接有損於這一女子所屬男子的聲譽。當然，關於婦女意志薄弱或性情乖張等問題，當然是見仁見智，看法並不一致；但社會對於這類情況進行常識判斷時，不會有多少猶疑，不管在什麼情況下，如果出現了男子的保護權受到損害的問題，人們對於男子方面的這種觀念的正確性，很少產生疑問。另一方面，如果男子發生了不端行為，卻不會怎麼損害與他相關的那個女子的名譽。

因此，幸福與優美的生活方式——也就是我們所習慣的生活方式，指的是派給女子的那個「領域」，是一個附隨於男子活動力的領域；如果婦女超出了給她們制定責任範圍的傳統，人們就會認為她不守婦道。如果涉及公民權利或參政權問題，我們在這方面的常識——也就是說，我們的一般生活方式在這個問題上的合理表達——會告訴我們，在國家或法律面前，女子不宜直接參與，而應當透過她所屬的那個家族的家長來居間協調。熱心於自決自主或自我中心的生活，是與一個女子的女性風度不相稱的。

按照我們的常識，女子直接參與社會事務，不論是政治方面的事務還是經濟方面的事務，都會對社會秩序構成一種威脅；而這一點表現的正是我們在金錢文化傳統的指導下形成的思想習慣。「那些『把婦女從被男子的奴役中解放出來』之類的叫囂，從相反的意義上，用伊莉莎白・凱迪・斯坦頓那句簡單明瞭、富於表現力的話來說，『簡直就是胡說八道』。兩性的社會關係是由上帝決定的。我們的整個文明，也就是說，其中一切美好的東西都是以家庭為基礎的。」這裡所謂的「家庭」，是以一個男性為首的家族。這種見解——通常表示得十分明顯——是關於婦女身份問題的普遍觀念，不但文明社會中的一般男性有這種看法，婦女也是如此。婦女對於禮法上的要求極為敏感；雖然很多婦女對於禮法強行規定的細節感到不適，情況也依舊如此，但是她們通常會認識到，出於事態的必然性和規範的神權，當前的道德秩序把婦女置於附屬於男子的地位。總之，按照婦女自己對美與善的理解，婦女的生活目前是、而且在理論上必然是男子生活的次一級的表現。

雖然人們普遍認為，婦女所處的地位既適當又自然；但很多人持另一種觀點，即認為關於保護制和代理生活的整個安排以及其間功過的看法，總不免是個錯誤。或者至少有這種認識：即使在一定時間和空間範圍內，這一觀點是自然成長的產物，是一個適當的安排；即使這一觀點有明顯的審美價值，但它還是不能充分適應現代工業社會裡更多日常性的生活目的。即使是具有良好教養的、佔有重要地位的上層階級和中層階級的婦女，基於她們對傳統禮法持有的冷靜、嚴肅的觀念，那種身份關係在根本上來說是正確的，並且永遠都是正確的，因此這種身份關係可以迎合她們的興趣。即使這些人的態度是保守的，一般也會認識到在這方面事物的現狀與其應有的狀態之間，存在一些具體問題上的細微差別。

還有一些比較不羈的現代婦女，由於年紀較輕或者教育、氣質關係，不接受從未開化文化流傳下來的身份傳統。她們也許對自我表現衝動和作業本能有過度的復歸傾向，於是她們不安於現狀，產生了強烈的不滿情緒。

那些要把婦女的地位恢復到遠古時期的、盲目而散亂的努力，統稱為「新婦女」運動。在這一運動中，至少有兩個可以分辨的因素，且都是經濟性質的。這兩個因素或動機用「解放」和「工作」這種含糊的口號表達出來。人們認為這兩個詞語所代表的，都是與普遍存在的不滿情緒有關的一些想法。儘管有些人看不出在當前的形勢中導致不滿的真正理由，但他們也認識到了這種不滿情緒是廣泛存在的。在工業最發達社會裡，最為強烈、頻繁地提出應當補救這種不滿情緒的，正是富裕階級的婦女。這就是說，社會中已經存在著一種要求從身份、保護或代理生活的一切關係中解放出來的強烈意識。有些婦女的生活方式是從身份制傳下來的，被強加了濃厚的代理生活的色彩，有些社會處於高度的經濟發展階段，離適應傳統生活方式的環境最遠；在上述情況下，那種不滿情緒被明顯地表現出來。按照榮譽準則，部分婦女被排除在一切有實用性的工作之外，過著有閒和明顯消費的生活——要求解放的意識正是從這部分婦女中產生的。

很多評論家對新婦女運動的動機存有誤解。最近，一位著名的社會現象評論者對美國新婦女運動的情況做了概括：「她受到丈夫的寵愛，她的丈夫是世上最忠實的、工作最勤奮的人。……她在教育程度及其他方面都優於她的丈夫。她受到了無微不至的愛護和照顧，可她還是不滿足。……盎格魯撒克遜的『新婦女』是現代最荒謬的產物，他註定會成為這個世紀最糟糕的落伍者。」這番話也許很有道理，但是譴責只會使婦女問題更加模糊。作為一個新婦女感到不滿的，正是這個典型的描繪中所指出的情況，而這些情況本該使她感到滿足。

她是嬌生慣養、備受寵愛的，她被允許甚至被要求進行大量的、明顯的消費——為她的丈夫或其他自然監護人進行代理消費。她免於參加那些粗鄙的實用性工作，甚至被禁止從事那類工作，以此來為她的自然（金錢）監護人的榮譽執行代理有閒。在傳統上，這類職業是非自由人的標誌，與要求進行有目的活動的人類衝動不相容。婦女自身有工作本能，並且有理由相信，她的工作本能是超出平均水準的；對這一本能而言，徒勞無益的生活或消費是惹人生厭的。她在面對經濟環境中直接的、無居間協調的刺激時，一定要發揮她的生命力。對婦女來說，那種按照她自己的方式過她自己生活的衝動，那種要比在間接的情況下，更進一步直接地參與社會工業過程的衝動，也許比男子更為強烈。

如果婦女始終處於辛勤勞作的地位，那麼一般情況下她會相對地滿足於自己的命運。她有具體且目的明確的事情要做，沒有時間和精力使她藉由遺傳得來的自決自主習性，獲得抬頭的機會。當婦女普遍從事勞作的階段過去後，當代理有閒成為富裕階級婦女的公認職責後，金錢禮俗準則的規範力量就會發揮作用，要求她們遵守不求實際的禮儀，這樣可以長期防止那些趾高氣揚的婦女在感情上向自決自主和「講求實用的領域」轉移。

在金錢文化的初期階段更是如此。雖然從本質上來說，那時有閒階級的閒暇在很大程度上仍然是一種掠奪活動，是對統治力的積極維護，其中含有足夠歧視性的實際目的，足以使人們把這種活動認真地作為一種職業，毫無羞愧地從容參與。在一些社會裡，這樣的情況顯然一直持續到現在。這種情況仍以不同的程度存在於很多人的身上，個人對身份觀念的強弱不同，作業衝動稟賦的強弱也不同，因此這種情況存在的程度也就各不相同。但是有些社會的經濟結構已經高度發達，不再適合以身份為依據的生活方式，以至於人們不再認為個人服從關係是唯一「自然的」人類關係。在這樣的情況下，那種從事目的性活動的古老習性將在不怎麼順從的個人中逐漸抬頭，掠奪文化和金錢文化遺留在我們生活方式中的那些近期的、比較膚淺和短暫的習性與觀點也將令人厭煩。當掠奪文化階段與準和平階段的教化形成的性格習慣與人生觀念，不再密切適應於後期發展了的經濟局勢時，上述的那些習性和觀念在那個社會或社會中那個階級，就要失去控制力量。就現代社會中一些工業階級來說，這一點在表現得尤其明顯；對於那些階級來說，有閒階級的生活方式，尤其是身份因素，已經在很大程度上失去了約束力量。這在上層階級也發生了類似的情況，儘管在方式上有所不同。

掠奪文化和準和平文化遺傳下來的習性，是人類的某些基本秉性與精神特徵的相對短暫的變體；這些秉性和特徵形成於早期原始類人猿文化階段所進行的長期訓練之中，人們當時接觸的物質環境比較簡單、穩定，過著一種和平的、較未分化的經濟生活。當由競賽生活引起的某些習性不再能適應當前的經濟要求時，一個瓦解過程開始了，一些後期形成的、不怎麼普遍的思想習慣，不得不在一定程度上讓步於那些相對來說更為古老、更為普遍的精神特徵。

因此在某種意義上，新婦女運動標誌著一種向更為廣泛類的人類性格復歸的傾向，或者可以說是人類性格在較少分化的形態上的表現。這樣的人類性格類型，應當被視為原始類人猿特有的性格形態，從其主要特徵的實質而非形式而言，它所屬的文化階段也許是「次人類」（sub-human）的階段。這種社會發展顯示了向經濟演進中早期的、未分化階段所特有的精神態度復歸的跡象；就此來說，這裡所謂的運動或演化特徵在這一點上的特有表現，也存在於其他方面的近代社會發展過程中。從歧視性利益的支配向古老性格的這種普遍復歸傾向，不是無據可查的；儘管這類跡象不多，也不能令人非常信服。

身份觀念在現代工業社會裡的普遍衰退，在某種意義上，就可以看成是這方面的跡象。另外，在人類生活中，對於徒勞無益的活動的不滿情緒，對於不惜犧牲集體或其他社會團體的利益而追求個人利益的活動的不滿情緒，都是上述跡象的體現。還有一個明顯的傾向，即反對將痛苦加之於別人，反對一切侵掠性活動；即使歧視性利益的表現，並不會對社會或對提出這種反對意見的個人造成明顯的物質損害，這類反對的表示也是非常明顯的。甚至可以這樣說，在現代工業社會裡，典型的人類性格是有利於和平、親善和經濟效能的性格，而不是那種有利於自私、凶暴、欺詐和統治生活的性格，這是一個普通的、在態度上毫無偏見的人都會有的看法。

有閒階級在這種原始類人猿的人類性格的再現中所產生的影響，既不是一貫的支持，也不是持續的阻礙。對那些具有濃厚原始性格特徵稟賦的人來說，有閒階級使附屬成員處於受到保護的地位，擺脫金錢競爭，由此直接增加了這類人的生存機會；但在間接方面，由於有閒階級準則要求對商品和勞務執行明顯的浪費，因此那些人在全體民眾中的生存機會有所減少。

浪費的禮儀準則，吸收了人們在歧視性競爭中的剩餘精力，使他們再沒有餘力在非歧視性生活方面有所表現。對禮儀教化來說，其不那麼具體的、精神上的影響，不但在同一方向上起作用；或許在實現同一目的的過程中，也發揮了更為有效的作用。由於禮儀生活準則附屬於歧視性對比原則的具體細節，因此這類準則始終要制止一切非歧視性的努力，支持自私自利的觀念。

一第十三章一

高級學識是金錢文化的一種表現

學校訓育的目的在於使屬於某些範疇的、適當的思想習慣在後代中得以保存，這得到了社會常識的認可，並且融入了公認的生活方式之中。在教師和教育制度傳統的指導下形成的思想習慣是具有經濟價值——也就是影響個人適用性——的；與那些不是在這種指導下，而是在日常生活的教化下形成的思想習慣相比，這種價值是確實存在的。公認的教育方案和學校訓育的任何特徵，不管是在有閒階級偏好準則的指導下形成的，還是在金錢價值準則的指導下形成的，都應當被認為是出於有閒階級制度的指導；教育方案具有這類特徵的經濟價值，是這個制度價值的具體體現。因此，不論是訓育的目的和方式，還是教師所教授知識體系的範圍和性質，凡是源於有閒階級生活方式的教育制度的特徵，這裡都要進行研究。然而，學識本身，特別是高級學識，其受有閒階級觀念的影響最為顯著。這裡所做的研究，其目的不是詳細地核對那些足以表明金錢文化影響的資料，而是要說明有閒階級觀念對教育方式產生影響的方式和趨向；因此這裡的研究主要是考察那些有助於實現這裡的研究目的、高級學識的某些顯著特徵。

學識的起源和初期發展，與社會中的宗教儀式有著極為密切的關係，與為超自然的有閒階級服務的那些儀式的關係更為密切。原始崇拜中意在向超自然力獻媚的儀式，並不利用社會時間和勞動力來達到生產的目的。因此，這類儀式應當被看作為超自然力執行的代理有閒，人們試圖經由這類儀式表達對神力和超自然力的崇拜，並以此來博得神的恩寵。大部分早期學識的內容，就是在對超自然的禮拜中得來的一些知識和經驗。

因此，在性質上，這方面的訓練與為一位現實中的主人提供服務所需的訓練非常相似。從原始社會的祭祀教士那裡得來的大部分知識，都是宗教典禮儀式方面的，也就是如何以最適當、最有效、最令人滿意的方式接近、禮拜超自然力。人們學習的是怎樣使自己成為神靈前一個不可或缺的侍奉者，使自己可以懇求甚至要求神靈對事態的進程有所主張或不要干擾某一計畫的實行。人們試圖透過對神的侍奉和逢迎來取得便利，以達到贖罪或獲得神的赦免、恩寵的目的。在教士的教學內容中，關於對主人的有效服務，除了上述的情況以外，看來是後來才逐漸摻入了其他成分。

教士作為不可思議的神的侍奉著，逐漸處於神與一般未受訓練的普通民眾之間的仲介者地位；他們具有超自然信仰的禮儀知識，因此有資格參拜神靈。不論其主人是塵世的還是超自然的，對處於這樣地位的仲介者來說，通常都會覺得自己具有現成的手段，很容易給民眾留下這樣一種印象：他可以讓不可思議的神靈按照他所請求的來做事。於是過不了多久，可以用來解釋神奇效果的、某些自然作用的知識，加上一些巧妙的手法，逐漸成為教士學識的重要組成部分。後來，這種知識逐漸被視為所謂的「不可知的」知識；它正是由於具有神祕性，才適合於教士的用途。對學識的培養成為一種制度，看來就是起源於此；後來它漸漸脫離了巫術儀式和薩滿教式欺詐的母體，但分化的過程卻相當遲緩，甚至直到現在，在先進的高等學校所研究的學識中，這一分化過程也還沒有充分完成。

與過去的一切時代一樣，為了打動甚至欺騙無知識的人，學識中的神祕因素目前依舊是一個非常有吸引力且有效的因素。在一個目不識丁的人看來，一位學者的聲望很大程度上取決於他與那種神祕力量的密切程度。舉一個典型例子來說：直到本世紀中葉，對於馬丁・路德（Martin Luther）、腓力蘭・墨頓（Philipp Melanchthon）、彼得・達斯（Peter Dass）等神學權威，甚至尼古萊・格朗德維格（Nikolaj Grundtvig）這樣的近代神學家，挪威的農民依然本能地認為他們的學識是一種魔術。這些人，以及許多次一流的知名人士，無論已經故去的，還是依然健在的，都曾被冠以魔術大師的稱號。

在這些善良而天真的人心中，凡是在宗教界處於高位的人，總是十分精通神祕學和魔術的。同時存在著這樣一種普遍看法，即高深的學識和「不可知的」性質之間存在的密切聯繫，可以在大體上說明有閒階級生活在智力方面的偏好。雖然不只有閒階級持有這種觀點，但是今天的有閒階級中仍有許多人對各種各樣的神祕學很感興趣。有些人的思想習慣不是在現代工業的接觸中形成的，但他們仍然認為「不可知的」知識，即使不是唯一真正的知識，也是最根本的知識。

由此可以看出，在某種意義上，學識最初是教士代理有閒階級的副產品；直到近期依舊如此。在系統化的知識體系不斷擴充以後，沒多久祕傳知識和公開知識就有了區別，這一點在教育史上可以一直追溯到很久以前。如果說這兩種知識有什麼實質性的差別，那就是前者不具有任何經濟上或工業上的意義，後者則主要包括用於實現物質生活的、關於工業操作和自然現象的知識。至少後來在一般人眼中，這個分界線是高級學識與低等學識之間的正常界線。

這一點具有重要意義，它不但證明知識階級與教士這個行業之間存在著密切的從屬關係，而且說明了為什麼這些人的活動在很大程度上屬於講求禮貌和教養的、明顯有閒的範疇，為什麼在原始社會中，知識階級在形式、慣例、品位、等級、儀式、禮服以及一般學術用具等方面，是非常認真、非常考究的。這不難想像，它說明掌握初期形態的高級學識必然是有閒階級的工作，特別是侍奉超自然有閒階級的那個代理有閒階級的工作。這種對學術用具的偏好，更加直接地顯示了教士職務與學者職務之間的接觸點或連結關係。就其起源來說，學術以及教士職務主要是一種交感魔術的派生結果；因此這種在形式上與儀式上使用的魔術用具，對於原始社會的知識階級來說極為重要。儀式和道具在魔術用途上有神祕的效果，因此它們的存在是魔術與科學處於初期發展階段的一個重要因素，這一點是理所當然的，其情況極其類似於重視象徵的手法。

象徵儀式應用傳統工具，在動作上或要達到的目的上，利用靈巧的表演引起交感的效果；當然，與科學、甚至神祕學的訓育相比，這方面的感覺在魔術活動中更為明顯。但據我所知，即使是對學術價值有高深見解的人，其中也很少有人認為科學儀式上的用具是不值一提的。任何人只要回顧一下我們文化中學術發展的歷程，就能清楚地看到，在其後期發展過程中，人們是如何重視這類儀式性的事物。甚至在今天，這類遺風依然在學術界盛行，例如使用制服、制帽，舉行入學典禮、入會典禮、畢業典禮，授給學位、職銜、特權等，都說明了學術界存在某種帶有宗教色彩的使徒傳統。這類特徵，如學界使用的儀式、服裝，帶有宗教色彩的各種入會儀式，經由按手禮流傳某些職銜和美德等，其直接根源無疑是教士階級的一些習俗。

但是，如果進一步追溯這類特徵的根源，就會發現，專職的教士階級形成後，一方面與興妖作怪的術士不同，另一方面與與侍奉塵世主人的僕役不同，上述特徵的根源，就是教士階層在分化過程中形成的一些習俗。這些習俗及其依據的概念，就其起源和心理內容來說，在文化發展過程中所屬的時代，並不比愛斯基摩巫醫和術士盛行的那個時代晚。就這類習俗在宗教信仰以及高等教育制度中所處的地位來說，它們是人類性格發展過程中極早期的萬物有靈觀念的殘餘。

可以說，就當前以及近期的教育制度來說，對這類儀式特徵給予重視的，主要是那些高等的、人文的、古典的教育機構和學術機構，而不是教育系統中低等的、工藝的、實用的部門。即使教育系統中低等的、較少榮譽性的部門具有這類特徵，也顯然是從高等教育機構那裡模仿而來的；至少可以說，如果沒有高等的、古典的教育機構的示範作用，研究實用知識的學校很難繼續保持這類特徵。低等的學校和研究實用知識的學者踐行、培養這類習俗，主要是出於一種模仿，為了盡可能符合高等學校的榮譽標準，後者則是由於直系的轉移權，合法地取得了這類附屬特徵。

進一步分析，這類儀式上的殘餘和復歸現象，在與教士教育及有閒階級相關的學校中，表現得最為有力、最為自然。因此，如果仔細觀察大學與專科學校生活的近代發展，就會看到，並且事實上情形也非常清晰，這類學校最初是為下層階級服務的，它所教授的知識是直接有用的，當它們發展為高等教育機構時，其在儀式與用品方面的發展以及精心設定的學校「功能」方面的發展，將與學校教學內容的轉變——由實用領域轉向高級古典領域——同時發生。

這類學校在演進過程中經歷了兩個階段，第一個階段的目標及其應盡的主要職責，是使勞動階級的青年可以勝任工作；在第二個階段，它們教授的以高級的或古典的學識為主，主要目的是培養教士階級和有閒階級——或新生的有閒階級——的子弟，讓他們按照習慣上公認的、榮譽的範圍和方式，進行有形商品與無形財富的消費。那些由「大眾之友」建立的、旨在幫助奮鬥的青年人學校，往往結局十分巧妙；如果這些學校以正常的方式達成了這樣的轉變，那麼在學校中，即使不是必然，也通常會同時發生更加重視儀式生活的轉變。

就今天的學校生活而言，凡是旨在教授「人文科學」的那些學校，在學風方面對儀式的重視，一般表現得最為自由自在。與其他地方相比，美國的大學更為顯著地表現出這種相互關係。這一通則存在許多例外，特別是格外注重榮譽與儀式的教會建立的那些學校，它們是在保守的和古典的水準上開始的，或者說是直接透過一條捷徑達到古典狀態的。但是，美國的新興城市在本世紀建立起來的大專學校，一般會存在這樣的情況：只要這個城市在經濟方面還沒有充分的發展，只要那些學校招收的學生還處於勤勞簡樸習慣的支配下，那麼在大學的生活方式中使人會聯想到巫醫盛行時代的一些情景，只會偶爾出現。但是，一旦社會財富的累積開始顯著增進，一旦有某個學校開始依賴於有閒階級的支持，那麼重視儀式的風氣就會滋長得越來越明顯，在服裝方面以及社會和學校的各種禮節方面，復古的傾向也越來越顯著。例如，在中西部地區某一所大學的贊助者的財富有了明顯增長之後，必然與此同時發生的是，男士穿上了莊重的晚會服裝，女士穿上了袒胸露肩的晚禮服，在學校舉行學業儀式的場合或在校內舉行社交集會時，大家也穿上了正式學者的服裝；這種情況最初只在人們所能容忍的範圍內，不久就變成了不可避免的風尚。要考察社會財富與學校風氣之間的相互關係，並不是很困難的事情——除了完成這樣一個巨大任務時工作上的困難。學校制服與制帽的流行，也屬於這種情況。

許多學校近幾年採用了制服和制帽作為學業的標識。以前是不會發生這種事的；也就是說，那時，有閒階級情緒在社會中沒有得到充分發展，不足以支援在教育的正當目的方面向古老的觀念復歸。可以看到，學業禮儀上的專案，由於它符合在炫耀作用與象徵表示等方面古老的習慣傾向，因此它符合有閒階級關於事物適宜性的看法；進一步說，由於它涉及明顯浪費這一重要因素，因此它還適應有閒階級的生活方式。恰恰在那個時候，制服和制帽恢復使用，幾乎是同時，又有許多學校沾染上了這個風氣，之所以會產生這種情況，似乎是因為那個時期在社會上掀起了一次關於遵從禮俗和聲譽方面返祖傾向的浪潮。

這裡再說明一點，幾乎在這一奇特的復歸傾向發生的同時，其他方面復歸情感的滋長也達到了鼎盛時期，兩者在時間上幾乎是一致的。這一復歸高潮的最初衝動似乎源於南北戰爭時期心理上的崩解效應。習慣戰時生活，足以引發一連串掠奪性思想習慣，使宗派觀念取代團結意識，使歧視性差別的意識取代公平的、日常的服務衝動。由於這類因素的累積作用，在戰後的一代裡，身份因素容易重新獲得恢復的機會，不論在社交生活中，還是在宗教儀式和其他象徵性或儀式性的形式安排中，都可以看到這種跡象。在整個一九八〇年代，以及形跡不那樣明顯的七〇年代，都可以看到一股逐漸上升的情感浪潮，在這種情感下人們看重的是準掠奪的經營習性，主張的是身份神人同形觀念和保守主義。未開化氣質的某些直率的表現，如非法行為的再次猖獗，以及某些「工業巨頭」（captains of industry）實行的準掠奪式的巧取豪奪變本加厲，這類情況達到頂點的時間較早，到了七〇年代末期已有明顯衰退的趨勢。

至於神人同形觀念的復興，到八〇年代即將結束時，其全盛期似乎也已經過去。但這裡所說的有關學業的儀式和用具，似乎是未開化階段萬物有靈觀念更深層次、更為微妙的表現，因此它們獲得流行和精煉化的進度非常緩慢，後期才達到充分發展的狀態。有證據表明，它的極盛時期現在已經過去。之後，除非在新的戰爭經歷中受到新的刺激，除非富裕階級繼續發展，並為一切儀式特別是浪費和顯然表明身份登記的儀式提供支援；否則，近來學校在形式和禮儀方面的改進與擴展，很有可能會逐漸減弱。雖然我們可以說，美國學校採用制服、制帽並十分重視各種學術方面的禮儀，是南北戰爭以後未開化氣質復歸的一種比較潮流的表現；但同樣不能否認的是，富裕階級手裡的財富如果沒有累積到足夠的程度，不能為實現某一目的而形成必要的金錢基礎，從而使這個國家的學校能夠與有閒階級在高等學識方面的要求相符，那麼，學校就不可能實現這種儀式上的復古傾向。

制服、制帽的採用，是現代學校生活明顯的復歸現象之一，這種現象表明，不論在實際成就上，還是在志向情趣上，這類學校已然明顯成為有閒階級機構。

最近還出現了一個需要注意的趨向，可以作為教育制度與社會文化標準密切關係的進一步證明，這個趨勢就是工業巨頭逐漸取代了教士階級，成為了研究高級學識的學校領導人，這種取代現象絕不是普遍的，也不是非常明顯的。有些學校的領導人能把教士的任務和金錢的高度效能結合起來；這樣的學校領導是最受歡迎的。還有一個類似的但不十分明顯的趨向，就是讓財力雄厚的人擔任高級學識的教育工作。就擔任教學資格來說，和以前相比，現在更加重視管理能力和為事業做宣傳的技巧。與日常生活關係最密切的那些學科在這一點上表現得格外明顯，在專注經濟發展的學校，情況尤為如此。這種以金錢效能部分代替教士效能的現象，是和以明顯浪費代替明顯有閒作為謀求榮譽的主要手段這一現代轉變，同時發生的。這兩種現象之間的相互關係十分清晰，不必進一步闡述。

學校和知識階級在女子教育問題上的態度表明，學識是在什麼方式下，在多大程度上，脫離了教士的古老身份和有閒階級的特性；這種態度還表明，真正的學者是如何接近現代的、經濟或工業的、實事求是的觀點的。到近期為止，女子是被排除在高等學校以及神學、法學、醫學專校之外的。這類學校從一開始就是、大多數到現在仍是，專門為教士階級和有閒階級的教育而設立的。

上文已經提到，原始社會中的女性處於奴隸階級，但直到現在，當牽涉到名義上或禮法上的地位時，她們在某種程度上依然處於這樣的地位。過去曾經普遍流行這樣一種認識：女子接近高級學識，比如古希臘舉行的神祕宗教典禮，會損害學術尊嚴。因此直到最近，在現代工業最發達的社會，高等學校才向女子自由開放。但是，即使在現代工業社會那樣迫切的環境下，那些最著名的、一流的高等學府，還是非常不願意採取這一行動。按照智力高低進行兩性榮譽上的劃分，以此形成階級觀念或身份觀念，這種行為依舊在貴族式的學術團體中有力存在著。人們普遍認為，女子應獲得能使她們循規守範的知識，可以歸結為以下兩類：

（一）能直接提高家庭服務的品質的知識，也就是家庭範圍內的知識；

（二）顯然歸於執行代理有閒專案下的類學術性和類藝術性的技能。

如果知識內容關係到學習者個人的意志，獲取這種知識是按照求知者自己的興趣進行的，並沒有受到禮儀準則的驅使，也沒有涉及她的主人，並且這些知識的應用不會使她主人的享受或榮譽得到明顯提高，那麼這類知識會被認為是不適合婦女的。同樣，一切可以證明有閒的知識，除與代理有閒相關的知識外，都不適合女性。

當我們評價這類高等學校與社會經濟生活的關係時，要知道，這裡評述的各種現象的重要意義，不在於它們本身是具有頭等重要經濟後果的事實，而在於它們所表現的一般態度。這些現象表明了知識階級對工業社會生活過程本能的態度和意向。它們是高級學識和知識階級所達到發展階段的標誌，因此它們可以表明，當這個階級的學識和生活，更加直接地影響社會的經濟生活和效能，並影響其生活方式對時代要求的適應性時，我們大體上能夠從這個階級身上期待些什麼。特別在培養傳統學識的高等學校中，這些儀式上的殘餘表明了一種廣泛存在的傾向，這種傾向即使不是復古運動，也至少是保守主義。

除了這些保守態度的跡象之外，還存在同一方向下的另一特徵，它和關注瑣碎的形式與儀式的、帶些戲謔的傾向不同，其具有更為嚴重的意義。比如，美國絕大多數的大學和專科學校都與某種教派有關，對宗教信仰十分虔誠。按理說，這些院校的教師們應該精通科學方法和科學觀點，擺脫了那種萬物有靈的思想習慣；然而其中仍然有很大一部分人，對屬於早期文化的神人同形的信念和習慣表示贊同。當然，這種宗教熱誠的表示，不論是憑法人資格的學校，還是教師團體中的各個成員，在很大程度上只是權宜性的和隨意的，不可否認的是，在高等學校中存在著神人同形觀念的顯著成分。既然如此，那麼我們必須把它看作一種古老的、萬物有靈的性格表現。在教學過程中，這種性格必然要在一定程度上表現出來，從而在同等程度上對學生的思想習慣產生影響，使之趨向於保守和復古。這種心理習慣會阻礙學生獲取最能適應工業目的的某些實用性知識。

今天，在一些著名的高等學校裡，體育運動極為風行，這與上述情況是朝著同一方向發展的；實際上，大學中的體育運動與宗教信仰態度在心理基礎方面和教化效果方面有許多共同之處。但這種未開化氣質的表現主要是出於學生團體，而不是出於學校本身的傾向；除非學校或學校職員積極鼓勵和支持體育運動的發展，儘管有時候會發生這樣的情況。大學生聯誼會的情況與大學體育運動相似，但兩者也有不同之處。後者表現的主要是一種單純的掠奪衝動；前者表現的則是一種宗派觀念，這種觀念是掠奪時代未開化者氣質的顯著特徵。還可以看到，學校的聯誼會與體育運動之間存在著密切的關係。上一章已經對運動競賽和賭博的習性進行分析，因此，對於體育運動和派別組織活動這類訓練的經濟意義，這裡不再進一步討論。

這裡所談到的關於知識階級生活方式以及致力於保存高級學識的學校特徵，在很大程度上都具有偶發性，不應該把它們視為學校公開標榜的任務或教研工作中的有機因素。但是，從經濟觀點來看，這類學校展開的工作性質，以及在它們的主持下所展開的重要工作對入學青年的影響，這裡談到的種種，足以確立一種假定。根據考察得出的假定說明，這類高等學校在它們的工作及其偏重的儀式中，可以想見會採取保守的態度；不過不能孤立地看待這一假定，必須對照高等學校實際完成工作的經濟性質，同時考察它們受託保存的高級學識，綜合進行驗證。對於這一問題，大家都知道，這類高等學校直到最近仍採取保守的立場，對一切革新都持反對態度。一個新觀點或是一種新知識，只是在校外已經風行以後，才會在校內得到認可和接受，這已經成為一個通則。其例外情況主要是那些不顯著的創新，這類創新與傳統觀點或傳統的生活方式沒有任何實質上的關係；例如對數理和物理科學的具體細節上的貢獻，又如對經典著作，特別是語言學或文學方面經典著作的新詮證、新注疏上的貢獻等。一般情況總是這樣，除非是在狹義的「人文學科」領域以內的創新，除非創新者對人文學科的傳統觀念沒有絲毫改動，否則公認的知識階級和高等學校總是對一切革新都側目而視。任何新觀點，或科學理論上的新見解，特別是涉及人類關係理論的任何新論點，總是在一再延宕以後，才在大學的教學體系中勉強占得一席之地，但不會受到熱烈的歡迎，也不會被爽快地接受。那些致力於擴大人類知識範圍的人們，通常也會受到學界同仁的嫉視，不能得到應有的禮遇。高等學校一般並不支援和鼓勵知識在方式方法或內容上的重大進步；等到它們接受時，那些創新已經過了青年期，其實用性大部分都已經過時，已經成為新一代人智力內容中的平凡事物，而新一代青年的思想習慣就是由這類學校範圍以外的新知識和新觀點構成的，他們也是在這樣的環境下成長起來的。最近的情況就是如此。就目前情況來說，這樣的觀察可靠到什麼程度，是很難確定的。因為還不能完全正確地理解目前的事實，從而對其中的相互關係有清楚的認識。

迄今為止，還沒有談到富裕階級作為文學和藝術的贊助者這一職能；這是研究文化與社會結構發展的那些作家和演說家慣於仔細討論的一個問題。這個有閒階級職能與高級學識以及知識、文化的傳播，並不是不存在重大關係；這一階級透過提供贊助的形式來促進學術發展，其情況與促進程度是大家充分熟悉的。有些代言人常常用生動有力的措辭來談論這一問題，由於他們對這個問題非常熟悉，因此其談話足以使聽眾確信這個文化因素具有重要意義。但是，這些代言人是從文化利益或榮譽利益的觀點而不是經濟利益的觀點來提出問題的。如果從經濟的觀點來理解，並按照工業的適用性來評價，富裕階級的這一職能以及富裕階級成員的這一智力上的態度，是值得人們關注並做出進一步的闡釋的。

應當指出，從形式上來考察，如果把富裕階級贊助學術這一事實視為一種特性表現，也就是僅僅從其經濟的或工業的關係來考察，那麼其間的關係就是一種身份關係。得到他人贊助的學者，為他的贊助人代理性地執行一種學者生活的任務，獲得的榮譽歸贊助人所有，這和為主人完成任何形式的代理有閒的情況一樣，要把得到的榮譽歸於其主人。還應當指出，作為一個歷史事實來看，經過贊助關係來促進學術發展或維持學術活動，它所助成的，在絕大多數情況下，是古典學識或人文學科的精通。這類知識的作用，往往是降低而不是提高社會的工業效能。

再進一步，談一談有閒階級成員直接參加的知識推進。按照榮譽生活準則的要求，有閒階級成員在智力方面尋求表現時，偏重的是古典的或形式上不求實際的學識，而不是與社會工業生活有某種關係的科學方面。有閒階級成員如果涉獵古典範圍以外的知識，通常涉獵的是法律、政治，特別是行政管理一類的科學研究。這類所謂的科學，實質上是為有閒階級在財產所有權基礎上執行管理任務提供指導的各種權宜原則。因此，進行這方面的訓育，並不單純是為了提高智力或認識力，在很大程度上是為了滿足實際的需要，而這種需要取決於這個階級所處的統治地位。就其起源來說，管理任務是一種帶有掠奪性質的職能，主要與古老的有閒階級生活方式有關。這種管理的職責是對人民進行統治與強迫，而有閒階級就是從民眾中攫取生活資料的。因此，這種訓育以及作為訓育內容的一些實際事例，除了有關知識方面的各種問題之外，對有閒階級是存在一種吸引力的。只要管理職責在形式上或實質上仍然是一種建立在財產基礎上的任務，情況就是這樣；而且還不僅如此，有閒階級進行的、以財產所有權為基礎的管理，現在固然已逐漸消失，但是在管理的演進中，只要那種古老形式的傳統延續到現代的社會生活中，情況就依然是這樣。

有些學識以智力或認識力為主，也就是所謂真正的科學領域；在這些領域，情況有所不同，不同之處不但在有閒階級的態度方面，而且在金錢文化的整個趨向方面。知識本身是為了發揮理解能力，此外別無其他目的；如此說來，那些沒有迫切的物質利益使之改變意圖的人，就會去探求這類知識。有閒階級在工業方面處於受保護的地位，這一階級成員有充分發揮其求知欲的機會，因此我們可以看到，正如許多作家也確信的那樣，在這個階級中湧現出許多古典學者、專家和大科學家，他們從有閒生活的教化中產生了從事科學研究和思考的動機。類似這樣的結果是可以預見的；但是，有閒階級的生活方式自有其特徵，這上面已經進行了充分的討論，這類特徵使這個階級智力上的興趣轉移到其他方面，而不是傾注在構成科學概念內容現象的因果關係方面。有閒階級生活特有的思想習慣，著重個人統治關係，由此出發，重視關於榮譽、功績、聲望、地位等派生的歧視性概念。從這樣的觀點出發，是看不到構成科學主題的事物因果關係的。而且，世俗上有用的知識，與榮譽並沒有什麼關係。因此，看來極有可能，足以引起有閒階級關注的，應當是有關金錢價值或其他榮譽價值的歧視性對比方面，認識力的方面則被忽略。即使他們對後者有興趣並表現出來，他們的研究或思考一般也會被轉到榮譽性的和不求實際的研究或思考範圍之內，而不是探求科學知識。只要大量系統化的知識還沒有納入學校的學術研究範圍，教士階級和有閒階級的學術研究經歷就的確是這樣。但是，既然統治與服從關係不再是社會生活過程中的主要構成因素，那麼就強行要求學者對生活過程中的其他因素和觀點進行研究。

一個真正的有閒紳士，應該是，事實上也確實是，從個人關係的觀點來看待一切事物的；當他產生了求知的興趣，他就會在這個基礎上探求各種現象的系統化。那些老派紳士們的情形就是這樣，有閒階級的典型在他們那裡保存得還算完整，他們現代的子孫，如果全面繼承了遺傳下來上流社會的品格，其態度必然也是如此。但遺傳途徑的方向是不確定的，並不是每個紳士的兒子都與他的上一代如出一轍。特別是掠奪時期征服者特有的那些思想習慣，很難確定它能在世系中流傳下來多少，只有其中最後的一兩點痕跡能在有閒階級的教化下得以繼續存在。在有閒階級中，出身於下層或中層階級的分子，顯然最富有求知的資質，在這方面具有較強的、先天或後天的特性，他們繼承了勞動階級固有的全部遺傳秉性，他們之所以能躋身於有閒階級的行列之中，是因為他們具有某些這樣的品格，這類品格在有閒階級生活方式的形成之初也許無足輕重，但在今天說來卻格外重要。但是，在這類有閒階級的新成員範圍之外，還有許多人，在他們那裡歧視性利益並不十分顯著，不足以形成他們的理論觀點，但是他們具有比較強烈的求知傾向，足以引導他們走向科學研究的道路。

科學之所以能闖進高級學識的領域，一定程度上是有閒階級中這類脫離常規的後起之秀作用，他們逐漸受到了非個人關係的近代傳統的有力影響，其繼承的性格傾向，與身份制下所特有的那類氣質的某些顯著特徵，顯然有些不同。但相異的科學知識體系之所以能在高級學識的領域存在，一定程度上，而且是很大程度上，也是工業階級中某些成員的作用，這些人的生存環境比較安逸、舒適，足以把精力轉移到除了維持日常生活以外的其他方面上，他們所繼承的遺傳秉性可以一直追溯到身份制之前，因為歧視性觀點和神人同形的觀點並不能支配他們的智力活動。這兩類人大致上構成了科學進步的有效力量，而在這兩類人中，後一類人做出的貢獻最大。對於這兩類人，情況似乎是這樣的，在性質上，他們發揮的作用與其說是科學知識的一種來源，不如說是一種媒介，或者他們充其量只是轉換的工具，那些透過接觸同在現代團體生活和機械工業要求下，形成的環境而迫使社會接受的思想習慣，憑藉他們的作用，可以來說明其中的理論知識。

科學是對於自然現象和社會現象因果關係的明確認識。這種意義上的科學，成為西方文化的一個顯著特徵，只是工業操作在西方社會中實質上成為機械發明的一個方法——人類在其中的任務是對物質力量加以辨別與評價——以後的事。科學的繁榮程度，總體上與社會的工業生活適應科學規範的程度相一致，總體上也與工業利益支配社會生活的程度相一致。當人類生活和知識的各個方面相繼與工業操作及經濟利益發生日益密切的接觸時，科學，特別是科學理論，隨著這一前進趨勢，也在各個方面相應地向前發展；或者更準確地說，當人類生活和人類知識的各個方面相繼擺脫了個人關係或身份關係的支配，因而擺脫了神人同形觀念或榮譽價值這類附屬準則的支配時，科學，尤其是科學理論，也在各個方面相應地向前發展。

只有人類與環境實際接觸時，迫於現代工業生活的壓力，不得不去認識因果關係時，人們才會從因果關係方面，對這個環境中的各種現象以及自己接觸到的事實進行組織化和體系化。因此，在最完美的發展形態下，高級學識是經院哲學和古典文學的精粹，儘管這樣，它仍是教士職責和有閒生活的副產品；現代科學同樣也可以說是工業過程的副產品。現代工業生活所強制形成的思想習慣，經過學者、科學家、理論家、發明家、研究工作者這類人——他們最有效的作用一般不是在學校的庇護之下發揮的——的努力，使與現象的因果關係有關的那些理論科學，得到了最為詳盡和系統化的闡述。研究方法與研究目的上的變化，由於這種學校範圍之外的科學探討，才不時地踏進了學校訓育的領域。

這裡需要指出的是，中小學與研究高級學識的高等學校，兩者實行的教育在實質上和目的上都存在非常明顯的差別。就其傳授知識的直接實用性和所達到的熟練程度而言，這些學校之間的差別可能具有非常重要的意義，值得人們時常關注；但是在哪一方的教導中偏重精神上或智力上的傾向，存在著更加顯著的差別。關於高級知識與低等知識在訓育中的趨異傾向，格外值得注意的是，初級教育最近在工業發達社會裡的發展情況。近代初級教育主要關注智力與體力方面的熟練和巧妙，從因果關係而不是榮譽的角度來理解和運用非個人性質的事實。當初，初級教育也是一種有閒階級商品；確實，在早期傳統的影響下，現在的小學校仍慣常性地利用競賽作為促使學生勤勉求學的手段。但是在初級教育不受教會傳統或軍事傳統支配的社會裡，即使競賽作為一個權宜手段來使用，也顯然在減少。在教育系統內，有些部分直接受到了幼稚園訓育的方法與觀念的影響，在這些部分中，上述轉變情況十分明顯，尤其是在精神方面。

幼稚園訓育帶有特別的非歧視性傾向，並對幼稚園範圍以外的小學教育產生影響，使之具有相似的性質；這一點應當與上文曾經提到的、有閒階級婦女在現代經濟形勢下所特有的精神態度聯繫起來，綜合進行考察。

在發達的工業社會中，存在許多天資聰明卻無所事事的婦女。由於社會工業生活分化作用的影響，頑固的軍事傳統和宗教傳統蕩然無存，身份制的嚴格程度有所下降；在這種情況下，幼稚園訓育擺脫了古老的家長式的教育理念，達到了最完善的狀態。這種訓育所獲得的精神支持，正是來自這類處境安逸的婦女們；她們在榮譽生活的金錢準則下感到心神不寧，而幼稚園訓育的目的和方法卻格外投合這類婦女的心理。因此，在幼稚園訓育以及現代教育系統中，任何類似的幼稚園精神，都應當與「新婦女運動」一同看作婦女對現代條件下有閒生活所誘發的不求實際和歧視性對比這類習性的一種反抗。這又一次證明了，有閒階級制度從間接方面有助於加強非歧視態度的發展，結果也許會危及有閒階級制度本身的穩定性，甚至危及這個制度賴以存在的個人所有制。

近來，在大學的教學範圍內發生了一些具體的變化，主要的變化是，那些有利於提高公民智慧與工業效率的、比較著重實際的學科取代了部分人文學科——人們認為足以維護傳統「文化」、特性、愛好和觀念的那些學科。換句話說，與那些有利於提高消費或降低工業效能以及可以養成與身份制相適應的性格類型的學科相比，有利於促進效能（最後是生產效能）提高的學科，其地位已逐漸居於上風。在這種教學規劃的適應過程中，高等學校總是堅持保守的立場，在若干程度上，它們沿著這個方向邁出的每一步都具有一種讓步的性質。科學強行進入學者的學科範圍，即使不是自上而下的，也是從外部而來的。值得注意到的是，儘管人文學科已經勉強對科學作了退讓，但是那些學科普遍適合學者按照傳統自我中心的消費方式來塑造學生的性格；這種消費方式在本質上是按照傳統的禮儀標準和德行標準進行的、對真善美的鑑賞和享受，其主要特徵是有閒，是一種悠然自適的有閒。人文學科的代言人，以被他們自己所習慣的、陳舊而嚴肅的觀點所掩蓋的言辭，來表明他們堅持「人是為消費世上的產物而生存的」這一觀點。對由有閒階級文化所塑造並以此為依據的那些學校來說，這種態度顯然不足為奇。

當人們為了保持公認的文化標準和文化方式不變而盡力找尋表面根據時，這類根據在實質上同樣也具有古老氣質和有閒階級生活理論的一些特徵。比如，從對頗具古風的流行於有閒階級中的那種生活、觀念、理想和消費時間與物品的方式進行慣常的欣賞獲得的享樂和偏好，與透過同樣熟悉現代社會普通人的日常生活、知識和志趣方面而得到的感受比起來，人們一般都會認為前者是「更高一級的」、「更為高尚的」、「更加有價值的」。任何一種學術，如果其內容純粹是關於現代人類與現代事物的知識，那麼與人文學科相比，人們總會認為它是「低級的」、「卑賤的」、「不具有榮譽性的」，甚至是「次人類的」。

有閒階級代言人對人文學科的這種見解，似乎本質上是正確的。例如，從事實的本質上來看，作為一位處於舊時代的紳士，他一貫將精神寄託於神人同形信念、宗派觀念和悠然自得的態度，他所熟悉的是萬物有靈的迷信習俗和荷馬史詩中那些英雄生龍活虎的好勇鬥狠；由此產生的滿足和文化，或者是由此形成的精神態度或心理習慣，從審美角度來看，與從事物的實用知識或者從現代公民或工業效能等方面的思考中得來的一些感受相比，要恰當得多。

毋庸置疑，關係到審美價值或榮譽價值，也就是關係到作為進行比較評判基礎的「價值」，上述的前一類習性有其自身的優勢。愛好準則的內容、特別是榮譽準則的概念和內容，必然是一個民族過去生活和過去境況的結果，透過遺傳和繼承流傳給後代；由於掠奪性的有閒階級生活方式長期地居於主導地位，有力地塑造了民族過去的心理習慣和觀點，因此，在與當今的愛好密切相關的問題上，上述這一生活方式依舊處於支配地位，就有了一個非常堅實的事實基礎，在審美正當性方面也十分合理。從目前的研究目的來看，愛好準則是經過極其漫長的習慣過程而形成的民族習性；過去人們根據愛好，對於各種事物的性質，有些加以讚揚，有些則進行否定，從而對各類事物或採取贊成的態度，或表示出不滿情緒，進而透過長期的適應過程形成了民族習性。如果其他情況不變，那麼習慣形成的持續時間越久，由此形成的愛好準則就越被人們認為正當。對一般愛好的評價是這樣，對價值評價或榮譽評價也是這樣。

但是，不論人文學科的代言人貶損比較新的學識，從審美角度看來有多麼正當，還是有人提出古典學識具有較大的價值，能夠更加精準地體現人類的文化和性格的論點可能具有多麼真實的價值，都與這裡要探討的問題無關。我們要討論的問題是，這類比較新的學識，以及它們在教育系統中代表的觀點，能夠促進或阻礙現代工業環境下的有效集體生活到什麼程度，對於現代經濟局勢的進一步順利適應，能發揮多大程度的推動作用。這是一個經濟問題，而非一個審美問題，有閒階級學識方面的標準表現在高等學校對實用知識的那種輕蔑態度上，就這裡的研究目的來說，那些學識的標準只能從經濟的角度來進行評價。對此來說，那些「高尚」、「卑劣」、「高級」、「低級」等性質的形容詞，只有在表明爭論者的意向或觀點時才具有使用的意義；不論他們是為新學識的價值辯解，還是為舊學識的價值辯解。這些形容詞都是帶些敬意或者蔑視的詞語；就是說，是表示歧視性對比意義的詞語，終究都要歸入榮譽或非榮譽涵義的範疇；就是說，是屬於身份制下的生活方式所特有的那個範圍以內的觀念；就是說，它們實質上表現的是運動競賽精神，屬於掠奪性的萬物有靈的性格傾向；就是說，這些詞語體現了古老的人生觀點和生活理論，那種理論也許與它們的來源——掠奪時期的文化與經濟組織相適應，但是從更為廣義的經濟效能觀點來看，是有害的、不合時宜的。

古典著作，以及它們在教學計畫中得到高等學校熱烈擁護的特權地位，足以塑造一種智力態度，從而使新一代學者的經濟學效能有所降低。為了達到這個目的，學校不但繼續保持人們關於男性剛勇的古老觀念，而且在教學中反覆強調知識方面榮譽性和非榮譽性的區別。這樣的結果是透過兩個方式取得的：

（一）與純粹的榮譽性學識相比，激起人們對純粹實用性學識的一種習慣性的反感，從而塑造初學者的興趣，使他真心誠意地認為，能夠滿足他愛好的，只是，或者幾乎只是一般無助於工業利益或社會利益的那類智力的發揮；

（二）使學習者的時間和精力消耗在取得某些沒有實際用處的知識身上，這類知識只是由於世代沿襲慣例，才作為一個學者所需要具有的學識總和中的一部分，因此影響到了有實際用處的那些知識所使用的詞彙和術語。這種術語上的困難本身就是過去流行古典學所造成的結果，除此之外，古典語的知識對任何科學家，或者對於根本不從事屬於語言學性質的研究工作的學者，並不具有什麼實際的意義。

當然，這裡所說的一切，並不涉及古典著作本身的文化價值，對於古典學科的教導以及古典學術的研究賦予研究者的那類性格傾向，也沒有進行貶低的任何企圖。在經濟上，這種性格傾向似乎是沒有益處的，這幾乎是眾所周知的事實，但是那些有幸能夠從古典學科中得到慰藉、獲得力量的人，不必因此感到徬徨不安。古典學科的學習有損於學習者的工作習性，這一事實在有些人看來無足輕重，因為在他們的心目中，跟禮儀標準的修養比起來，工作習性是件微不足道的小事：

上一代的信仰、榮譽和德行是不能輕視的，

過去所忽略的事物將如流水般遠逝，一去不回頭。

獲取這類古典學識，已成為我們教育系統中的基本要求，在這種形勢下，如果有人對歐洲南部的某種古代語言，具有掌握與運用的能力，這不僅使他本人因為有機會誇耀他在這方面的成就而感到滿足，而且能使聽眾與讀者對他增加一份愛戴，不論聽眾是外行的還是內行的。不難想像，要獲得這種實際上毫無用處的知識，一般需要花費若干年的時間；而一旦缺乏這種知識，就不免會引起一種猜測，認為這個人的學習時間未免過於短暫，他的知識也是不牢靠的；同時還會使人感到，他並沒有完全擺脫那種流俗的實用氣氛，這一點也與完美學識和健全智力的習慣標準不相符，是同樣令人生厭的。

這與一個不會鑑別商品材料或製作工藝的買主購買任何一件商品時的情形一樣。他根據那些裝飾的部分和特徵以及在最後一道工序上表面的華麗程度，來估計一件商品的價值高低，而這些與物品的內在實用性並不存在直接的關係。看起來情況是這樣的：在物品的實際價值和為了銷售而添加的裝飾費用之間，存在著一個很難確定的比例。學術上的情況也是如此，如果高等學識中缺少了古典學科和人文學科的知識，人們通常會認為這樣的學識是不完善的，這種觀念使得一般學者為了獲取這類知識，進行了時間和精力的明顯浪費。這種以一定程度的明顯浪費作為一切高尚學識附屬物的傳統要求，對我們關於學識方面的愛好準則和適用性準則產生了影響；正如我們對製造品適用性的鑑別受到同一原則的影響一樣。

確實，明顯消費作為一個獲取榮譽的手段，受到的重視越來越超過明顯有閒，因此獲取一種古代語言的知識不再像從前那樣迫切，作為具有完美學識的證明，其魔力已經有所衰減。儘管情形是這樣，但同樣明確的是，古典學科並沒有喪失其作為學者聲望證明的絕對價值；因為一個學者要證明自己，他應當做到的只是設法表明，他具有通常為人們所認為的、可以證明浪費時間的那類學識，而古典學非常適於這一用途。實際上，古典學之所以能夠在高級學識體系中保持特權地位，之所以被尊崇為一切學科中最可敬的，就是因為它可以作為浪費時間的證據，因而也可以作為支援這種浪費所需要的金錢力量的證明，這一點是不可否認的。古典學非常適於有閒階級學識的裝飾目的，其適應程度超過了任何其他方面的知識，因此是獲取榮譽的一個有效手段。

到最近為止，就這一效用來說，古典學幾乎沒有碰到競爭對手。古典學識在歐洲大陸是沒有競爭對手的，但在美國和英國，近期的情況則有些不同。在這些國家，由於大學體育運動在學術成就的一般領域內取得了人們認可的地位，這一後起的學科——如果可以把體育運動直率地視為學科的話——在英美學校的有閒階級教育中，已經成為與古典學識競爭首要位置的對手。對有閒階級學識的目的來說，體育運動有一個明顯優於古典學識的地方，那就是，一個運動選手要取得成功，其先決條件不僅是時間的浪費，而且是金錢的浪費，同時還必須具有某種高度非生產性的古老特性和氣質特徵。德國大學裡的情形則有些不同，在那裡，體育運動和古典學術研究（所謂用希臘字母命名的大學聯誼會活動），作為有閒階級學者的主要業務，已經在某種程度上代替了那種技術性的、分等級的飲酒風氣和直接式的決鬥。

有閒階級及其德行標準，也就是復古風氣和浪費準則，和把古典學識納入高級學識體系這一事件，本來是沒有任何關係的，但高等學校所以要堅決保留古典學識，古典學識之所以仍然具有高度的榮譽性，這無疑是因為這種學識非常符合復古風氣和浪費原則的要求。

所謂「古典的」這一詞語，總是含有這種仿古與浪費的意義。不論是用來指過去的語言，用來指現行語言中已經廢棄的或快要廢棄的思想表達形式和措辭，還是指不那麼恰當地應用於學術活動或學術工具中的其他項目。因此，英語中的古代成語稱為「古典」英語。在一切涉及嚴肅性話題的講演和寫作中，都不免會引用古典英語，即使在極為平常、極為瑣細的談話中，如果能輕鬆流利地使用一些古典語，總是能增加光彩的。當然，英語中的最新詞語絕不是寫在紙上的；有閒階級的禮儀觀念要求在語言上追求古雅，即使是那些最缺乏教育，或者最狂放不羈的作家們也能意識到這種約束力，使他們不敢逾越範圍。另一方面，那種最高級的古代文體，只在神人同形信念的信徒向他們的主人祈禱時，才在富有特性表現的情況下正式使用。在口語中的最新詞語和禱祝用語中的古代文體這兩個極端之間，而有閒階級在談話和寫作中的通常語言總是介於其間。

無論在寫作還是談話中，文雅的措辭總是獲取榮譽的一個有效手段。就某一話題準備發言時，重要的問題在於應當準確地揣摩措辭應當古雅到什麼程度才能符合慣例的要求。從講道壇到交易市場，在這方面的習俗有很大差別，後一種場合中，可以料想，即使是過分挑剔的人也不會十分苛求，能夠容許人們使用比較新的、動人的措辭和語調，而不會引起反感。在談話中避免使用新語彙是帶有榮譽性的，因為它不但說明發言者在培養使用古語的表達習慣方面曾經浪費了大量的時間，而且還可以充分表明，他從幼年開始就慣於與熟悉古舊成語的人們打交道。由此可以表明，他不折不扣地出身於有閒階級。言語的高度純正是一個推定性質的證據，可以證明這個人的家族是世代相傳從不從事粗俗的、實用性的工作的；儘管它在這方面的證明作用並不是絕對決定性的。

除了遠東地區以外，要證明古典學的無所裨益，最適當的例子就要算英語的傳統拼法了。在拼法上違反規範是非常令人討厭的一件事情，任何作家一旦犯了這種錯誤，就會在一切具有高度真與美的觀念的人們心目中就會名譽掃地。

英語中的正字法滿足了明顯浪費定律下榮譽準則的一切要求。這種正字法既古老陳舊、繁瑣又不切實用；精通它需要花費很多時間和精力，如果功夫不到家是很容易被看出來的。因此，就學識的榮譽方面來說英語正字法是第一個難關，是最便於進行的檢驗，就一個無懈可擊的學者生活而言，符合它的程式化要求是一個絕對必要的條件。

對於上述要求語言純正的習慣，如同在其他方面傳統習俗以復古風氣為準則和浪費原則為依據的傳統習慣一樣，這種習俗的代言人總是本能地持有一種辯解的態度。他們的見解實質上就是堅持認為：與率直地使用最新型的英語口語比起來，小心謹慎地使用古代的、公認的語法來傳達思想，要更加適當，也更為準確；然而大家都應當知道，只有用今天的俗語來表達今天的思想觀念才是最有效的。

古典語言具有令人尊敬的「尊貴」品德；它是有閒階級生活方式公認思想交流的方式，它直接向人們表明，使用這種語言的人是免於從事任何生產性勞動的，因而古典語言博得了人們的關注和尊重。古典語言的優點在於它帶有榮譽性；因為它們是麻煩、艱難且過時的，由此可以證明對時間的浪費，還證明可以避免使用且不需要使用直截了當的現代語言，這正是其具有榮譽性的原因。

海鴿文化出版圖書有限公司
Seadove Publishing Company Ltd.

成功講座 396

有閒階級論

The Theory of the Leisure Class

作者　托斯丹・邦德・范伯倫
譯者　沈海霞
美術構成　騾賴耙工作室
封面設計　ivy_design
發行人　羅清維
企畫執行　林義傑、張緯倫
責任行政　陳淑貞

出版　海鴿文化出版圖書有限公司
出版登記　行政院新聞局局版北市業字第780號
發行部　台北市信義區林口街54-4號1樓
電話　02-27273008
傳真　02-27270603
e - mail　seadove.book@msa.hinet.net

總經銷　創智文化有限公司
住址　新北市土城區忠承路89號6樓
電話　02-22683489
傳真　02-22696560
網址　www.booknews.com.tw

香港總經銷　和平圖書有限公司
住址　香港柴灣嘉業街12號百樂門大廈17樓
電話　（852）2804-6687
傳真　（852）2804-6409

CVS總代理　美璟文化有限公司
電話　02-27239968　e - mail：net@uth.com.tw

出版日期　2023年07月01日　一版一刷

定價　380元
郵政劃撥　18989626戶名：海鴿文化出版圖書有限公司

國家圖書館出版品預行編目資料

有閒階級論／托斯丹・邦德・范伯倫作；
沈海霞譯--一版，--臺北市 ： 海鴿文化，2023.07
面 ；　公分. －－（成功講座；396）
ISBN 978-986-392-498-2（平裝）

1. 資產階級　2. 經濟社會學　3. 消費

546.16　　112009345

Seadove

Seadove